·光明文丛系列·
Guangming Wencong series

本书为2024年湖北省社科基金
一般项目（后期资助项目）成果。

抗战时期
川康区食糖专卖研究

邱晓磊 ◎著

光明日报出版社

图书在版编目（CIP）数据

抗战时期川康区食糖专卖研究 / 邱晓磊著. -- 北京：光明日报出版社, 2024.8. -- ISBN 978-7-5194-8184-1

Ⅰ.F724.782

中国国家版本馆CIP数据核字第2024DY2171号

抗战时期川康区食糖专卖研究
KANGZHAN SHIQI CHUANKANGQU SHITANG ZHUANMAI YANJIU

著　　者：邱晓磊

责任编辑：王　娟　　　　　　责任校对：许怡慧眼
封面设计：李　阳　　　　　　责任印制：曹　净

出版发行：光明日报出版社
地　　址：北京市西城区永安路106号，100050
电　　话：010-63169890（咨询），010-63131930（邮购）
传　　真：010-63131930
网　　址：http:// book.gmw.cn
E-mail：gmrbcbs@gmw.cn
法律顾问：北京兰台律师事务所龚柳方律师

印　　刷：北京亿友数字印刷有限公司
装　　订：北京亿友数字印刷有限公司
本书如有破损、缺页、装订错误，请与本社联系调换，电话：010-63131930

开　　本：170mm×240mm　　　印　　张：14.25
字　　数：228千字
版　　次：2024年8月第1版　　　印　　次：2024年8月第1次印刷
书　　号：ISBN 978-7-5194-8184-1

定　　价：68.00元

版权所有　翻印必究

目 录
CONTENTS

绪 论 ··· 1
 一、选题缘起及研究意义 ··· 1
 二、学术前史的回顾与思考 ··· 4
 三、研究的思路、创新与方法 ··· 9
 四、相关概念解释 ·· 11

第一章 川康区食糖专卖实施的背景 ···································· 13
 第一节 国统区专卖政策的酝酿 ······································ 13
  一、国统区专卖政策兴起的缘由 ································ 13
  二、国统区关于专卖政策的讨论 ································ 17
 第二节 川康区食糖专卖政策的落实 ······························· 26
  一、专卖实施前的糖税、糖类统税 ····························· 26
  二、《战时食糖专卖暂行条例》的出台与
   川康区食糖专卖政策的实施 ··································· 29

第二章　川康区食糖专卖的组织机构与人员构成……… 35
第一节　川康区食糖专卖的组织机构……… 35
一、川康区食糖专卖局董事会及其权属……… 36
二、川康区食糖专卖局组织结构及其权属……… 37
三、川康区食糖专卖局各分支机关沿革及其权属……… 38

第二节　川康区食糖专卖的从业人员概况……… 42
一、从业人员的选拔与铨叙……… 42
二、从业人员的规模及经费状况……… 47

第三节　川康区食糖专卖机关的人事监管……… 50
一、国民政府财政部防治税政腐败的态度……… 50
二、川康区食糖专卖局人事监察机制……… 51

第三章　川康区食糖专卖的实际运作及其内在困境……… 55
第一节　民产、民制与官制：专卖政策下的糖品生产与制造……… 56
一、甘蔗生产方面……… 57
二、食糖制造方面……… 59
三、川康区食糖专卖局争取蔗糖产制贷款的努力……… 63

第二节　"收而不购"与"专案收购"：
战时专卖政策的糖品收购……… 70
一、"收而不购"：食糖收购环节的政策异化……… 71
二、"专案收购"：食糖收购的权宜之举……… 77

第三节　战时专卖政策下的糖品运销与缉私……… 81
一、专卖实施前川康地区蔗糖运销状况……… 81
二、食糖专卖局对承销商、零售商的管控……… 83
三、食糖专卖时期糖品运销的困境与挣扎……… 88
四、川康区食糖专卖的缉私……… 97

第四章 "国计"与"民生"：抗战时期川康区食糖专卖中的蔗糖定价之争（1942—1943） ……102

第一节 抗战时期川康区蔗糖定价机制及其转变 ……103
一、协商议定：蔗糖定价机制的开端 ……103
二、行政主导：食糖专卖时期蔗糖定价机制的转变 ……106

第二节 战时专卖政策下各方围绕蔗糖定价的多重博弈 ……109
一、"限价"政策：1942年蔗糖定价的背景 ……109
二、各方围绕蔗糖定价的多重博弈（1942—1943）……111

第三节 蔗糖定价中的利益分配与暂时平衡 ……118
一、维系统制与"绥靖地方" ……118
二、限价政策与产业救济 ……121
三、酒精糖料的统制与解禁 ……126

第五章 川康区食糖专卖的成效评估 ……133

第一节 食糖专卖与战时财政的关系 ……134
一、战时食糖专卖收入及其增长情况 ……135
二、战时食糖专卖在国家财政中的地位 ……138

第二节 川康区专卖机关贪腐及其诱因 ……140
一、川康区食糖专卖局贪腐现象 ……140
二、川康区食糖专卖局贪腐的原因分析 ……146

第三节 社会舆论对专卖政策的评价 ……152
一、社会舆论对专卖局贪腐频发的质疑 ……152
二、社会舆论对于专卖政策引发物价波动的批评 ……154

第四节 食糖专卖与川康区蔗糖业的关系 ……155
一、米糖比价对蔗糖业的影响 ……156
二、食糖专卖时期糖品价格的变动与政府因应 ……158

结　论··167

附　录··169

参考文献··200

后　记··219

图表目录

表 1-1	1937—1941 年度国库收支、亏短数额表	15
表 1-2	20 世纪 30 年代初部分国家专卖实施概况统计	19
表 1-3	战时后方汽油进口量	29
表 2-1	食糖专卖局下属各分支机关及其辖区分布状况	39
表 2-2	川康区食糖专卖局各分支机关概况	41
表 2-3	财政部专卖事业人员薪给及任用程序	43
表 2-4	财政部川康区食糖专卖局及其所属分支机关员额表	47
表 2-5	1943 年度各分局所经费概算	49
表 3-1	1941 年度内江县农户耕地面积及地权关系统计	57
表 3-2	四川甘蔗试验场调查沱江流域农家甘蔗种植面积统计	58
表 3-3	内江新式糖厂规模（1941—1943）	60
表 3-4	川省各地糖房、漏棚统计	61
图 3-1	沱江流域糖业经济依存关系及贷款周转程序	64
表 3-5	川康区 1943 年制糖商贷款分配情况	67
表 3-6	川康区食糖专卖局存糖登记数量	75
表 3-7	川康区三十三年度收购白糖数量及应贷款额分配表	77
表 3-8	1942 年度川康区食糖专卖局收购白糖数量	78
表 3-9	川康区食糖专卖局承销商、零售商及经纪人登记表	85
表 3-10	财政部川康区食糖专卖局各分支机关核准登记承销商一览表	87

表 3-11	抗战时期川康区食糖外销西北运输路线及力价表	94
表 3-12	1943 年 1—3 月川康两省糖类缉私案件统计	100
表 4-1	1943 年 7 月成渝地区各酒精厂每月需用糖类原料数量	131
表 5-1	1942—1944 年战时食糖专卖利益分区收入	135
表 5-2	1942—1944 年川康区食糖专卖利益及当年物价水平比较表	137
表 5-3	战时国库总收入、专卖收入、川康区食糖专卖利益对比表	138
表 5-4	川康区食糖专卖局部分典型贪腐案件概况	143
表 5-5	各专卖机关收入暨解库数额	151
表 5-6	米糖比价与蔗糖产量关系情况	157
图 5-1	米糖比价与蔗糖产量关系	158
表 5-7	1942—1944 年食糖专卖收购价格统计	162
附表 1	1937—1940 年国民政府关税、盐税、统税短收情况	169
附表 2	1942 年财政部川康区食糖专卖局职员一览表	170
附表 3	1942 年财政部川康区食糖专卖局所属办事处主任一览表	176
附表 4	财政部川康区食糖专卖局登记合格特许承销商一览表	178
附表 5	财政部川康区食糖专卖局德阳办事处没收私糖变价配奖一览表	199

绪　论

一、选题缘起及研究意义

中国专卖制度，详为考察，渊源颇深，自古以来，便为历朝政府所重视，"周之泉府，齐之轻重，汉之平准，宋之市易，皆我国专卖制度之权舆"[①]，且在国家税制体系中占有重要的一席之地。这历来为中国古代史的学者们所关注，此不赘述。[②] 不过，据吴立本所称，"专""卖"二字合并为一个名词，用以表示一种制度，则源自日本，是由英文 monopoly 直译而生。[③] 1941年4月，在国民政府五届八中全会上，以孔祥熙为首的数十人提交了《筹办盐糖烟酒等消费品专卖以调节供需平准市价案》，明确提出，"盖专卖制度是由政府管

[①] 寿景伟.日本专卖制度考略[M].出版社不详，1938：5.

[②] 陈衍德.唐代专卖收入初探[J].中国经济史研究，1988（1）；陈衍德.试论唐政府与专卖商的关系[J].学术月刊，1988（6）；陈衍德.试论唐代食盐专卖法的演变[J].历史教学，1988（2）；鲁子健.清代食盐专卖新探[J].中国经济史研究，1992（3）；郭正忠.从飞钱预购到纳榷请引——略议唐宋专卖对茶商资本的遏制[J].中国经济史研究，1995（2）；黄纯艳.近十年来的国内唐宋专卖史研究[J].中国史研究动态，1997（7）；陈乃华.盐铁专卖与西汉中后期社会危机[J].山东师范大学学报（人文社会科学版），2000（2）；黄纯艳.宋代专卖制度变革与地方政府管理职能演变[J].郑州大学学报（哲学社会科学版），2005（3）；吴树国.中国古代专卖研究理论的考察——以北宋政和茶法改革性质为例[J].学术月刊，2011（5）；黄国信.区与界：清代湘粤赣界邻地区食盐专卖研究[M].上海：三联书店，2006；陈涛.明代食盐专卖制度演进研究——历史的制度分析视角[D].沈阳：辽宁大学，2007；吴海波.清中叶两淮私盐与地方社会[D].上海：复旦大学，2007.

[③] 吴立本.专卖通论[M].重庆：正中书局，1943：1.

制产销，保障生产运销者之合法利润，而使消费者不增加过分负担，以促进生产，节制消费，调节物价，安定民生，而政府对于专卖物品寓税于价，使居间商之利益归公，财政上可增加巨额收入，资为抗战建国之需"，"于国计民生，两有裨益"，建议首先从盐、糖、烟、酒、火柴、茶叶六种消费品开始试办专卖①，专卖政策遂成为国民政府（本书"国民政府"皆指重庆国民政府）统制经济中的重要一环，此亦成为研究民国财政史学者不可回避的重要课题。

战时税制的成功与否更是与国家能否获取维持战争的经费，从而取得战争的主动权休戚相关。国民政府对蔗糖业的统制亦是符合战时需要而做出的重要抉择。当时糖品不仅仅是人们的生活消费品②，更重要的是它已成为战略物资。抗战爆发后，由于战时耗油量剧增，传统燃料频频告急，而中国当时属于贫油国家，石油需求多依赖进口。但随着沿海运输路线相继被日军封锁，石油进口锐减，直接影响到了抗战大局与大后方的建设，在这种形势下酒精作为矿石燃料的主要替代品而被推广使用，国民政府也开始全面实施"酒精代汽油"政策，国防及民用各单位则纷纷采用酒精作为汽车燃料。

制糖工业的副产品糖蜜（俗称漏水）是生产酒精的重要原料。1941年4月，各酒精制造业由于原料缺乏，相继呈报停工。为了保证酒精原料的供给，国民政府遂加强了对糖蜜等酒精原料糖类的管理。1941年年初，经济部便向四川省政府发去咨文，称"酒精为目前重要液体燃料，军需尤殷，最近各酒精制造业，相继呈报停工，以致供不应求，据报内江一带糖蜜每年产量为五千万担，内有二千万担充作制造泸酒之用，对于采用糖蜜充制酒精之工作不无影响"，因此经济部请求制止"以糖蜜充制造泸酒，而维酒精生产"。四川省政府随即令饬资中、威远等六县"切实查禁"。③于是，以糖蜜为代表的

---

① 筹办盐糖烟酒等消费品专卖以调节供需平准市价案 // 秦孝仪.中国国民党历届历次中全会重要决议案汇编（二）[M].台北：中国国民党"中央"委员会党史委员会，1979：185.
② 糖品主要是指各类蔗糖生产的产品，包括半成品（糖清）、成品（冰糖、白糖、红糖、桔糖、糖蜜等）。
③ 四川省政府建设厅工作报告[J].四川省政府公报，1941（22）：21.

诸种糖类产品便作为国家战略物资而被统制起来。至此,与酒精生产息息相关的制糖业便被国民政府纳入战时经济体制。而通过川康区食糖专卖局的设立和专卖政策的实施①,国民政府也满足了其统制重要战略物资生产和供应的需要。糖品生产的丰歉便与酒精生产的良窳直接挂钩,甚至关系国防建设成功与否,糖品因酒精的战略地位而成为重要的国防动力原料。正是由于上述多种因素的共同作用,造就出抗战时期川康区蔗糖业日益凸显的战略地位。

就蔗糖产业而言,民国时期全国传统的蔗糖产区主要分布于"粤、桂、闽、滇、川、黔、赣诸省,四川居首,占总产量百分之五十左右"②,这与时人沈镇南所估计占总量的51.06%的数据基本吻合③。而且,随着抗日战争的发展,沿海地区相继沦陷,仅余川康蔗糖产区免于受到战争的滋扰,产量也相对稳定。此外,据四川农业改进所的统计,1939年蔗糖业年产值可达9870万元,占包括稻、麦在内全省主要农产品年产值的8.44%,是当年产值最高的农业经济作物。④由此可见,四川蔗糖产业无论是对抗战时期国统区蔗糖业而言,还是对四川省农业经济而言均具有举足轻重的地位。因此,对于影响抗战时期川康区蔗糖业发展的税政——食糖专卖政策研究的重要性便得以进一步凸显。

---

① 川康区即指战时四川与西康二省,虽然蔗糖产区主要位于四川省,但由于国民政府设置食糖专卖局的全称为"川康区食糖专卖局",因此本书将四川、西康均纳入探讨范围。
② 我国的糖业[J].工商新闻,1944(973).
③ 据沈镇南估计,以1940年为例,全国产糖总量为47万吨,四川则为24万吨,占总量的51.06%。参见沈镇南.我国制糖工业概况[N].商务日报(重庆),1943-08-24(4).
④ 需要指出的是,笔者根据该省当年主要农产品年产价值加总核算后,其总产值为1,169,970,000元,这与报载的1,176,495,000元存在误差,此处笔者采用加总数据为计算依据。参见四川主要农产品年产价值(1939年12月16日)[M]//四川省档案局(馆)编.抗战时期的四川——档案史料汇编.重庆:重庆出版社,2014:1428.

二、学术前史的回顾与思考

（一）有关抗战时期国民政府专卖政策的研究

目前学术界对于抗战时期国民政府专卖政策的评价存在着较大分歧，持批评观点的学者认为，专卖政策重在掠夺，有较大的副作用。关于战时专卖政策的总体评价方面，朱秀琴认为专卖制度既严重地打击了生产者，又残酷剥削了消费者，并从生产者与消费者身上掠夺了巨大的利润。[①]杨荫溥也持类似的观点，他分别考察了四种消费品专卖生产、收购、运输、销售等各个环节，认为专卖制度的目的在于加强剥削，增加财政收入，是国民党政府根据通货膨胀形势而采取的一种新的搜刮方式，严重打击了消费者和生产者的利益，并指出专卖政策的实施刺激了一般物价的上涨。[②]卿树涛则从公共财政学的角度出发，运用拉弗曲线的理论，对专卖政策的实施绩效进行考察，认为专卖政策的实施非但没有增加财政收入，反而成为抗战后期国民政府的财政危机的根源。[③]在专卖政策对各行业的影响方面，针对食糖专卖局的横征暴敛及其官员的贪污腐败问题，他们多试图通过分析其弊政、祸端来抨击专卖政策的苛敛，讽刺国民政府的贪虐。[④]杨修武、钟莳懋则从冲突角度来否定食糖专卖政策，他们通过简要叙述了资、内一带蔗农对专卖政策的一系列冲突，认为政府推行食糖专卖政策，实质上就是把食糖这一人民生活日用品进行独

[①] 朱秀琴.浅谈抗战期间国民党政府的经济统制［J］.南开学报，1985（5）.

[②] 杨荫溥.民国财政史［M］.北京：中国财政经济出版社，1985：126—133.

[③] 卿树涛.论抗战时期国民政府专卖政策对财政危机的影响［J］.江西财经大学学报，2004（6）.

[④] 李永厚口述，关弓整理.抗战末期内江食糖专卖局票照案始末［M］//中国人民政治协商会议四川省内江市委员会文史资料委员会.内江县文史资料选辑：第14辑，1988：123—129；《内江县税务志》编写组.原内江食糖专卖分局"印照"盗窃贪污梗概［M］//中国人民政治协商会议四川省内江市委员会文史资料委员会.内江县文史资料：第9辑，1984：10—11；金振声.四川的糖业与国民党"专卖""征实"［M］//中国政协四川省文史委员会.四川文史资料选辑：第13辑，1964：118—146.

占经营,将其纳入专卖机关的管辖之下,统一收购和批发。① 张朝辉认为该政策的推行也曾一度较大幅度地增加了财政收入,但是国民党没有合理妥善地解决增收与抑制物价、征税与扶植税源等尖锐矛盾,反而选择牺牲生产者的利益来确保专卖利益,其结果,尽管短期内增加了财政收入,并有利于资助抗战,但长远来看,却招致了整个制糖工业的急剧萎缩和严重破坏,并且物价也无法得到有效的控制。② 陈祥云指出:"战时政府的食糖专卖政策、蔗糖评价措施等,复又干预了蔗糖经济的市场机能;探究其实,政府对于糖业生产的垄断和控制,虽有财政上的考虑,然对于内江糖业的冲击和影响颇深。"③此外,他还指出,食糖专卖政策在实施过程中官商舞弊,评价不公,糖商垄断,导致社会失序。④ 覃玉荣等则以内江为个案,分析了专卖对内江糖业经济的破坏,抗战中后期,内江糖业经济却很快走向衰退,追寻其原因,除了因战争而导致的外销不畅、通货膨胀等因素外,川康区实行的食糖专卖政策是极为重要的因素。食糖专卖税率的大幅度提高严重损害了制糖商和蔗农的积极性,造成甘蔗总供给减少和食糖生产的萎缩,而食糖专卖的垄断经营政策则严重破坏了内江糖业的市场机制,最终导致了内江糖业经济的破产。⑤ 常云平、张格探讨了专卖时期川渝食糖走私的渠道和形式、川康区食糖专卖局的缉私措施及其成效,认为在食糖专卖中,川渝各地糖商因食糖专卖局垄断食糖运销难以获利,因此,多进行走私牟取暴利,导致食糖专卖政策难以达到

---

① 杨修武,钟莳懋.川康区食糖专卖概述[M]//中国人民政治协商会议四川省内江市委员会文史资料委员会.内江县文史资料选辑:第14辑,1988:95—122.
② 张朝辉.论抗战时期川康区食糖专卖[J].档案史料与研究,1999(3).
③ 陈祥云.蔗糖经济与城市发展:以四川内江为中心的研究(1860—1949)[J]."国史馆"学术集刊,2002(2).
④ 陈祥云.蔗糖经济与地域社会:四川糖帮的研究(1929—1949)[J].辅仁历史学报,2008(21).
⑤ 覃玉荣,邱晓磊,张继汝.抗战时期川康区食糖专卖政策对内江糖业的影响[J].西南交通大学学报(社科版),2009(3).

预定目标。①

另一部分学者则多肯定专卖政策在平抑物价、保证税收方面的正面作用。崔国华认为专卖政策的实施增加了财政收入，缓解了财政收不抵支的矛盾；并使战时经济得到发展，生产水平和技术水平都有提高；同时稳定了物价，对安定社会经济秩序起了一定作用。②虞宝棠在论及国民政府战时统制经济政策时，认为战时专卖制度的实施增加了政府财政收入，一定程度上缓解了入不敷出的财政困境。③朱英、石伯林也指出专卖政策取得了很大成效，大大增加了财政收入。④台湾学者何思瞇从财政学的角度出发，对战时国民政府所举办专卖事业及其绩效进行了考察，认为战时消费品之专卖，其专卖利益属消费税的一种，无论是专卖品中的火柴、盐、糖或烟，只要有消费，必有专卖利益之收入，税源相当稳定，从专卖利益收入统计上看，大抵皆能达其预算数，因之，专卖不失为财政收入的良方。⑤金普森、董振平考察抗战时期国民政府盐专卖后，认为作为战时财政的组成部分，盐专卖使国民政府获得了大量的财政收入；而作为经济统制的一部分，盐专卖制度不仅有利于维持战时盐业生产，而且对于调剂供销、控制盐价、防止垄断等都产生了积极的作用，此为其积极影响，应给予充分肯定。不过盐专卖实施过程中亦出现了诸多弊端，影响了其实施效益。⑥赵国壮在详细分析专卖制度自身内容、实施过程及不足的基础上，强调不应该孤立地看待食糖专卖政策，而应将其放在抗战这一特殊大背景下进行考察，并将其与"酒精代汽油政策""甘蔗评价制度"等其他

---

① 常云平，张格.论专卖时期抗战大后方的食糖走私——以川渝地区为例的考察［J］.历史教学（下半月刊），2016（6）.

② 崔国华.抗日战争时期国民政府财政金融政策［M］.成都：西南财经大学出版社，1995：199—215.

③ 虞宝棠.国民政府战时统制经济政策论析［J］.史林，1995（2）.

④ 朱英，石伯林.近代中国经济政策演变史稿［M］.武汉：湖北人民出版社，1998：528.

⑤ 何思瞇.抗战时期的专卖事业1941—1945［M］.台北："国史馆"印行，1997：521—522.

⑥ 金普森，董振平.论抗日战争时期国民政府盐专卖制度［J］.浙江大学学报（人文社会科学版），2001（4）.

相关糖业统制政策结合起来进行分析。①

近年来也出现了新的趋势，即将研究视角深入政策的运作层面来检视国民政府的专卖政策。江满情便将研究视角转移到专卖政策的施行主体火柴专卖公司上，即通过对中国火柴原料厂特种股份有限公司的研究着重揭示火柴专卖中的官商关系，指出"特种股份有限公司"组织则是火柴专卖中官商合作与博弈的基本机制，因此中原公司的官商关系一定程度上反映了重庆国民政府火柴专卖中的官商关系，即一种资本与技术的合作关系。②朱英、邱晓磊探讨了抗战时期川康区食糖专卖中的蔗糖定价之争，梳理了蔗农、制糖商与食糖专卖局、各地地方政府之间的互动与博弈，认为此一纷争很大程度上体现了抗战特殊时期协调国计与民生内在关系的紧张与矛盾。③

（二）有关抗战时期蔗糖业的研究

刘志英分析了抗战时期沱江流域制糖业兴起的原因、影响与特点。④刘志英、张朝晖探讨了抗战时期沱江流域制糖业的近代化问题。⑤陈祥云从农业商品化的角度分析经济作物的种植问题，指出由于植蔗的收入远大于种植其他农作物的收益，所以农民乐于种植甘蔗，从而推动了沱江流域蔗糖经济的形成及发展。⑥陈祥云还以四川糖帮为研究对象，从蔗糖经济与地域社会的视角，探讨了糖帮资本与地方金融的关系、糖帮组织对于沱江流域地域社会的影响及其意义，认为糖帮组织结构的变化是"抗战以后国府迁渝，为图四川人力、物资的动员和利用，深化基层社会的控制"之举，"不难发现政府

---

① 赵国壮.从"自由市场"到"统制市场"：四川沱江流域蔗糖经济研究（1911—1949）[D].武汉：华中师范大学，2011.
② 江满情.重庆国民政府火柴专卖中的官商关系——以中国火柴原料厂特种股份有限公司为例[J]."国立"政治大学历史学报，2005（24）.
③ 朱英，邱晓磊.国计与民生：抗战时期川康区食糖专卖中的蔗糖定价之争[J].安徽史学，2015（5）.
④ 刘志英.论抗战时期四川沱江流域的制糖工业[J].内江师范学院学报，1998（3）.
⑤ 刘志英，张朝晖.抗战时期沱江流域制糖业的近代化[J].文史杂志，1998（6）.
⑥ 陈祥云.近代四川商品农业的经营：以甘蔗市场为例[J].辅仁历史学报，1998（9）.

的影响力持续扩增"。① 胡丽美系统研究了1937—1949年内江的蔗糖纠纷的类型、原因及其实质。② 赵国壮探讨了20世纪三四十年代四川沱江流域蔗农农家经营模式，认为这是一种以市场为导向的生存型经营模式。③ 朱英、赵国壮以糖品流动为切入点，深入探讨了1900—1949年该区域蔗糖经济的发展状况，认为其增长模式是一种发展与危机并存的"悖论型"增长，而抗战时期政府对糖品交易的干预更在一定程度上激化了蔗农与糖商、政府与民众之间的矛盾，使得蔗乡社会处于失序状态。④ 此外，赵国壮还探讨了抗战时期大后方酒精糖料问题。⑤ 张格通过对抗战时期四川食糖运销的研究，认为作为糖业经济的重要组成部分，食糖运销在1937—1940年顺利开展促使四川糖业经济步入鼎盛时期，而随着1942—1944年的政府垄断了运销，导致糖业经济发展的活力遭到扼杀。⑥ 张然对抗战时期四川制糖技术的改良进行了全面而深入的探讨。⑦

综上所述，现有国民政府专卖政策与抗战时期蔗糖业的研究已取得了一定成果，为本课题研究的开展奠定了基础。但就系统利用档案史料，深入研究重点区域而言，仍存在不少可努力之处。具体来看，目前学界虽然已出现了不少抗战时期国民政府专卖政策的研究成果，但对抗战时期川康区食糖专卖仍缺乏全面而系统的认识，特别是尚缺少从政府与民众互动的视角来检视专卖政策实施的具体状况而非单纯停留于制度文本分析的研究成果。有鉴于

---

① 陈祥云.蔗糖经济与地域社会：四川糖帮的研究（1929—1949）[J].辅仁历史学报，2008（21）.
② 胡丽美.抗战以来四川内江的蔗糖纠纷[D].成都：四川师范大学，2006.
③ 赵国壮.二十世纪三四十年代四川沱江流域蔗农农家经营模式研究[J].近代史学刊：第7辑.武汉：华中师范大学出版社，2010（7）.
④ 朱英，赵国壮.试论四川沱江流域的糖品流动（1900—1949）[J].安徽史学，2011（2）.
⑤ 赵国壮.抗战时期大后方酒精糖料问题[J].社会科学研究，2014（1）.
⑥ 张格.四川地区食糖运销研究（1937—1944）——以沱江流域为主的考察[D].重庆：重庆师范大学，2016.
⑦ 张然.抗日战争时期四川省制糖技术改良研究（1937—1945）[D].重庆：西南大学，2020.

此，笔者尝试通过深入探讨食糖专卖实施过程中各级政府、专卖机关与蔗农、糖商、糖业同业公会之间的互动与博弈，透视其制度背后暗含的抗战特殊时期国计与民生的复杂关系，从而为推进此一方面的研究提供新的思路。

三、研究的思路、创新与方法

（一）研究的思路与框架

本书主要分为三个部分：第一部分为绪论；第二部分为正文，包括第一至第五章；第三部分为结语。其中正文主要内容如下。

第一章 本章专门梳理川康区食糖专卖实施的背景，包括国统区舆论界关于专卖政策的讨论，并对战时川康区糖业的重要性进行定位，进而引出川康区食糖专卖政策的实施。

第二章 本章主要侧重于考察川康区食糖专卖局组织架构，包括区局董事会、区局及其各科室、各办事处（分局）等机构，进而分析其从业人员的概况及其监察机制的运作。

第三章 本章主要就川康区食糖专卖的实际运作及其内在困境，即从制造、收购、运销等食糖专卖的主要运行环节着手展开深入、细致的实证性考察，从而厘清食糖专卖各主要环节之间的相互关系及其存在的内在困境。

第四章 本章主要着重以1942—1943年川康区食糖专卖中所实施的蔗糖定价之争为个案进行探讨，通过对此次事件中政府在面临危机时的因应之道的梳理，以期展现食糖专卖政策在实践层面所呈现出的不同面相，并借此初步探讨抗战特殊时期川康区民众与政府的互动关系。

第五章 本章主要从食糖专卖与战时财政的关系、川康区专卖机关贪腐及其诱因、社会舆论对专卖政策的评价以及食糖专卖与川康区蔗糖业的关系等方面对川康区食糖专卖展开评估和总结。

（二）研究的创新

本书的创新主要表现在：

第一，使用新的资料。首先，由于近代沱江流域蔗糖业发达，内江市更享有"甜城"的美誉，因此，川渝地区各级档案馆保留了非常丰富的糖业档案。本书所用史料主要来源于内江市档案馆所藏民国川康区食糖专卖局全宗、四川省农业改进所甘蔗试验场全宗、四川省第二行政督察专员公署全宗以及该档案馆所编三卷本《民国时期内江蔗糖档案资料选编》等一手档案史料，再辅之以中国第二历史档案馆、四川省档案馆、重庆市档案馆、简阳市档案馆、台湾地区"国史馆"等机构所藏的相关档案。其次，笔者通过各种渠道收集到目前学界利用相对较少的多种报刊史料，如《食糖专卖公报》《糖业新闻》《新新新闻》、《大公报》（重庆）、《大公报》（桂林）、《商务日报》（重庆）、《新华日报》《时事新报》《新蜀报》等。通过整理和爬梳大量档案与报刊史料，笔者尝试厘清战时川康区食糖专卖实际运行过程中的诸多细节。

第二，使用了较新的视角。抗战时期专卖政策是国民政府统制经济的重要组成部分之一，以往学界主要关注统制经济思想与制度的衍生、发展及其运行效果，很少从政府与民众互动的视角来检视统制经济政策实施的具体状况，本书主要围绕抗战时期川康区食糖专卖中蔗糖定价机制的变化，探讨各级政府与地方民众之间的互动与博弈，并透视其背后暗含的抗战特殊时期国计与民生的复杂关系，从而为战时统制经济研究提供一个新的研究视角。

（三）研究的方法

实证研究：本书将着重爬梳食糖专卖政策的相关史料，着重运用精细实证的研究方法，对抗战时期食糖专卖由思想到政策再到实际运行的历程及其变化做系统而全面的梳理，厘清各方围绕蔗糖定价展开的多重博弈及其相互关系，评估食糖专卖政策的实施效果。

计量分析：本书在占有丰富和连续完整的史料基础上，围绕着川康区甘蔗种植面积与产量、各类糖商数量、食糖运输费用、食糖专卖利益数量、食糖专卖局机构、人员构成与经费使用等大量关键的统计数据，形成若干量化数据统计图表，运用数理统计方法力求精确评估战时川康区蔗糖业发展水平以及食糖专卖对蔗糖业的影响,并为佐证相应观点提供数据支持。

四、相关概念解释

专卖是国家对某种产品的买卖、生产进行垄断的一种形式。在资本主义国家和旧中国,专卖分完全专卖和不完全专卖。前者是对产品的买卖和生产全部加以垄断,后者是只对产品的买卖或只对产品的生产进行垄断。其主要目的是利用垄断的专卖价格,获取高额的财政收入。①

川康区即四川和西康两省,虽然财政部将川康两省纳入食糖专卖的统制范畴,但据悉西康省的产糖区域"仅认为东部原属四川之汉源、会理等县,产量甚少,故所谓川康糖业,实以川省为主"②。

"国计"与"民生":本书所探讨"国计"主要是指关系战时统制经济、国家税收等国家利益的重大问题,而"民生"则多针对直接或间接从事甘蔗种植,糖品产、运、销等各环节从业人员的生计而言。近代四川地区蔗糖业分布广泛,从业人员众多,是沱江流域的重要支柱产业之一。据资料显示,抗战初期甘蔗种植面积占全省总面积的76%③,农家户均植蔗面积达到47.87%,其中简阳、内江更是高达60.20%、57.50%④。就蔗农数量而言,内江人口约57.5万,蔗农达30万;资中人口约67.8万,蔗农也达到30万左右。⑤制糖商方面,1942年全省糖房、漏棚总数则为5219家。⑥从整体来看,据估计,四川人民之直接或间接依赖糖业为生者,可高达1000万人,占全省人口

---

① 辞海编辑委员会.辞海(缩印本)[M].上海:上海辞书出版社,1979:29.
② 川康食糖概述[J].食糖专卖公报,1942,1(2):8.
③ 朱寿仁,钟崇敏,杨寿标.四川蔗糖产销调查[R].中国农民银行经济研究处,1941:21—23.
④ 四川省甘蔗试验场.沱江流域蔗糖业调查报告:第四章[R].内江:四川省甘蔗试验场,1938:1—2.
⑤ 四川建设厅统计室.四川资内糖业之概况[J].四川建设杂志,1944(1):91—92.
⑥ 糖房是指以生产红糖、糖清为主,对甘蔗进行初级加工的生产商;漏棚则是指向糖房购买糖清再次加工,产品主要为白糖和桔糖的生产商。参见曹仲植.半年来川康区实施食糖专卖之业务推动情形[J].食糖专卖公报,1942,1(6—7):12—15.

的1/6。①

统制经济一般是指战时或严重经济危机时期国家政权对经济和社会生活进行干预和管制。战时统制经济涵盖范围之广，几乎囊括了国民经济的重要部门，既关乎国民政府抗战的前途，又关乎百姓战时的日常生活，牵涉面极广。就统制经济的界定而言，张素民认为统制经济有广义与狭义之分：广义的统制经济，"即是政府或社会团体对于人的经济活动之干涉、限制和管理"；而狭义的统制经济，"较此更进一步，即政府对人民的经济活动，为较有计划、较有系统之干涉、限制和管理。……这种统制不是随意的、偶然的，如前所述的'经济统制'一样，乃是就国营企业及私营企业，定出一个相当的支配计划，而执行干涉、限制和管理"②。而罗敦伟的定义比较确切，他指出："无论生产及消费之任何生产部门之自由，都应给服从中央意志，由中央统制机关，指挥统制。这种经济制度，即是统制经济制度。"③ 由此可见，统制经济是指战时或严重经济危机时期国家政权对经济和社会生活进行干预和管制。具体来说，是由国家对经济实施干预，并以政治的力量组织、统率和指导全国经济，具体来说就是国家直接对国民经济各部门、各种产业、各种企业，从生产、分配、流通各环节以指令性的政策实行严密的统制，从而使整个经济活动置于国家的控制之下。它既不同于资本主义的自由经济，亦有别于当时苏联实行的社会主义计划经济，其原则是既赞同国家干预，但又反对全盘干预，既反对自由放任，却又认同适当的自由竞争。

---

① 川省产糖足供应全国需要[N].中国商报，1940-03-14.
② 张素民.统制经济的意义[J].经济学季刊，1934（8），转引自黄岭峻，杨宁."统制经济"思潮述论[J].江汉论坛，2002（11）.
③ 罗敦伟.中国统制经济论[M].上海：上海新生命书局，1934：9.

第一章

川康区食糖专卖实施的背景

作为战时国民政府一项重要的财政经济政策,专卖政策实施背景的厘清至关重要。那么专卖政策实施前国统区的财经形势究竟如何,国统区舆论界对于专卖政策的实施持一个什么样的态度以及川康区食糖专卖之于抗战的地位怎样,这均是本章所关注的重点。

第一节 国统区专卖政策的酝酿

一、国统区专卖政策兴起的缘由

(一)"收不抵支":战时国民政府日趋恶化的财政经济形势

抗日战争爆发以前,中国沿海、沿江地区工商业较为发达,亦是国民政府财政收入的主要来源地区。从税收结构而言,关税、盐税、统税在国民政府税收中占据了绝对的优势。1927年,上述三种税收总收入合占税项收入的85%,1928—1936年,此三税收入之和在税项收入中所占比例平均数更是高达95.32%。[①]抗战爆发后,沿海各省及重要城市、港口相继沦陷,关税收入受到严重打击,据国民政府统计,抗战八年中,"关税被敌伪劫持者,逐年

---

① 数据已由笔者校正,参见杨荫溥.民国财政史[M].北京:中国财政经济出版社,1985:47.

增多",估计总额在260亿元以上①;盐税方面,在抗战前国民政府设有12区盐场,七七事变后,长芦、山东、两淮、松江、两浙、福建、广东、河东等区相继全部或一部分沦陷②,国民政府盐税收入亦随着沿海盐场的丧失大幅锐减;就统税而言,由于征课的对象主要为工业产品,与卷烟、火柴、面粉等生产事业息息相关,因此统税收入同样随着重要工业城市的沦陷而大受影响。1939年,财政部部长孔祥熙亦称,国民政府税收"因战区推广,短收尤巨"③。由附表1所示,1937—1940年关税、盐税、统税三项税收预算数大体呈现出递减的趋势。其一,从各项税收的实际收入与预算数之比而言,1937年,关税、盐税、统税的实收数分别仅相当于其预算数的64.78%、61.65%和17.04%,1940年,关税和盐税的实收数则仅分别相当于其预算数的14.56%和79.97%。其二,从各项税收实际收入的纵向对比而言,1940年,关税总收入为37,767,239元,仅占1937年的15.79%;1940年,盐税总收入为79,971,234元,仅占1937年的56.74%,而且这尚未考虑到战时物价上涨的因素。由此可见,关税、盐税、统税收入锐减,导致战时国民政府财政颇为窘迫。

另一方面,战事的扩大和深化,以及物价上涨的影响,国民政府的开支,特别是军费开支逐年剧增,使得国库短亏的数额巨大,而国民政府则均"恃债款以资挹注"④。

---

① 财政年鉴编纂处编.财政年鉴三编:第六篇,第一章[M].南京:财政部印行,1948:1.
② 财政年鉴编纂处编.财政年鉴三编:第七篇,第二章[M].南京:财政部印行,1948:15.
③ 孔祥熙检陈1937年7月—1939年6月财政实况秘密报告[M]//中国第二历史档案馆.中华民国史档案资料汇编:第五辑第二编财政经济(一).南京:江苏古籍出版社,1997:343.
④ 孔祥熙检陈1937年7月—1939年6月财政实况秘密报告[M]//中国第二历史档案馆.中华民国史档案资料汇编:第五辑第二编财政经济(一).南京:江苏古籍出版社,1997:343.

表1-1 1937—1941年度国库收支、亏短数额表①

单位：元

项目 年份	国库各项收入	国库支出总额	国库亏短数额
1937年	815,070,006	2,091,324,145	1,195,349,169
1938年	315,001,915	1,168,652,314	853,484,872
1939年	740,254,565	2,797,017,948	2,310,588,876
1940年	1,324,878,298	5,287,755,415	3,834,389,552
1941年	1,311,380,321	10,003,320,313	9,443,376,044

如表所示，相比于1937年度，1941年度国库各项收入仅增加了60.89%，而国库支出总额则增加了378.32%，由此带来的国库亏短数额上述5年累计接近180亿元，国家财政入不敷出的程度令人咋舌。

作为一项增加政府财政收入以及强化政府经济统制的重要财政经济政策，专卖政策常被各国政府所采用，以应对经济恐慌、战争等诸多非正常情形。就日本之专卖制度而言，于"甲午中日战争之际，推行食盐专卖，以为战时财政之利器"，"日俄战争又推行烟草专卖，嗣并举办樟脑之扩张及强化，列为主要项目之一，使专卖收入年增二万万元之巨，其关系国家财政，于此可见"②。而放眼世界诸国，"第一次欧战以前，各国已实行专卖制度者有奥、匈、法、意、俄、土、塞尔维亚等国，未实行者只英、德而已"，而且战后亦曾有学者主张采行专卖制度，用以弥补因战时造成的财政上的损失。曾被视为"私经济收入主义"的专卖事业也已"跃入现代租税收入时代，迅被确定而为最有前途之财政制度"③。此外，自"上次欧战之后，吾国为增加收入起见，亦相率采行专卖制度，据国际联合会之财政报告，在一九二二年至一九二八

---

① 1938年数据仅为7—12月国库收支数。参见财政年鉴编纂处编.财政年鉴三编：第三编，第五章[M].南京：财政部印行，1948：129—138.

② 叶秉立.我国战时之专卖事业[J].财政知识，1943（3—4）：46.

③ 薛以祥.我国专卖制度之研讨[J].财政知识，1942，1（2）：26.

年之间，各国采行专卖者计有十九，嗣后逐渐增加，推行之范围亦增广。又足征专卖制度，在现代各国之财政上，具有一种新兴之趋势"①。另据薛以祥的考察，截至第二次世界大战，全世界有41个国家对多达27种物品实施了专卖政策。②由此可见，专卖政策的实施真可谓为大势所趋。

自20世纪30年代开始，为加强国家统一的力量以及增加社会的经济实力，实施统制经济的呼声不绝于耳。抗战爆发后，为增强政府对全国经济的统筹力量，逐渐采取统制经济政策。专卖政策作为统制经济政策中的重要一环，逐步被提上了政府决策的议事日程。1936年秋，时任中央银行总裁孔祥熙委派哥伦比亚大学经济学博士寿景伟，赴日考察银行规制。在此期间，孔又应时任国防委员会财政秘书洪怀祖之请，"以日之专卖制行之久而成效著"，特命寿景伟"便道咨其略"③。于是，寿景伟前往日本大藏省专卖局详加调查，收集专卖资料，择要选译，编集报告，寿回国后于1937年呈请财政部派员组织专卖制度筹备委员会，详加研究。④根据1940年12月17日，时任中国茶叶公司总经理寿景伟与财政部整理地方捐税委员会委员兼中国茶叶公司专员洪怀祖在其二人联名围绕专卖实施理论向财政部递交了呈文，财政部对寿成立"专卖制度筹备委员会"之情做出批示时，要求由参事厅、赋税司、盐政司会同关税署、税务署、盐政局进行研究。嗣后，洪怀祖于1938年12月，陈请推行烟酒专卖，财政部又做出批示"交税务署研究"。洪怀祖再次于1939年4月，呈请财政部将寿景伟所携回之日本专卖法规原件，择优译成中文，并获得批准。寿、洪二人遂聘请精通日文的中茶公司业务处专员萧学海负责此事。⑤不过，这仅仅是财政部对域外专卖政策实施情况的初步了解，并未开展实质性工作。由此可见，专卖政策的引介与落地并不是一蹴而就的。

---

① 鲁佩璋.专卖与增税[J].财政评论，1940，3（6）：2.
② 薛以祥.我国专卖制度之研讨[J].财政知识，1942，1（2）：26.
③ 寿景伟.日本专卖问题考略[M].出版社不详，1938：1—2.
④ 财政年鉴编纂处编.财政年鉴续编：第九篇，第一章[M].南京：财政部印行，1943：1.
⑤ 中茶公司总经理寿景伟专员洪怀祖呈财政部实施专卖理论由[M]//何思眯.抗战时期专卖史料.台北：台湾"国史馆"，1992：13—17.

二、国统区关于专卖政策的讨论

20世纪30年代至40年代,国统区各界出现了一个大冲突的时期,各派势力观点对立,界限分明,相互攻讦。但他们之间也存在一个惊人的相似之处,即不管他们在政治思想上如何千差万别,在经济思想上则对强调政府干预的"计划经济"或"统制经济"心向往之。[1]

(一)专卖政策实施的必要性

抗战时期国统区舆论界主要针对专卖政策对国家财政收入的作用、是否符合中国国情、与物价的关系以及预防自由资本主义弊病等诸多方面对专卖政策实施的必要性进行了思考。他们认为在当时条件下政府亟须通过专卖政策的实施来增加财政收入、调节和稳定物价以及安定民生。

1940年7月,在国民党召开的七中全会上,通过了《对于财政经济交通报告的决议案》,"专卖"一词首次被列入政府公文之中。战时"物价高涨","奸商囤积居奇,操纵垄断"等现象始终未能得到有效解决[2],因此政府决策层寄希望于通过专卖政策的实施,达到"利益归公",杜绝操纵居奇,合理分配与价格稳定的效果[3]。经过一段时间的酝酿,1941年4月,以时任行政院院长兼财政部部长孔祥熙等为首的20人在中国国民党第五届八中全会第十次会议上提出《筹办盐糖烟酒等消费品专卖以调节供需平准市价案》,并获得通过。

正是在这种强烈的政府政策导向的影响下,1941年5月,《财政评论》杂志第5卷第5期推出"专卖制度特辑",共发表6篇关于专卖政策的文章,分别是孔祥熙的《民生主义之下国家专卖政策》、鲁佩璋的《专卖制度之检讨》、王世鼐的《国家专卖政策之经营原理》、朱偰的《欧洲各国专卖制度之比较研

---

[1] 黄岭峻.30—40年代中国思想界的"计划经济"思潮[J].近代史研究,2000(2):150.

[2] 创办常平商店树立商业组织之核心以平抑物价并奠定今后民生主义计划经济制度中商业统制之基础案//秦孝仪.中国国民党历届历次中全会重要决议案汇编(二)[M].台北:中国国民党"中央"委员会党史委员会,1979:29.

[3] 对于财政经济交通报告之决议案[M]//秦孝仪.中国国民党历届历次中全会重要决议案汇编(二).台北:中国国民党"中央"委员会党史委员会,1979:77.

究》、寿景伟的《日本专卖制度之鸟瞰及其演进过程之考镜》、徐尔信的《食盐官专卖刍议》。上述这六篇文章从不同角度阐述了作者对专卖政策的看法，试图进一步推动国统区舆论界对专卖政策的认识。仔细考察上述作者的背景，不难发现上述六位作者虽多具有国内外高学历背景，但基本是时任国民政府各级官员。可见，国统区舆论界这一场关于专卖政策的讨论一开始便有着强烈的政策导向性。

在国内实施专卖政策，国统区舆论界人士均有各自的考虑。首先，就国家财政收入而论，相较于其他增收手段，专卖政策有何优势？缘何对专卖政策情有独钟呢？鲁佩璋认为，"战时财政的最大目的，在能筹集巨额收入，以应非常经费之所需，而筹款的有效方法，仍不外乎发钞、募债与增税三者"。前两种措施筹款较易，但流弊实多，因此，增税是战时增加财政收入的最好办法。不过，增税又容易引起商民反对，促进物价上涨，甚至出现逃税的弊害。改行专卖后，上述困难，即可克服。① 寿景伟指出，专卖的性质，"系指间接税中消费税之独占征收方法而言。凡应纳消费税之物品，国家可独占其生产或贩卖，或并生产、贩卖而独占之。谓为消费税之变相，固无不可"②。孔祥熙则认为专卖政策远较消费税为优，因为专卖物品由人民自由购取，人民"自不感强迫增加担负之苦"；此外，购取者能于不知不觉中，尽其纳税的义务。③ 陈友三对此亦表赞同，他更指出，较之消费税，专卖因独占价格，而能获得高出成本数倍的收入，而且不似消费税有转嫁情事的出现。④ 经济学家马寅初则倾向于把专卖收入具体划分为原消费税金与私人原有之利润，他认为专卖脱胎于消费税，转而将此二者囊括于专卖价格之内，因而国库获得的收入自较丰厚。⑤ 就专卖政策对各国财政的贡献而言，可从下表中略见其一二。

---

① 鲁佩璋.专卖制度之检讨［J］.财政评论，1941，5（5）：9.
② 寿景伟.日本专卖问题考略［M］.出版社不详，1938：1.
③ 孔祥熙.民生主义之下国家专卖政策［J］.财政评论，1941，5（5）：5.
④ 陈友三.推行专卖制度刍议［J］.财政评论，1941，6（4）：38.
⑤ 马寅初.财政学与中国财政——理论与现实［M］.北京：商务印书馆，2005：514.

表1-2 20世纪30年代初部分国家专卖实施概况统计

国别	年度	单位（千）	专卖品名	专卖收入	税收收入	专卖收入占税收总额的比率①
秘鲁	1931	Soles	盐、烟草、鸦片	17,067	81,881	20.84%
西班牙	1931	Desetas	烟草、火柴、煤油、药物、奖券、引火物	929,541	3,421,240	27.17%
洪都拉斯	1931	Pesos	饮料、酒精、火柴	1,449	8,650	16.75%
捷克斯洛伐克	1931	Korunos	烟草、盐、糖类、爆炸物	1,312,444	10,435,109	12.58%
瑞士	1931	Francs	盐、酒精、水力	20,337	299,388	6.79%
厄瓜多尔	1932	Sucres	酒精、烟草、盐、火柴、爆炸物	1,2192	2,9330	41.57%
波兰	1932	Zlotys	——	677,900	1,855,200	36.54%
南斯拉夫	1932	Dinars	烟草、烟纸、火柴、煤油	2,136,470	6,908,655	30.92%
拉脱维亚	1932	Lats	酒精	19,240	64,106	30.01%
立陶宛	1932	Iitas	饮料、白兰地酒、纸牌	32,798	168,238	19.50%
罗马尼亚	1932	Ieis	——	4,637,856	23,997,856	19.33%
澳大利亚	1932	Sschillings	烟草	248,000	1,297,350	19.12%
匈牙利	1932	Pengos	烟草、盐、糖类	150,280	804,527	18.68%
希腊	1932	Drachnas	——	1,504,600	8,232,400	18.28%
土耳其	1932	Turkish Pounds	烟草、盐、火柴、酒精	34,334	201,343	17.05%
意大利	1932	Liras	烟草、盐、引火物	2,568,019	16,571,067	15.50%
哥伦比亚	1932	Pesos	盐	2,902	31,289	9.27%
但泽	1932	Gulden	烟草、火柴	6,105	77,435	7.88%
玻利维亚	1932	BoliviaNos	——	500	29,605	1.6%

资料来源：参见作者不详.Tax Systems of the World[M].出版社不详,1934.转引自野农.专卖政策之检讨及各国专利制度概观[J].中联银行月刊,1943,5（5）：85—86.

① 此列数据乃笔者根据野农所撰《专卖政策之检讨及各国专利制度概观》一文中专卖收入与税收收入之比保留两位小数核算并按照时间顺序重新排列而成，与原表稍有区别。

根据上表数据所示，西班牙、意大利、瑞士等19个国家对包括酒精、烟草、盐、火柴、煤油、引火物、糖类等16种各类物品施行专卖政策，其中共有14个国家的专卖收入所占税收总额比率超过15%，而厄瓜多尔、波兰、南斯拉夫、拉脱维亚等国更超过30%。需要指出的是，上表统计数据并未包括日本。事实上，近代日本在走上对外扩张的过程中，专卖政策曾发挥了重要作用。日本对烟叶、烟草、盐实施专卖均分别起源于甲午中日战争和日俄战争时期。至1932年日本专卖收益占其国家租税收入和经常岁入的比重分别达到25.6%和13.8%。① 专卖政策之于上述各国财政收入的重要性据此可见一斑。

其次，论者认为战时实行专卖政策也是较为符合中国自身实际的。1939年6月，陈友三、张宗枢便撰文指出，世界范围内"经济落后，进步较迟之国家，率以间接税为主，而战时财政尤多仰给于专卖收入"，年来中国"推行直接税制，不遗余力"，然"际此草创伊始，甚难期望丰富之收入，故亟应辅以专卖制度，以匡直接税之不逮"②。薛以祥则进一步表示："若实行专卖制度以代替消费税之征课，则无转嫁之事实发生，可收与直接税相同之效果与利益。"③ 周伯棣认为"在资本主义不甚发达，财富不甚集中之国家，则直接税必不发达"，间接税则占重要地位，"于是脱胎于间接税之专卖，亦必易发达"④。面对税收剧减与战时政府经费日益膨胀的窘况，有人亦发出了这样的疑问："直接税又方在推行，万难弥补，如不实现专卖制度，将何以筹谋战费？"⑤ 政府在应对战争时，"既不能采取无限制的国家财政自由政策，又不能以其目前有限之固定的收入，作浩大之支出，是已亟待妥事筹划；何况将来更应忍受若干倍艰难之环境，有甚于今日者耶"？因此，王世鼎遂将国家专卖制度标榜为时代经济潮流之产物，认为国家专卖政策的实行，在当时"实负有

---

① 参见武梦佐.日本专卖事业与其财政之关系［J］.经济汇报，1942（5）：28.
② 陈友三，张宗枢.专卖制度与我国战时财政［J］.时事月报，1939，20（6）：266.
③ 薛以祥.我国专卖制度之研讨［J］.财政知识，1942，1（2）：27.
④ 周伯棣.专卖问题之检讨［J］.建设研究，1942，6（6）：36.
⑤ 施行专卖之必要［N］.新蜀报，1941-04-11.（民国三十八年前重要剪报资料库）

最大之使命，无论战时战后均有充分发扬之余地"①。

再次，关于专卖与物价的关系问题，国统区舆论界亦有相关论述。孔祥熙在探讨专卖政策时，指出战时物价的波动，非尽因供求失常而起，事实上常多为垄断操纵之故。专卖政策的实施可使专卖物品价格趋于稳定，从而影响市场价格之变动，消灭操纵居奇之风气，达到平抑物价之效果。②对此，林猷甫亦持类似观点，他认为对消费品实施专卖，"既可限制不肖商人囤积居奇，复可平抑物价之高涨，其惠泽国民之处，恐非数字所能计算者也"③。在认识到专卖政策对平抑物价的重要性之后，难以回避的将是如何具体操作的问题。1942年1月16日《中央日报》发表社论，支持孔、林二人的观点，同时又将对专卖政策与物价的认识引向深入，揭示了举办专卖与统制物资二者之间相辅相成的关系，发人深省。有谓："只统制物资而不举办专卖，则国家支出将增到如何程度？国家收入又将如何增加？反过来，如只举办专卖而不统制物资，则凡来源不集中之物品，如何实行专卖？更如何管制一般物价？"④换言之，只有将举办专卖与统制物资两者并举，政府财政收入与管制物价等问题才能得以解决。

最后，论者还认为实施专卖政策可以预防自由资本主义的种种弊病。1941年，有感于近代国家，因奉行自由经济主义，而发生私人独占及资本垄断等种种不良现象，进而导致贫富悬殊，造成"特殊之资本阶级"的事实，孔祥熙表示"实应由国家力量……予以调节，庶可使全民同享福利，而避免畸形之发展"，并认为"实现此类目的最有效最合理之方法"为专卖政策是赖。⑤持此观点的还有陈友三，他认为专卖制度的实行利大于弊，"不失为经济落后国家财政上之一大武器"⑥。对此，高庆丰亦表达了相似看法，他指出，

---

① 王世鼐.国家专卖政策之经营原理[J].财政评论，1941，5（5）：16.
② 孔祥熙.民生主义之下国家专卖政策[J].财政评论，1941，5（5）：5.
③ 林猷甫.运用专卖制度与健全战时财政[J].地方行政季刊，1941，2（2）：33.
④ 战时专卖与平价[N].中央日报，1942-01-16（2）.
⑤ 孔祥熙.民生主义之下国家专卖政策[J].财政评论，1941，5（5）：4.
⑥ 陈友三.推行专卖制度刍议[J].财政评论，1941，6（4）：39.

在自由经济形态下，存在中间贩运商操纵物价剥削消费者，打压生产者的不合理现象，而且在战时表现得更为明显；同时考虑到专卖政策能使生产组织化或产业合理化，他断言唯有实行专卖制度才能消灭这一现象。因此，他更得出这样的结论：专卖制度是"顺乎天理"，"应乎人情"，"适合世界潮流"，"合乎人群之需要"的制度，抗战建国之成败均系于此。①

（二）"惠泽国民"：对于实践民生主义的价值

面对战时世界各国实施专卖政策的大趋势，国统区舆论界亦对专卖政策与民生主义的关系予以重点关注，并结合孙中山的"民生主义"思想，对于实践民生主义的价值做了进一步的探讨，并将专卖政策提升到主义的高度，积极迎合政府推行专卖政策的倡导。

孔祥熙等人在《筹办盐糖烟酒等消费品专卖以调节供需平准市价案》中指出，专卖是人民日常消费物品由政府合理分配，其目的在于"节制私人资本，改善社会经济"，是"实现民生主义方法之一种"。②该提案对政府专卖同生产者、消费者及居间商三者之间关系也做出了明确的界定，即专卖制度"系由政府管制产销，保障生产运销者之合法利润，而使消费者不增加过分负担，以促进生产节制消费，调节物价，安定民生，而政府对于专卖物品，寓税于价，使居间商之利益归公，财政上可增加巨额收入，资为抗战建国之需"③。言下之意，在决策者眼中，政府同生产者、消费者之间的关系是战时专卖政策体系能否得以持续运转的根本。因此，政府与生产者、消费者应该保持相对和谐的关系。战时政府与居间商则更多地呈现出对立的一面，其理由是居间商在战时状态下"每多利用时机，操纵市价，博取厚利，酿成社会分配不平之现象"，因此政府施行专卖制度，用以"抑制豪强，充裕国用"，

---

① 高庆丰.专卖制度之研究[M].上海：独立出版社，1941：4、88.
② 筹办盐糖烟酒等消费品专卖以调节供需平准市价案[G]//秦孝仪.中国国民党历届历次中全会重要决议案汇编（二）.台北：中国国民党中央委员会党史委员会，1979：185.
③ 筹办盐糖烟酒等消费品专卖以调节供需平准市价案[G]//秦孝仪.中国国民党历届历次中全会重要决议案汇编（二）.台北：中国国民党中央委员会党史委员会，1979：185.

这对于国计民生均有裨益。①《中国国民党第五届中央执行委员会第八次全体会议宣言》更将民生定位为"建设之首",并指出"倘以营业自由为借口,为居奇垄断之护符,反对经济统制之政策",必将导致无政府的经济状态,造成战时危机,此"尤为三民主义的精神所不许"。因此,政府决策层决定通过实施各种人民生活必需品之公卖,来实现"均衡人民生活需要之分配",以期"经济设施之进步,奠立民生主义经济制度之初基"②。由此可见,国民政府决策层充分意识到专卖政策对保障民生的重要性。

同样,国统区舆论界也进一步深入地探讨了专卖政策对于实践民生主义方面深远而又重大的意义。颜泽夔率先指出专卖制度已"不仅为以收益为目的之一种财政政策而已",它在国家经济建设上,亦发挥着巨大作用。而且,他还认为专卖也合乎民生主义之经济原则,是"平定物价,安定民生,取缔垄断,最彻底最有效之方法"③。1941年5月8日,孔祥熙在《中央周刊》发文指出,"自由竞争之下,商人唯利是图,对于国民经济及民生问题,鲜能顾及,若由政府加以专卖,则可调剂社会供求,消灭囤积居奇,并可适合人民负担能力,规定各种专卖价格,于增加财政收入以外,同时可兼顾民生"④。由此可略见其思想中民生主义专卖政策的端倪。旋即,孔氏又以《民生主义之下国家专卖政策》为题发文,明确指出专卖政策的实施,是实现民生主义的一个内容,同时这也印证了专卖政策的目的:(1)"创造国家资本,节制私人资本";(2)"消减剥削阶级,调节社会供需关系";(3)"不仅以财政收入为目的,同时更注意经济之调剂,及民生之需要"⑤。鲁佩璋同样迎合了上述

---

① 筹办盐糖烟酒等消费品专卖以调节供需平准市价案[M]//秦孝仪.中国国民党历届历次中全会重要决议案汇编(二).台北:中国国民党中央委员会党史委员会,1979:185.
② 中国国民党第五届中央执行委员会第八次全体会议宣言[M]//中国第二历史档案馆.中华民国史档案资料汇编:第五辑第二编财政经济(一).南京:江苏古籍出版社,1997:560.
③ 颜泽夔.论我国专卖制度之实施[N].时事新报,1941-04-18(03).
④ 孔祥熙.战时财政之新设施[J].中央周刊,1941,3(14):2.
⑤ 孔祥熙.民生主义之下国家专卖政策[J].财政评论,1941,5(5):4.

观点，认为专卖的举办是便于经济统制，切合战时需要的措施，在专卖的条件下，专卖物品之供应不缺，其价格确定不变，对于人民生活，社会秩序多所裨益，并称专卖政策为"实现总理民生主义的阶梯"①。显然，此时论者对于专卖政策的论述多流于空谈，缺乏实际操作性。当然，笔者也不排除上述有强烈政治倾向的论者有为政府实施专卖政策提供舆论导向的嫌疑。

不过，随后关于专卖政策的论述出现了新的趋势，即将关注点延伸至如何实践民生主义专卖政策上。5月13日《西南日报》编者发表文章，"强调专卖事业应与经济政策配合，不宜专重财政"，表示"论者将专卖事业目之为财政政策之一种"，"实为一绝大之错误"，不可将专卖事业与税收混为一谈。此外，编者还不忘提醒决策者，专卖政策的实施"当此物价高涨之时，尤宜力避作成提高物价之助因"，为此他建议除奢侈品采行"高物价政策"实施专卖外，必需品宜用"低物价政策"，完全站在"非营利主义"的观点，协助平价政策的推行，"甚且尚应以高物价政策所变之盈余，抵补此类专卖事业之不足"，免蹈烟酒公卖之覆辙。②统制经济专家罗敦伟表达了类似的观点。另外，他还认为"民生主义专卖政策是在养民。而资本主义的专卖政策，其目的则在赚钱"，此乃是民生主义的专卖政策与资本主义的专卖政策不同的最好说明。③11月，他进一步提出专卖政策的"两重性"概念，并将其具体阐释为"赚钱"与"养民"，指出只要专卖政策是"以养民为目的"，又"以赚钱为手段"，同时还不妨碍民生，则此"仍然不失为民生主义之专卖政策"。④

曾任立法委员、烟草专卖局副董事长，同时兼任复旦大学经济系主任的卫挺生在为《专卖通论》一书作序时，对专卖政策前途所表现出的期许则更显殷切与高远。他指出："举凡衣食住行与教育娱乐等一切人生重要需求，无不应由国家经营，即无一不应最后达于国家专卖境地。盖为财政之目的而专

---

① 鲁佩璋.专卖制度之检讨［J］.财政评论，1941，5（5）：11.
② 专卖事业成败之关键［N］.西南日报，1941-05-13.（民国三十八年前重要剪报资料库）
③ 罗敦伟.民生主义的专卖政策［J］.民意周刊，1941，15（183）：8.
④ 罗敦伟.民生专卖政策再检讨［J］.财政评论，1941，6（5）：15—16.

卖，其意义尚小，顾为经济社会之目的而专卖，其意义至大且崇，将来一切合理之供给分配与消费，与夫国民均节财用之方，或将一寓于专卖事业之广泛与重要必且数十百倍于今兹。"①

（三）"与民争利"的担忧

对于专卖政策是否"与民争利"的问题，当时国统区舆论界亦发生过争论。早在1938年，孔祥熙为《日本专卖问题考略》一书作序时，便主张"税制无重轻，必课之也周，赋之也均，取之也不扰，而用之适于时之需，则无论其迳取之，抑间取之，皆可行也"。按此逻辑，在面对"山海天地之藏而豪强擅之，都市货物之聚而商贾擅之"的社会现象时，采取"取之于豪强商贾，条理而整齐之，以助国家之经费"的措施，便是理所当然之事了。专卖之制，亦"非与众庶争货殖之利"了。②不过国统区舆论界对此表示异议，多谓专卖政策为"'政府与民争利，势非所宜'，或云'拘束私经济活动，亦非国家之福'"③。王世鼎也表达了自己的担忧，认为专卖"夺取民业"，"阻碍国民经济之自由发展，即所谓'与民争利'者也"④。对此，陈友三亦表赞同，他认为专卖政策推行顺利，可以福国利民，而且也将成为财政之一大税源；但是若冒昧从事，"则形将扰乱国民经济与民间营业"，产生"病民"之弊。⑤黄智百则认为政府实施专卖有可能会为求获得"最大利润"，不惜做"最大供应"，导致人民之"最大消耗"，因财政目的而害及经济目的。⑥

在国民党五届五中全会通过的《对于财政经济交通农林报告之决议案》中，表示应特别注重开源，而专卖政策应"一方保障生产制造者之合法利润，

---

① 吴立本. 专卖通论[M]. 重庆：正中书局，1943：1.
② 寿景伟. 日本专卖问题考略[M]. 出版社不详，1938：1.
③ 陈友三，张宗枢. 专卖制度与我国战时财政[J]. 时事月报，1939，20(6)：265.
④ 王世鼎. 国家专卖政策之经营原理[J]. 财政评论，1941，5(5)：19.
⑤ 陈友三. 推行专卖制度刍议[J]. 财政评论，1941，6(4)：47.
⑥ 黄智百. 实施专卖的几个重要问题[J]. 建设研究，1941，6(4)：27.（针对此点，1942年6月薛以祥在《财政知识》第1卷第2期上发表的《我国专卖制度之研讨》一文中亦表达了同样的顾虑。）

一方平均消费者之负担，而使中间商之利益归于国库"，并加以大力推行，"不容视为与民争利而有所瞻顾"①，这无疑为民生主义专卖政策的施行蒙上了一层阴影。

综上所述，虽然存在"与民争利"的担忧，不过截至专卖政策实施的初期，无论国统区舆论界，抑或诸如孔祥熙等扮演官方政策发言人角色的政客均寄望于专卖政策能在发展国家资本主义、增加财政收入、平抑物价以及安定民生等诸多领域发挥重要作用。

第二节　川康区食糖专卖政策的落实

一、专卖实施前的糖税、糖类统税

四川糖税的征收最早始于咸丰年间，由于地方财政窘困，政府遂委托地方绅士，每万斤糖品征收税款600文。至光绪末年，因互争管理糖税款权，发生诉讼，四川总督衙门赵尔丰令资州州官沈继贤，"在资中设立糖厘总局，管理资州五属糖税，简阳、资阳、内江、富顺设立分局或代办处，专理糖税事项"。宣统时期，糖户借故拖延，且易漏税，政府遂改代完制度为糖房、漏棚直接完纳糖税，"每万斤税四十吊"。民国二年（1913），南京国民政府整理财政，改糖厘局为糖税局，复改行"征商不征农"。至民国四年（1915），修正糖税章则中规定，按斤征收于糖房漏棚，税金则改为半钱半票。同年四月，一律改用钱币，不用军票，八月又改钱币为银币，每吊合收一元，"以一万斤四十吊之糖税"遂一变而为四十元。同时还规定如有漏税情况出现，应照原额加罚三倍，民国八年（1919），增为七倍。直到民国十六年（1927），四川省政府划一税制，推行新衡器，改行新糖税，即"红糖征于糖房，糖清征于

---

① 对于财政经济交通农林报告之决议案[M]//秦孝仪.中国国民党历届历次中全会重要决议案汇编（二）.台北：中国国民党"中央"委员会党史委员会，1979：169—170.

漏棚，红糖每百斤三角五分，糖清每百斤四角零二厘"①。传统的糖税征缴办法，从清末一直相沿到1937年抗日战争爆发。"榷税办法即按各糖房熬制糖清数量每万旧斤课税四十元，糖房于开搞时，具报人工、牛只等项，并领取局制印簿，逐日熬搞之蔗量与制成糖清均详记簿上；漏棚收吊糖清后，随按确量转登漏棚印簿，一俟收吊完毕向局结算，陆续分期由漏棚照糖清多寡数量，遵照上述课征标准完清税款；至制成糖类在成交售运时，报局发给印花税票，交以买方任其通行。"②除此之外，根据中国工程师学会所组织的四川考察团对糖业的调查显示，蔗糖在运销环节还需缴纳各种名目的捐税。以桔糖为例，每包桔糖（重260斤）在内江付税2.4角，经过泸山付8.37角（兼代付合江、江津通过税），富顺付3角，到重庆付正税5角外，附加印花税、马陆货捐、自来水电力捐等共需缴2.5元。万县落地捐7.5角。若外销出省的话，内江桔糖须缴税每包4.627元，"白糖照此加倍"，即9.254元。沿途税卡还需缴纳手续费、剿赤费等。由此可见，税卡林立，导致川糖售价高企，"难与洋糖竞争"，除桔糖外，其他糖品在汉口市面"几至绝迹"③。

抗日战争开始后，工厂集中的沿海城市先后沦陷，统税的应税项目逐渐转向内地产品，食糖很快便被纳入决策者视野。1940年12月1日，财政部正式颁布并实施《糖类统税征收暂行条例》，并即日开征。该条例规定，凡在国内制造或自国外输入之糖类，均应完纳统税。具体说来，即按照产地附近市场的批售价格核定完税价格，对食糖从价征收15%的统税，其主要征税糖类品种包括红糖、桔糖、白糖、冰糖、方糖（块糖）、糖精以及经财政部核定的其他糖类。④除糖类统税从价征收15%外，糖类税款中还包括营业税从价征

---

① 四川省甘蔗试验场.沱江流域蔗糖业调查报告：第一章［R］.内江：四川省甘蔗试验场，1938：8—9.
② 内江地区档案馆.民国时期内江蔗糖档案资料选编：下［G］.1984：792—877（内部刊物）.
③ 中国工程师学会.四川考察团报告：糖业［R］//上海图书馆：中国近代图书全文数据库，1936：16—18.
④ 财政部糖类统税征收暂行条例［M］//中国第二历史档案馆.中华民国史档案资料汇编：第五辑第二编财政经济（二）.南京：江苏古籍出版社，1997：18.

0.2%，秤捐白糖每一万公斤征收 80 元，桔糖、红糖征收 40 元，另还附征保甲捐（按营业税附征 8%）。① 据悉，在具体实施层面，糖类统税采行督导制，即"划定重要产糖县份为一督导区，由中央主管机关派定视察、稽核、督查等人员领组分区督导，其余产量较少之县份，仍由征收其他统税机关办理"，而由于"人力及交通关系"，采行"督导征收者，仅限于川省"，其余各产糖省份"只得先有原机构征收，徐图改善"。就全国范围来看，1941 年各省"次第举报，收入激增"，共达 41,774,053 元，占当年统税收入的第二位。② 仅 1941 年上半年，由驻川省厂员、川省各局所、川省以外各局所经征的糖类统税分别为 8,510,230.06 元、844,599.84 元和 1,921,968.07 元，四川省经征额合计达 9,354,829.9 元，占总额的 82.96%。③

此外，糖类课税标准也发生了重大变化，由战前的"从量征税"变为"从价征税"。对此，马寅初先生认为，"在物价稳定之时，采用从量税，简便易行，而在通货膨胀，物价变动剧烈之时，若继续采用从量税率，税收上必蒙重大之损失"④。故财政部改变课税标准实属无奈之举。此外，传统糖税与糖类统税还有一个重要区别，那便是前者属于营业税性质，由省政府征课，而后者则由财政部征课。⑤ 就此点而言，糖类统税的开征可谓是地方糖税"中央化"的开端，这也是其后在食糖专卖政策实施过程中，中央与地方隔阂加深的因素之一。糖类统税开征后所取得的成效也进一步加速战时国民政府在川康地区施行食糖专卖政策的进程。

---

① 游时敏.四川近代贸易史料［M］.成都：四川大学出版社，1990：174.
② 财政年鉴编纂处编.财政年鉴续编：第八篇，第十一章［M］.南京：财政部印行，1943：53.
③ 朱寿仁，钟崇敏，杨寿标.四川蔗糖产销调查［R］.重庆：中国农民银行经济研究处，1940：213—215.
④ 马寅初.财政学与中国财政（上册）［M］.北京：商务印书馆，2005：513.
⑤ 张平洲.四川富顺县糖业调查报告［R］.重庆市图书馆藏，1941：63.

二、《战时食糖专卖暂行条例》的出台与川康区食糖专卖政策的实施

食糖专卖政策的实施关系着国民政府战时统制经济政策的落实。抗战爆发前，中国所用石油制品全赖进口，洋油输入及在国内推销的业务主要由外商石油公司共同把持。抗战爆发后，随着大片国土的沦陷，铁路、航运等主要运输体系相继陷入瘫痪，公路成为大后方主要运输渠道。以石油为代表的液体燃料需求与日俱增，作为贫油国家，中国战时石油进口严重受阻。如下表所示，太平洋战争爆发前，大后方汽油进口量及与战前的比值均呈逐渐递增的趋势，但1942年至1944年，大后方石油进口量仅为战前0.1%～1.4%，汽油来源几近断绝，战时国家能源安全问题异常严峻。

表1-3 战时后方汽油进口量[①]

单位：千加仑

年份	进口量	为1936年%	年份	进口量	为1936年%
1938	16,584	36.5	1942	29	0.1
1939	23,640	52.0	1943	55	0.1
1940	24,000	52.8	1944	634	1.4
1941	30,000	66.0	1945	1,882	4.1

于是"酒精代汽油"之议随之兴起，酒精遂作为矿石燃料的主要替代品被迅速推广使用。然而，蔗糖生产的副产品糖蜜等酒精糖料却是生产酒精的重要原料，为了保证原料的供给，1941年3月经济部要求四川省政府严禁内江一带所产之糖蜜用以制造泸酒，以维持酒精生产，供给军需。[②] 正因如此，政府逐渐将糖类产品作为国家战略物资加以统制，制糖业也由此被国民政府

---

① 参见郑友揆，程麟荪，张传洪.旧中国的资源委员会（1932—1949）——史实与评价[M].上海：上海社会科学院出版社，1991：72.

② 取缔以糖蜜制造泸酒增加酒精产量[J].四川省政府公报，1941（233）：21.

纳入战时经济体制。

根据时人对糖蜜、谷类、薯类三大原料酒精产量的比较发现，虽然每担甘蔗糖蜜可产95%酒精的数量为5～5.8加仑，略低于小麦、高粱和大米等农作物，但是糖蜜乃漏制白糖、桔糖的副产品，不仅其成本远低于其他农作物[①]，用糖蜜制造酒精对粮食生产的影响也相对较小。

战时四川酒精业的兴起及发展，对缓解后方的燃料窘境起了较大作用。在汽油进口大量减少的情况下，酒精逐步代替汽油成为战时国内交通得以持续运营的主要动力燃料。根据国民政府液体燃料管理委员会1940年发证分配油量统计来看，酒精为1,018,351加仑，占比36.75%，其地位仅次于石油（其占比为54.73%）。[②] 太平洋战争爆发后，特别是滇缅路中断后，汽油来源愈加困难，酒精即变成大后方交通及军需工业之主要动力燃料[③]，其占比理应进一步加大。如此一来，作为酒精生产原料的糖蜜、红糖等糖品生产的丰歉便与酒精生产良窳直接挂钩，甚至关系国防建设成功与否，糖品因酒精的战略地位而成为重要的国防动力原料。

食糖专卖政策之所以能率先在川康地区落地在很大程度上也与这一地区传统产业结构以及国民政府战时统制经济政策的需要密切相关，当然这同样侧面反映出抗战特殊大背景下川康区糖业的重要地位。据悉，近代四川盛产蔗糖，1919年四川蔗糖产量约为3亿斤，约占全国总产量的75%。虽然因种种原因，川糖占比逐年下滑，但到抗战爆发时，仍可达44%。抗战时期，由于沿海产糖省份大部沦陷，地处大后方的川康区则免于战祸，其蔗糖产量几达总产量的一半。[④] 四川全省四十六县之蔗田约可生产甘蔗2600万担，可制

---

① 潘尚贞.酒精代汽油问题之检讨［J］.科学，1941，25（9—10）.
② 资源委员会季刊：酒精专号.5（1）［A］.中国第二历史档案馆，档案号28-18079，转引自刘春.试论抗战时期四川糖料酒精工业的兴衰［J］.四川师范大学学报（社会科学版），2004（4）.
③ 酒精增产当待改进，厂商提出六项要求［N］.商务日报（重庆），1943-06-11（4）.
④ 内江地区档案馆.民国时期内江蔗糖档案资料选编：上［G］.1984：1；我国的糖业［J］.工商新闻，1944（973）.

成蔗糖约200万担，价值2000万元，在战时外糖输入锐减之后，"川省现正供给全国之食糖"①。由此可见，抗战时期川康区蔗糖业因其重要的战略地位而成为国民政府统制的重要对象。

实际上，早在1940年7月6日中国国民党便在《五届七中全会对财政经济交通报告决议案中关于财政的指示》中明确指出，抗战以来，国民政府各种费用支出激增，1940年度"预算收支不敷之数颇巨"，而此时无论"旧税之增加"、还是"新税之举办"均"因战局演变之故，未能大著成效"。"然后方农工商贸，因战时获得厚利者，所在多是"，对"非生活必需之消费品，应从重课征消费税，藉谋财政上之补助，并以节制不必要之消费"，因此，可对其实施政府专卖，"使纯利归公，以杜私人之操纵居奇，并谋合理之分配，与价格之稳定"②。经过一段时间的酝酿，孔祥熙等人正式联名向中国国民党五届八中全会提交《筹办盐糖烟酒等消费品专卖以调节供需平准市价案》，并获得通过。该提案称首先应从盐、糖、烟、酒、茶叶、火柴六种消费品开始试办专卖，并由财政部专卖事业设计委员会在四个月以内，负责完成专卖事业的一切制度章则及其他必要事项的计划工作。③该提案希望专卖政策一方面能"促进生产，节制消费，调节物价，安定民生"；另一方面则希望以此"开拓税源，充裕国库"，缓解战时财政危机，以达到"国计、民生两有裨益"的效果。④显然，这仅仅是国民政府的美好愿景，因为在抗战时期的特殊时代背景下，维护国计、保障民生的双重职能，必然会因政治经济环境的变化而有所侧重，这也使其后专卖局在执行专卖政策的过程中时常面临两难抉择。

---

① 川省糖产年值二千万元[N].申报，1940-03-14（5）.
② 五届七中全会对财政经济交通报告决议案中关于财政的指示//何思瞇.抗战时期专卖史料[M].台北：台湾"国史馆"，1992：18.
③ 筹办盐糖烟酒等消费品专卖以调节供需平准市价案[M]//秦孝仪.中国国民党历届历次中全会重要决议案汇编（二）.台北：中国国民党中央委员会党史委员会，1979：185.
④ 筹办盐糖烟酒等消费品专卖以调节供需平准市价案[M]//秦孝仪.中国国民党历届历次中全会重要决议案汇编（二）.台北：中国国民党中央委员会党史委员会，1979：185.

自此以后，关于食糖专卖的筹备工作便紧锣密鼓地展开了。当时已经有意大利、澳大利亚、匈牙利、土耳其、捷克斯洛伐克、秘鲁和伊朗七国对食糖实施了专卖政策。[①]1941年6月，国民政府行政院第516次会议通过了《修正财政部国家专卖事业设计委员会组织规程》。该规程规定，财政部国家专卖事业设计委员会分为委员及秘书两部分，秘书处又分六组。第一组掌管盐专卖事项，第二组掌管糖专卖事项，第三组掌管火柴专卖事项，第四组掌管酒专卖事项，第五组掌管烟专卖事项，第六组掌管茶叶专卖事项。1941年5月26日，正式成立设计会。由孔祥熙兼任主任委员，聘请王正廷、陈光甫、翁文灏为副主任委员。由财政部令派刘振东为主任秘书，寿景伟、梁敬錞为副主任秘书[②]，着手尽快完成各项专卖政策的制度规划与文本起草工作。其中，第二组糖专卖，主要负责以下事宜的筹划工作：1.糖专卖法规之研究及拟订；2.各国糖专卖事业实况之调查编译；3.糖专卖之产销运输及其分配；4.糖专卖价格之调整；5.糖专卖之调查统计；6.糖专卖机关之配置管理；7.糖专卖之基金筹划运用；8.糖专卖之人事筹备；9.糖专卖之其他筹备推行等事项。[③]同月，财政部函请外交部转令各地使馆收集各国专卖事业资料，并函请各省政府各地专家供给材料贡献意见，为起草实施专卖共同原则及各种专卖条例办法奠定基础。[④]随后，国民政府财政部在充分考虑战时的特殊国情之后，制定了《实施专卖共同原则》，明确规定，考虑到"我国办理专卖事业尚属初步，现时环境对于某种专卖物品，欲将其产制运销等业务悉入政府专卖范围，恐难咄嗟立成"，因此，应效仿其他国家在专卖制度创办之初，采取"渐进主义"，根据各种物品的产销情形，"宜先分别阶段试行一部专卖"，即以民产、民制或官制、官收、官运、商销为原则。依照财政部的设想，专卖机关

[①] 吴紫银.财政专卖问题[D].武汉：国立武汉大学，1941（未标页码）.
[②] 财政年鉴编纂处编.财政年鉴续编：第九篇，第一章[M].南京：财政部印行，1943：2.
[③] 国防最高委员会秘书厅公函[M]//何思瞇.抗战时期专卖史料.台北：台湾"国史馆"，1992：31—32.
[④] 财政部专卖事业司.二年来之专卖事业[M].上海图书馆：中国近代图书全文数据库，1943：7.

可对民产、民制实施监督管理，推广优良产品，改良制品品质；专卖机关亦可将专卖事业的"枢纽"——官收、官运纳于掌握，执行配运济销，调剂供需；最后专卖机关可对商人销售的价格实施分区规定，划一售价，加大统制力度。①"因鉴于食盐一项，过去已有悠久历史，于产制运销之管理，均有成规，故于设计完成之后，仍责成盐务总局主办，不另组设新机构"，"至于酒类专卖，因酿造过于散漫，标准难以划一，统制匪易；茶叶则早已由茶叶公司统制产销，对于专卖只可采用缓进办法"，因此，财政部经呈准行政院对茶、酒两项专卖暂缓实施，"先就食糖、火柴、烟类三项各设专卖机关分别举办"②。

而根据《实施专卖共同原则》，财政部便将《战时食糖专卖暂行条例》草案（共8章63条）（下文简称"草案"）上呈行政院，称"专卖物品，应以统筹产制、整购分销为初步实施办法，其零售业务，仍利用现有商店经营"，并明确表示由于战时"人才、资本、组织均不敷用"，因此不能将专卖物品的产制运销各环节全部"加以独占"，故"唯有先将贩卖一段付诸实施，将产制部分加强管理，庶社会有渐进之机能，政府收利导之实效"，并于1941年9月9日获行政院第531次会议决议通过，随即又转陈国防最高委员会常务会议准予试办，并获得批准。③与此同时，国家专卖事业设计委员会完成了《糖类专卖实施大纲》（下文简称《大纲》）的制定工作，该大纲从十二个部分对糖类专卖的核心问题进行了深入阐述，也成为专卖法规的立法原则。④

12月中旬，财政部部长孔祥熙再次通过秘书处草拟《办理专卖事业应行

---

① 实施专卖共同原则［M］//中国第二历史档案馆.中华民国史档案资料汇编：第五辑第二编财政经济（二）.南京：江苏古籍出版社，1997：106.
② 财政部专卖事业司.二年来之专卖事业［M］.上海图书馆：中国近代图书全文数据库，1943：9.
③ 国防最高委员会秘书厅公函［M］//何思瞇.抗战时期专卖史料.台北：台湾"国史馆"，1992：101—103；朱寿仁，钟崇敏，杨寿标.四川蔗糖产销调查［R］.重庆：中国农民银行经济研究处，1940：219.
④ 国家专卖事业设计委员会函［M］//何思瞇.抗战时期专卖史料.台北：台湾"国史馆"，1992：249—260.

注意事项》，函达人事司，要求该司妥拟实施办法。注意事项明确指出，专卖品"性质各殊，其办理机构自应不拘一例"，政策推进"尤应兼顾环境，采用逐步及分区方法"，此外，注意事项还强调食糖"产区散布各地，统制困难，应就川、康、粤、桂、福建分区设局，办理收购统销事宜，采用逐步办法，先由趸购统销入手，徐图改良品种，促进生产"①。此外，食糖生产在很大程度上受到地域因素的限制，在"全国并未普遍，即产糖各省中，其产量之多寡，亦相悬殊，如一律实施专卖，则产量较少省份，遍设机关，不免得不偿失"，因此，食糖专卖"乃采取分区实施原则"②。显然，在政策落地之初，孔祥熙一方面对专卖政策的实施给予不小的期望，另一方面，也不得不因地制宜，审慎为之。由是观之，国民政府在川康区施行食糖专卖便顺理成章了。

1941年12月16日，曹仲植奉命筹备川康区食糖专卖事宜，并于1942年1月16日，在重庆成立川康区食糖专卖局（后文简称"区局"）③；1月27日，财政部发布渝人字第6190、6191号令，派遣曹仲植、刘泗英分别担任财政部川康区食糖专卖局局长、副局长。④ 2月17日，国民政府发布渝文字第233号指令，批准《战时食糖专卖暂行条例》于2月15日起在川、康两省付诸实施。⑤ 同日，区局迁至内江办公，并陆续在川、康境内食糖主要产销区域及交通要隘分别设立分支办事处、存糖登记所或业务所，负责办理食糖专卖业务。这标志着川康区食糖专卖政策正式开始运作。

---

① 财政部秘书处函人事司办理专卖事业四点注意事项［M］//何思瞇.抗战时期专卖史料.台北：台湾"国史馆"，1992：26—27.
② 财政年鉴编纂处.财政年鉴三编［M］.南京：财政部印行，1948：26—27.
③ 川康区食糖专卖局局长曹仲植在重庆广播讲词［J］.食糖专卖公报，1942，1（2）：17.
④ 财政部令［M］//何思瞇.抗战时期专卖史料.台北：台湾"国史馆"，1992：429—430.
⑤ 国民政府指令［M］//何思瞇.抗战时期专卖史料.台北：台湾"国史馆"，1992：201.

第二章

川康区食糖专卖的组织机构与人员构成

以往学术界对于食糖专卖机关的研究，出于种种原因，仅仅停留于简单的定性分析，多语焉不详。因此，本章着重就川康区食糖专卖局的机构设置与人员概况等相关内容展开探讨。

第一节 川康区食糖专卖的组织机构

重庆国民政府决定在产糖最富之川康区域先行实施食糖专卖之后，1941年12月16日，曹仲植便奉命主持川康区食糖专卖事宜，经过了一个月的筹备，于1942年1月15日在重庆曾家岩求精中学内正式成立川康区食糖专卖局，并派员分赴各重要产区、销区筹设办事处和存糖登记处。

食糖专卖业务经财政部呈准行政院，于1942年2月15日正式开始实施，其第一步工作，乃办理存糖登记以及制糖厂商、承销商、零售商及糖栈之各项登记，依照食糖专卖区内存糖处理办法之规定，存糖登记工作须在自施行专卖之日起一个月内办理完竣。凡制糖厂商及从事糖业之人，应于限期内将所有存糖品名、件数、包装、重量及储运地点报由该管专卖机关查明登记，经登记之存糖除其持有人系制糖厂商出售或移转时，缴纳专卖利益并贴用专卖凭证外，其余盖应由各该持有人，向该管专卖机关缴纳专卖利益，贴用专卖凭证。专卖利益征收标准，经财政部核定为按照糖价30%征收。此后，财政部方面认为，内江为川康区糖产及交易中心，为方便指挥监督，食糖专卖局须移设内江,是故该局又于2月14日由重庆迁至内江,租定沱江中学为办公地点,翌日便开始办公,同时各地办事处,存糖登记处业务所亦次第成立,分别开始实施专卖业务。① 与此同时,区局局长曹仲植又积极与糖商组设各地评价委员会评议食糖收购价格,并计划展开推行管制市场,举办蔗农贷款,培训业务人员等一系列工作。

3月15日,存糖登记期限届满,其逾期未经登记之存糖,照章应予没收充公,并处以罚锾。该局为体恤商艰起见,特颁布《存糖自首补行登记暂行办法》一种,规定:"凡在规定期内未经申请登记之存糖,其在五月十五日以前自首,申请补行登记,并照章以现款缴纳专卖利益,得免予没收并罚锾之处分;唯在原登记之期限内,仍匿不呈报或呈报不实之存糖,照章以私糖论处。"②

一、川康区食糖专卖局董事会及其权属

国民政府决定对糖、烟、火柴三种消费品实施专卖,无论是专卖局还是专卖公司均采用商业组织的形式,分别设置董监会,"藉以集思广益,而收监督指导之效"③。

依照《财政部川康区食糖专卖局董事会组织规程》的规定,财政部为督导川康区专卖局之业务起见,特设置川康区食糖专卖局董事会(以下简称"董事会")。该会设置董事7~9人,除了川康区食糖专卖局局长为当然董事外,由财政部指派董事组织董事会,其中设董事长及副董事长各1人,由财政部部长从董事中指派。此外,该会还设置了由财政部指派的监察人3~5名,并由部长指定1人为常驻监察人。至于董监事人员的任期方面,董事任

---

① 川康食糖概述[J].食糖专卖公报,1942,1(2):13—14.
② 《财政评论》社资料室.盐糖烟火柴专卖实施纪要[J].财政评论,1942,7(6):90.
③ 国民政府财政部战时专卖制度实施概况[M]//中国第二历史档案馆.中华民国史档案资料汇编:第五辑第二编财政经济(九).南京:江苏古籍出版社,1997:86.

期为三年，每年改派三分之一；监察人任期则为一年，"连派得连任"①。

在权责范围方面，董事会每月开常会一次，必要时得由董事长召集临时会议或董监联席会议，凡辖区内与食糖专卖相关的业务计划、重要规章、预算决算、资金筹集、专卖利益之比率、红利及奖金之分配、分支机关之设置及裁撤、重要职员之任免以及其他部令交议事项②，均须经交由董事会决议，并报告财政部核准或备案。

根据财政部1942年5月8日下达的渝人字第29017号训令，由财政部派定的第一届董事及监察人选，包括董事陈长衡、何北衡、吴晋航、赵巨旭、武汉三、潘昌犹及曹仲植等7人，其中陈长衡被指定为董事长；监察尹任先、梁颖文、石孝先，其中尹任先又被指定为首席监察人。③依照《财政部川康区食糖专卖局董事会办事细则草案》的规定，董事长受命于财政部部长，其职责在于"综理会务，督导专卖局及所属分支机关一切事项"；此外，他还应主持董事会会议，并指挥监督所属职责。首席监察人同样"承财政部部长之命，监察专卖局及所属分支机关一切事项"，出席董监联席会议并参与表决。④

二、川康区食糖专卖局组织结构及其权属

财政部为办理川康区食糖专卖事业而设立川康区食糖专卖局，该局成立之初只设3个科室，其类别及权责如下。

1. 总务科，其权责主要包括掌管文件收发、人事任免、本局及所属机关经费之出纳保管以及物品购置管理、员工福利等事项。

2. 业务科，其权责则为掌管食糖专卖全过程中所牵涉的各环节，其中包

---

① 财政部川康区食糖专卖局董事会组织规程（1943年9月21日）[A]. 内江市档案馆，档案号：11-1-96/7-9.
② 财政部川康区食糖专卖局董事会组织规程（1943年9月21日）[A]. 内江市档案馆，档案号：11-1-96/7-9.
③ 财政部渝人字第29017号训令（1942年5月8日）[A]. 内江市档案馆，档案号：11-2-143/22.
④ 财政部川康区食糖专卖局董事会办事细则草案（1943年9月21日）[A]. 内江市档案馆，档案号：11-1-96/5.

括蔗农、制糖厂商、承销商、零售商及糖栈的登记审核及管理；而该科另一项重要职责在于食糖购销业务的管理及其购销价格与专卖利益公告的拟定；此外，甘蔗示范厂、实验糖厂之设置与管理等事项也归于该科权责之下。

3.财务科，主要分管所属机关账款的检查指导，各项资金之筹划、支配与调拨，产制各商贷款之处理以及一切现金之收支保管等事项。①

后来，根据业务需要，区局又进一步完善了机关的设置，陆续增设和分离出4科5室共9个部门，包括财务科，办理现金出纳及管理票照等事项；购销科，办理川康区食糖专卖糖类的购储、运销、查缉及其他有关业务事项；产制科，办理川康区专卖糖类的产制、改良事项；总务科，办理文书及不属于其他科室的事项；统计室，办理本局统计事项；会计室，办理本局及各分支机关的会计审核岁计事项；人事室，办理人事事务及其他有关事项；秘书室，承局长之命审核文件，办理机要事项；督察室，督导各分局、处推广业务。原拟设技术室，未经财政部批准。②

三、川康区食糖专卖局各分支机关沿革及其权属

川康区食糖专卖局所辖分支机关采取办事处与业务所两级制。由于在四川旧省区154县市中，产蔗县份达126个，其中产糖者占46县③，且其分布较为散漫，为切实办理各地食糖的产制、储存、收购及销售等事宜，各分支机关"按食糖产额业务之繁简，于各重要区域，设置办事处或业务所，并专为办理存糖登记工作，于存糖较多之县区，设置存糖登记处若干所"④。兹将区局下属各分支机关及其各自辖区列表如下。

---

① 本局组织暂行规程［J］.食糖专卖公报，1942，1（1）：19—20.
② 杨修武，钟莳懋.川康区食糖专卖概述［M］//中国人民政治协商会议四川省内江市委员会文史资料委员会.内江县文史资料选辑：第14辑，1988：96.
③ 川康区食糖概述［J］.食糖专卖公报，1942，1（2）：2.
④ 曹仲植.半年来川康区实施食糖专卖之业务推动情形［J］.食糖专卖公报，1942，1（6—7）：8.

表2-1　食糖专卖局下属各分支机关及其辖区分布状况

名称	等级	辖区
资中办事处	一	资中
资阳办事处	二	资阳
简阳办事处	一	简阳
万县办事处	三	巫山、奉节、云阳、巫溪、城口、开县、开江、梁山、石柱、万县
重庆办事处	一	璧山、巴县、江北、重庆市
合川办事处	二	合川、岳池、武胜、南充、蓬安、铜梁、大足、潼南
遂宁办事处	三	遂宁、蓬溪、三台、射洪、盐亭、安岳、乐至、西充、南部、阆中
金堂办事处	二	金堂、中江、梓潼、绵阳、罗江、绵竹、什邡、广汉
广元办事处	二	广元、昭化、剑阁、苍溪、江油、北川、彰明、平武、安县
成都办事处	二	成都、新都、新繁、郫县、崇宁、温江、彭县、灌县、汶川、茂县、松潘、理番、懋功、双流、靖化
新津办事处	三	新津、崇庆、大邑、邛崃、浦江、盾山、名山、丹棱
江津办事处	三	江津、合川、永川
宜宾办事处	二	宜宾、屏山、雷波、庆符、高县、筠连、红县、长宁、马边
乐山办事处	三	乐山、青神、峨眉、夹江、洪雅、犍为
荣威办事处	三	威远、井研、荣县
泸县办事处	二	泸县、江安、纳溪、南溪、古宋、兴文
富顺办事处	二	富顺、自贡市
渠县办事处	二	渠县、达县、宣汉、万源、大竹、广安、邻水、巴中、通江、南江、垫江、仪陇、营山
会理办事处	三	会理及附近各县
忠县存糖登记处		忠县
长寿存糖登记处		长寿
土沱存糖登记处		土沱
合江存糖登记处		合江
酉秀黔彭存糖登记处		酉阳、秀山、黔江、彭水
鄸都存糖登记处		鄸都
涪陵存糖登记处		涪陵
内江城区业务所		

续 表

名称	等级	辖区
内江东兴镇业务所		
内江茂市镇业务所		
内江史家乡业务所		
内江观音滩业务所		
内江吴家铺业务所		
内江榨木镇业务所		
隆昌业务所		隆昌
仁寿业务所		仁寿
雅安业务所		雅安
綦江业务所		綦江、南川

资料来源：何思瞇.抗战时期专卖史料[M].台北：台湾"国史馆"，1992：202—206.

此后，为发展川糖外销业务，区局"设豫鄂运销处于巴东，设西北运销处（管辖陕甘青宁四省）于宝鸡"，办理食糖运销事宜。而各地存糖登记逐渐处理完竣，区局遂又于1942年4月16日将存糖登记处改为业务所，"其业务较简地区，即行裁撤，划归办事处，或（由）业务所兼办"。7月1日起，奉财政部令，将业务所定性为办事处的外勤部分，并将以前所属的直辖业务所，一律划归附近办事处管辖，并增设内江办事处专办内江境内业务，原属内江各直辖业务所，悉划归其指挥监督。①

1943年1月1日，为进一步推动食糖专卖起见，区局再次做出调整，正式将所辖各办事处除雅安外，均先后改称分局，分局及其前身办事处均分为三等，其中共包括4个一等分局，9个二等分局，以及10个三等分局。一、二等分局各设总务、财务（后改称会计室）、业务三课，三等仅设总务、业务两课，未改名的办事处不设课，只设股，其权属范围与区局类似，故不赘述。人员配备上，一等最多不超过30人（练习生、录事在外），二等24人，三等18人。现将各分支机关及其辖区业务所的概况列表如下。

---

① 曹仲植.半年来川康区实施食糖专卖之业务推动情形[J].食糖专卖公报,1942,1(6—7)：8.

表2-2　川康区食糖专卖局各分支机关概况

分支机关名称	等级	所属业务所	备考
内江分局	一	茂市镇、楠木镇、史家街、吴家铺、东兴镇、便民乡、龙门镇	
资中分局	一	球溪河、甘露乡、太平乡、苏家乡、银山镇、发轮乡	
石桥分局	一	三星镇、平泉镇、五凤溪、平武乡	
重庆分局	一	青木关、綦江、江津、涪陵、合川	以上一等分局共四个
成都分局	二	新津、邛崃、眉山、二江沱	
资阳分局	二	王二溪、南津驿、保和乡	
赵镇分局	二	淮镇、竹篙寺、广汉、中江	
牛佛渡分局	二	富顺、隆昌、李市乡	
德阳分局	二	黄许镇、什邡、八角井、绵阳、中坝	
宜宾分局	二	安边、蕨溪、庆高、李庄	
渠县分局	二	巴中、达县	
西北运销处	二	西安、兰州	
豫鄂运销处	二	老河口、茅坪	以上二等分局共九个
遂宁分局	三	太口镇、铜梁、南阆、乐至	
泸县分局	三	南溪、叙永、合江	
万县分局	三	双江、开县	
犍为分局	三	青神、乐山	
威远分局	三	荣县、自贡市	
会理分局	三	西昌、攀运	
广安分局	三	南充、邻水	
仁寿分局	三	北斗、禾嘉	
广元分局	三		
雅安办事处	三		以上三等分局共十个

资料来源：本局分支机关一览表［A］.内江市档案馆，档案号：11-1-15/89.

至此，川康区食糖专卖局所属共22个分局，其中包括下辖70个业务所，2个运销处，共同维持着整个战时川康地区食糖专卖业务的持续运转。

第二节　川康区食糖专卖的从业人员概况

一、从业人员的选拔与铨叙

面临当世"个人之生命有限，机关或事业之寿命无穷"的局面，论者多感"人治之不可靠，而群趋于法治之一途"。专卖事业常被政府标榜为新兴事业，因而自宜顺应现代法治潮流，制定完备的法规，最终达到"人存政举，人去而政不息"的目标。[1] 而时人有言曰，"人事制度为推行新政之张本……务期任用合于准则，权责得以分明，陞迁有所程序，使人人任事，事事得人"[2]。孔祥熙亦指出，"旷观历史，一件新政之失败，虽未必全由于人事之不良，而人事之不良，则必使任何新政归于失败"[3]，因此要想专卖事业蓬勃发展，就必须选贤任能，知人善任。如此一来，专卖政策的从业人员的选拔与铨叙就显得格外关键。

食糖专卖政策实施之初，专卖局便已深感"熟练干部"对政策落实的重要性，因此在迁至内江办公之后，便立即面向社会公开招考优秀青年，举办初级食糖专卖人员训练班。专卖局拟在成都招考练习生200名，业务员100名，在将招考广告刊布于当地各大报端之后，吸引了超过1000名青年前来报考。经过慎重选拔，最终录取了45名，并由局派员率领返回内江训练。经过短暂的基础培训之后，这批新公开选拔的从业人员便被分派到区局及各地分

---

[1] 黄智百.实施专卖的几个重要问题［J］.建设研究，1941，6（4）：23—24.
[2] 宋同福.专卖实施与其制度［J］.经济汇报，1943，8（8）：59.
[3] 孔祥熙.专卖政策与专卖人员［J］.新税政，1943，3（4）：8.

支机关从事业务员、查验员及练习生等基层工作。①

1942年7月初，为进一步推进国家专卖事业，加强国家专卖事业，财政部特于部内设专卖事业司，任命朱偰为司长。据悉该司成立之后，"国家专卖政策将切实注重专卖利益，以补助战时财政，同时并注意于各种专卖制度之统一化，以图进一步调剂供求，改良品质，增进人民福利"，因此将统辖食糖、火柴、烟类三类专卖之行政事宜。② 三类专卖政策行政之划一加速了各地专卖政策的推广与落实。

财政部1942年9月公布的整个专卖事业人员等级共分为甲、乙、丙、丁、戊五个等级，其中川康区食糖专卖局从业人员分布于乙到戊等四个级别之间。现将各专卖事业人员薪给及任用程序做一简要对比如下。

表2-3 财政部专卖事业人员薪给及任用程序

等别	级别	薪额	业务类别				任用程序
			盐专卖人员	糖专卖人员	烟专卖人员	火柴专卖人员	
甲等	一	650	总办、会办		总局局长、副局长	总公司总经理、协理	由本部委派
	二	600					
	三	550					
乙等	一	510	总局秘书处长、副处长、观察管理局长、副局长、联运处长、运输处长	区局长、副局长	总局秘书、处长	总公司秘书、处长、副处长、技术室主任、副主任、分公司总经理、副经理	
	二	480					
	三	450					
	四	420					
丙等	一	390	总局科长、技正、专员、管理局秘书科长、视察统计主任、分局局长	区局秘书、科长、技正、督察、分局局长、会计主任	总局科长、稽核、督察、技正、会计主任、分局局长	总公司科长、工程师、分公司秘书、科长、会计主任	由事业最高机关遴选请部派
	二	370					
	三	350					
	四	330					
	五	310					
	六	290					

① 奠定食糖专卖事业之良基——初级食糖专卖人员训练班办理经过[J].食糖专卖公报，1942，1（3）：9—12.
② 专卖事业司，朱偰任司长开始办公[N].大公报（桂林），1942-07-03（2）.

续 表

等别	级别	薪额	业务类别				任用程序
			盐专卖人员	糖专卖人员	烟专卖人员	火柴专卖人员	
丁等	一	270	总局科员、技士、管理局技术员、批管所主任、仓□办事处主任、厂公署场长	区局科员、业务员、统计员、分局课长、会计员、统计员、办事处主任	总局科员、技士、技术员、统计员、分局课长、会计员、统计员、办事处主任	总公司科员、技术员驻厂办事员、分公司科员	由本机关遴派呈部备案
	二	250					
	三	230					
	四	210					
	五	190					
	六	170					
戊等	一	150	总局助理员、办事员、管理局办事员	分局课员、业务员、查验员、办事处股长、股员、业务员、查验员、会计员、统计员	总局办事员、分局课员、业务员、查验员、办事处股长、股员、查验员、会计员、统计员	总公司办事员、分公司办事员	
	二	140					
	三	130					
	四	120					
	五	110					
	六	100					
	七	90					
	八	80					

说明：1. 凡经本部财务人员任用甄审程序合格之专卖事业人员得依其资历、经验于表列各该等最后两级范围内酌叙薪给。

2. 凡经本部考训合格之丁戊等专卖事业人员得依其成绩就表列各该等最后四级范围内酌叙薪给。

3. 专卖事业人员之晋级升等依本办法第二十八条至三十条之规定办理之。

4. 专卖机关各级人员之职务名称未经列入本表或须增设其他职务名称者，得随时呈请本部核定等别。

资料来源：专卖事业人员薪给及任用程序表//财政年鉴编纂处编.财政年鉴续编：第九篇，附录法规[M].南京：财政部印行，1943：79.

由上表所示可知，川康区食糖专卖局人员任免分为四个等级。乙等人员，即区局局长和副局长，皆由财政部委派；丙等人员，即区局秘书、科长、技正、督察、分局局长、会计主任，皆由区局遴请财政部委派；丁等人员（包括区局科员、业务员、统计员、分局课长、会计员、统计员、办事处主任）与戊等人员（分局课员、业务员、查验员、办事处股长、股员、业务员、查验员、会计员、统计员）则由区局遴派，然后呈部备案。那么作为新兴事业的食糖专卖，究竟以什么作为职员选任的标准，其从业人员的素质又如何呢？这都是笔者下文重点考察的内容。

由于相对于财政部其他部门而言，作为新兴事业的各种专卖机关往往以较高待遇吸收其他单位的职员，因此，其他部门人员均跃跃欲试，到专卖事业机关应征报到的人员络绎不绝。这也使得财政部会计处等机关出现了"职员间有称病辞职，前往各专卖机关服务者"的局面，因此，为避免人事波动异常，影响工作效率[①]，财政部不得不于1942年4月7日下令，"嗣后各该专卖机关任用人员，务须详询履历，如系本部各单位现职人员，应先商得该单位主管长官同意，不得径自派用，即属离职人员，持有离职证件，但既经本部免职，无论是否因有过失，均须呈经本部核准，方得录用"[②]。如此一来，此种现象才得到一定程度的遏制。

笔者以《财政部专卖事业机关人事管理暂行办法》规定的乙、丙、丁三个等级的从业人员为例，可以概见川康区食糖专卖局从业人员的素质。由上文所述可知，这三个等级的从业人员主要包括由财政部委派的区局局长和副局长，由区局遴请财政部委派的区局秘书、科长、技正、督察、分局局长、会计主任，以及由区局遴派，然后呈部备案的区局科员、业务员、统计员、分局课长、会计员、统计员、办事处主任等人员。

通过对附表2和附表3的考察，不难发现，川康区食糖专卖局及所属分支机关丁等以上职员共90人。首先，从知识结构而言，接受过高等教育者63人，占总数的70%（其中肄业10人，7人有海外留学经历）。财经专业或拥有财经类从业经验者38名，占总数的42.22%。这基本符合财政部颁布的《财

[①] 财政部会计处函//何思眯.抗战时期专卖史料[M].台北：台湾"国史馆"，1992：430.

[②] 财政部训令//何思眯.抗战时期专卖史料[M].台北：台湾"国史馆"，1992：431—432.

政部专卖事业机关人事管理暂行办法》有关乙、丙、丁三个等级的从业人员均须具备国内外大学或专科以上学校财政经济商科学历，抑或拥有较丰富的财政经济类事业的从业经验的规定。其次，从年龄结构而言，20～29周岁者31人，30～39周岁者52人，40周岁以上7人；再次，以职员从政履历来看，担任过所在机关主要负责人者17人，其中包括曹仲植（曾担任河南财政厅厅长、全国粮食管理局副局长）、霍子瑞（曾任财政部鄂豫区鄂东税务管理所简任所长）、张培元（曾任振委会平陆儿童教养所所长）、杨承荣（曾任山东青城县县长）、陈颜温（曾任运输统制局财务处荐任组员兼第三股股长）、周膺九（曾任四川懋功、垫江、广安等县县长，四川新都县征收局局长）、孙祥麟（曾任通俗读物编刊社、编辑主任，河南民国日报社总编辑）、胡芳霖（曾任汉口市政府铨叙部主任）、孙仲瑜（曾任经济部平价购销处日用品课主任）、张南雷（曾任行政院第二战区经济委员会金融科科长）、王德纶（曾任陕西火车邮局局长、凤翔县邮政局局长）、李锡勋（曾任广东省政府合作事业管理处副处长）、王毅吾（曾任河南沙河区营业税局局长）、刘化庭（曾任山东省青城𨛗县等县县长）、于质彬（曾任山东益都县县长）、石伯焜（曾任河北卢龙县县长）、杨寿严（曾署理山东招远县县长），占总数的18.89%。可见该系统内的职员主要以青壮年为主，具备较高的从业素质，且拥有一批从政经验较为丰富的主干力量。

有论者言，曹仲植主持川康区食糖专卖局期间，尽量派用其亲信和山东同乡，使得一时间，有非"孔系"与"曹帮"，即无从向"食糖专卖"问津之势。① 不过，就笔者所见，曹仲植，山东昌邑人，其任职履历分别为行政院参事、河南财政厅厅长、全国粮食管理局副局长，因此可能与曹有裙带关系者约有25人，占总人数的28.09%（其中包括籍贯为山东者，或曾任职于河南

---

① 对此，赵国壮也持类似观点。参见金振声.四川的糖业与国民党"专卖""征实"//中国政协四川省文史委员会.四川文史资料选辑：第13辑，1964：133；赵国壮.从自由市场到统制市场：四川沱江流域蔗糖经济研究（1911—1949）[D].武汉：华中师范大学，2011：184.

省财政厅、行政院参事和国家粮食管理局者)。不可否认,曹氏有任人唯亲之嫌,中国传统社会"一人得道,鸡犬升天"的现象普遍存在,民国时期亦然,因此论者之言似有些夸大其词。

总体上说,食糖专卖机关严把从业人员素质关,其重要职员普遍具有较高财政经济专业素养,有利于战时食糖专卖事业的开展与推进,亦从一个侧面体现了国民党历来倡导的精英治国的理念。不过,由于其数量庞大的员额为主管机关人事管理带来了很大困难,虽然其从业人员素质普遍较高,不过难免良莠不齐,因此专卖机关人事监察机制的建立和运行便势在必行了。

二、从业人员的规模及经费状况

由于川康区蔗糖产区分布散漫,且多以糖房、漏棚、冰铺等形式的作坊式手工制糖为主,管理多为不易,因此川康区食糖专卖局及其所属分支机关的人事配备的规模也相对庞大。按照规定,业务较繁的办事处员额不得超过24人,余则限用12人,业务所最多不得超过8人。①

表2-4 财政部川康区食糖专卖局及其所属分支机关员额表②

1942年下半年　　单位:人

机关名称	总计 共计	总计 男	总计 女	简任 共计	简任 男	简任 女	荐任 共计	荐任 男	荐任 女	委任 共计	委任 男	委任 女	聘任 共计	聘任 男	聘任 女	雇员 共计	雇员 男	雇员 女	工匠 共计	工匠 男	工匠 女
区局	121	116	5	1	1		33	33		56	53	3	1	1		26	24	2	4	4	
内江	75	74	1							41	40	1				34	34				
资中	73	70	3							39	37	2				34	33	1			
重庆	49	41	8							31	30	1				18	11	7			
简阳	64	59	5							34	32	2				30	27	3			

① 曹仲植.半年来川康区实施食糖专卖之业务推动情形[J].食糖专卖公报,1942,1(6—7):8.
② 财政部川康区食糖专卖局及其所属分支机关员额表[A].内江市档案馆,档案号:11-1-79.

续 表

机关名称	总计 总计	总计 男	总计 女	简任 共计	简任 男	简任 女	荐任 共计	荐任 男	荐任 女	委任 共计	委任 男	委任 女	聘任 共计	聘任 男	聘任 女	雇员 共计	雇员 男	雇员 女	工匠 共计	工匠 男	工匠 女
成都	49	45	4							32	29	3				17	16	1			
富顺	51	47	4							31	29	2				20	18	2			
资阳	40	35	5							22	21	1				18	14	4			
金堂	56	54	2							30	30					26	24	2			
宜宾	42	40	2							28	28					14	12	2			
渠县	31	29	2							17	17					14	12	2			
泸县	22	22								13	13					9	9				
德阳	39	37	2							23	23					16	14	2			
犍渠	38	37	1							24	23	1				14	14				
遂宁	34	30	4							20	19	1				14	11	3			
荣威	29	29								16	16					13	13				
万县	34	33	1							21	20	1				13	13				
仁寿	22	21	1							16	16					6	5	1			
会理	28	28								19	19					9	9				
广安	23	23								15	15					8	8				
广元	19	18	1							12	12					7	6	1			
雅安	13	12	1							11	9	2				2	1	1			
西北运销处	14	13	1							9	9					5	4	1			
豫鄂运销处	21	21								11	11					10	10				
合计	987	932	55	1	1		33	33		571	551	20	1	1		377	342	35	4	4	

以1942年下半年为例，财政部川康区食糖专卖及其所属分支机关员额总人数为987人（如表2-4所示），其中，简任1人，荐任33人，委任571人，三者之和占到了总数的61.30%，1943年1月办事处改为分局之后，员额人数又有少量增加。显然，维持食糖专卖局的正常运转势必耗费一笔数额不小的经费开支。

兹将1943年度各分局所经费概算数列表如下。

表2-5　1943年度各分局所经费概算

1943年1月1日至12月31日止　　单位：元

机关等级	单位数	每单位全年度概算数	各单位全年度概算数总额	备考
一等分局	4	120,000	490,000	
二等分局	9	108,000	772,000	两运销处按照二等分局预算
三等分局	10	96,000	960,000	
业务所	70	17,280	1,209,600	
合计	93	341,280	3,621,600	

资料来源：财政部食糖专卖局石桥分局平武业务所杂卷［A］.简阳市档案馆，档案号：008-001-006/49.

如表2-5所示，1943年度专卖局各分支机关经费概算362万余元，再加上区局及其董事会的经费大概为400万元，共计760余万元，约占当年该机关所征专卖利益总和（共计255,986,902元）的1.56%，远远低于财政部的专卖事业行政经费不超过收入10%的规定。[①] 仅就收支比例而言，川康区食糖专卖足以用"一本万利"来形容。

---

① 财政部专卖事业司.二年来之专卖事业［M］.上海图书馆：中国近代图书全文数据库，1942：16.

第三节　川康区食糖专卖机关的人事监管

由于专卖政策在实行过程中，贪腐现象较为普遍，吸引了论者大量的笔墨，故学界对于专卖机关监察机制既缺少系统的研究，也缺乏正确的认识，或置若罔闻，或语焉不详，甚至有论者单以《战时食糖专卖展现条例》中未见关于执法人员不得贪赃枉法、营私舞弊的明确要求及对徇私枉法者的防范和惩处措施，因而便断言食糖专卖政策执法缺乏公正性。① 实际上，为了防患于未然，保障食糖专卖机关长久的、良性的运作，财政部制定了一整套较为完善的监察机制。

一、国民政府财政部防治税政腐败的态度

在区局成立伊始，孔祥熙便于1942年2月8日向区局发布渝人字第29017号训令，当中明确表达了其对待税务腐败的态度。

查用人之道在于慎铨选，严考课，所以进贤才，退不肖也。若铨叙不慎则幸进有门而冗滥之弊生，考课不严则赏罚无据而策励之资废，为政得失其机。如此自本年度国家地方财政收支统一实行以来，本部综绰度支筹维廉政加重，人事苟能得当百业斯承其庥，故于甄选之道允宜慎立，考察衡其才，行善为任，使俾贤者在位，能者在职，才智之士各尽其用而登庸之后更须严加督饬，勤予训导，庶一人能作兼人之事，一日可致兼日之功，对于考勤考绩尤应持守公平破除情面，严别□□，依法奖惩，使蒙赏者知所劝勉，受罚者知所警戒，凡此数端果能因应得宜，则铨选之道备，而考课之功兴。②

训令中，孔氏再三强调铨选与考课的重要性，称其乃"为政得失"的关键，也是举办专卖中所应遵循的准则。6月底，在发给专卖局的渝人字第30128号训令中，孔祥熙再次强调，个人操守在取材录士过程中的重要性，称："故于忠直□介之士，虽拙不黜，而于浮猾贪鄙之流，虽工必去，此用人

---

① 张朝辉.论抗战时期川康区食糖专卖[J].档案史料与研究，1999（3）：66.
② 财政部训令（1942年2月8日）[A].内江市档案馆，档案号：11-1-79/64.

之常经,亦治事之要道,不可忽也。"对因贪污而撤职的人员"尤应绝其为害之根株,不容稍留恶因于将来",故规定在财政机关被罢黜者不可再被金融机关录用。"既以劝其廉洁、谨饬、忠诚为上之心,并以防其见异思迁,浮动侥进之念。"① 为此还专门制定了《财务金融人员曾受撤职处分限制录用暂行办法》(七条),对犯有营私舞弊、卷逃公款等刑事罪名的人员绝对不得录用。② 可见,国民政府对于坚决杜绝腐败的信心与决心。

二、川康区食糖专卖局人事监察机制

国民政府财政部坚决反腐败的态度也不仅仅流于言语之上,具体落实到食糖专卖上,主要是从以下几方面来着手展开的。

第一,在机构设置上,采用类似于公司制的运作形式,力图以董事会来制衡和监督专卖局。董事会有权对川康区食糖专卖局及所属各分支机关所有关于业务、财务事项进行稽核。依据《财政部川康区食糖专卖局董事会稽核规则》的相关规定,稽核受命于董事会,可巡回视察,并驻专卖局或所属各分支机关,执行稽核职务。稽核在巡视过程中,若发觉专卖局及其所属机关的人员,在业务上或财务上有不法行为,应即据实报告董事会核办。若其情节较重,有紧急处分的必要时,"除径行具报外,并应立即通知其主管人员,从速做有效之处理"。③

第二,建立和完善公库制度,实现"经征"与"经收"的分离。财政部于1942年6月13日公布《专卖机关收支处理暂行办法》。办法规定各专卖机关经收的专卖利益"应由各该专卖机关填具收款书,交承销人直接缴纳国库,归入各该专卖机关各该专卖利益账户,作为专卖基金存款"。如各该专卖机关

---

① 财政部渝人字第30128号训令(1942年6月24日)[A].内江市档案馆,档案号:11-1-79/55.
② 财务金融人员曾受撤职处分限制录用暂行办法(1942年6月24日)[A].内江市档案馆,档案号:11-1-79/56.
③ 财政部川康区食糖专卖局董事会稽核规则(1943年2月18日)[A].内江市档案馆,档案号:11-1-96/45-46.

所在地尚未设有代理国库银行者经财政部核准得自行收纳。另外，收入税款方面，各专卖机关附属之分支机关应将专卖利益税款、保证金罚款等经收缴解数目暨指定用途专款经收拨用数目按旬编制收入旬报；各专卖机关管理费方面则应照预算分配数，于每月应缴国库之专卖利益项下在专卖基金存款户内照数提用。① 为了进一步规范各分支机关经费使用，预防腐败，新任川康区食糖专卖局局长甘绩镛刚在上任后第一次参加食糖专卖董事会议，便在会上提议，"废止各分局处经费坐支办法，改由本局直放"，其理由是原各分局处经费坐支办法存在不少弊端：（1）"开支经费未奉令准即先行坐支"；（2）"借口预留坐支经费，将专卖利益不遵期纳库"；（3）"办事人员不健全者，每有转账支款，重复遗漏，致发生错讹情事"。甘绩镛提出的解决方案为：（1）各分局处请领管理费须"将上月经费会计报告表，及三种津贴清册送核后，再由本局照核定数，直接拨发"；（2）区局及各分局处请领业务费须先编送预算，由区局直接核发，每次业务完竣仍造送报销再行结算。此提议在会上最终获得通过。② 这不仅进一步规范了食糖专卖局基层组织经费使用，也加强了区局对基层组织经费的监管，在一定程度上保障了专卖利益的收纳与上缴。

第三，建立健全保证与督察制度。食糖专卖局在政策的实际运作中主要通过保证与督察制度来加强对所属职员的监督与管理。

1. 保证制度，即一切符合条件的应聘者须由相关人员作为担保方能供职于专卖机关。为此，专卖局制定并颁布了《保证人须知》与《被保证人须知》两份条例。其中，《保证人须知》中对保证人的资格做出了严格限定：（1）保证人须以殷实商号或现任荐任以上之文职公务员2人为限，担负保管钱财及货物之责者必须以10万元以上之商保两家，并须亲自填写保证书；（2）每一保证人对于本局同时不得保证三人；（3）本局职员不得为本局其他职员的保证

---

① 专卖机关收支处理暂行办法［J］.盐务月报，1942（12）：71.
② 财政部川康区食糖专卖局董事会第十次会议记录（1943年8月16日）［A］.内江市档案馆，档案号：11-1-96.

人，如有父子兄弟关系者，无论局内局外均不得为保证人。①

2. 督察制度。专卖局"为明了各处所业务进展情形，人事是否调协，各组织是否依法令办理均应派员出发分别考察，以便督导改善"，因而成立督察室，向各地分派鞠恩澍、高鸿钧、吴荣轩、萧廉达、张润堂、张培元等数名督察，其职责包括督导专卖业务的推行、监察以及职员腐败案件侦办工作。从一开始至1942年6月，督察区仅设四个区。具体包括由鞠恩澍负责内江区（包括资中、资阳、简阳等），由高鸿钧负责重庆区（包括万县、川东一带，各存糖登记处、业务所等），萧廉达负责成都区（包括新津、遂宁、金堂等处）、吴荣轩负责泸县区（包括富顺、宜宾、乐山等处）。张润堂、张培元二人则作为机动人员，在各处所临时发生重大案件，或业务上有纠纷时，将作为专人前往解决。②仔细考察，不难发现，此一阶段督察区并未根据业务繁简进行区分，容易导致各督察区因食糖产销状况的不同而出现畸重畸轻的状况。因此，后来，由于川康区地域广大，业务繁多，原有的督察区已经不能满足需要。为了加强督察工作，区局上呈财政部请增督察人数为18人，并根据各分支机关业务繁简进行划分。若产区督察事项较多，便向每个产区选派一人常驻"巡回督导"；若销区督察事务较简，则根据地理位置将数处"划一督察区域，指派一人轮流各处督察"。照此原则，区局将四川省二十四个办事处划分十个督察区段：（1）内江区，"查该区全年收入约占各处二分之一，且为糖业中心地点"，因此将其列为示范区。（2）资仁区，包括资中、仁寿两处，全系产区，为"川省产糖集中地带"。（3）重庆区，包括重庆、涪陵、江津、万县四处，全属销区。（4）资简区，包括资阳、简阳两处，全属产区。（5）富荣区，包括富顺、荣县、泸县三处。（6）成都区，包括成都、新津两处。（7）金德区，包括金堂、德阳、广元三处，其中金堂、德阳产糖较少，广元则纯系销区，由于此区距离较远，且广元乃川陕交接之"孔道"，若督察

---

① 保证人须知[A].内江市档案馆，档案号：11-1-17/96.
② 曹仲植.半年来川康区实施食糖专卖之业务推动情形[J].食糖专卖公报,1942,1(6—7)：39.

人员充足时，亦拟单独一区派员常往协助缉私。（8）宜犍区，包括宜宾、犍乐两处。（9）渠广合区，包括渠县、广安、合川三处，距离甚近。（10）会理区，虽此区仅一处，但考虑到离区局甚远，且业务尚未发展，须派一人常驻，随时督导以推进工作。① 如此一来，督察得以频繁活动于各食糖专卖区域，这无论是对食糖专卖业务的监管，还是对各级职员的督导，均起到了很好的督导与促进作用，后来由于机构庞杂，经费趋紧，区局不得已将督察室予以裁撤，其督察业务改由各地分局局长兼办。

除此之外，《川康区食糖专卖局所属各分支机关人事管理办法》中还规定："各分支机关所属职员有重大违法情节而获有实理者，主管人员应即密报本局处办。"② 与此同时，为防止有人串通一气、瞒天过海，财政部于1942年6月22日发布渝秘字第30105号训令，对"贪婪偷惰者"除敕令视察人员负责纠举外，"对于所属人员访察考核力求周详，并经加强视察制度，从事明密查察，严订奖惩办法，期于信赏必罚"，并"尚望全国民众，各本人民之天职，毒药本部勿惮敷陈，凡发觉各级税务人员之贪污有据者，准以书面径向本部告密"，告发人务须依法开具真实姓名、住址及保人，并对被告人员列举事实及证据，密封投寄。由财政部密查究办，并对具名人亦保守秘密。"如所告属实，自可优予褒奖，但诬告反坐，律有明条。"③ 由此不难发现，川康区食糖专卖建立了较为严格而全面的人事监管体系。

---

① 曹仲植.半年来川康区实施食糖专卖之业务推动情形［J］.食糖专卖公报,1942,1(6—7):39.
② 财政部川康区食糖专卖局所属各分支机关人事管理办法［A］.内江市档案馆,档案号:11-1-19/208.
③ 财政部训令［A］.内江市档案馆,档案号:11-1-407/15-17.

第三章

川康区食糖专卖的实际运作及其内在困境

在1941年五届八中全会孔祥熙所提的《筹办盐糖烟酒等消费品专卖以调节供需平准市价案》中对专卖阶段问题便做出了明确界定，即"政府专卖物品，以统制产制，整购分销为初步实施办法，其零售业务，仍利用现有商店经营"，特许经营专卖物品。① 不过，学界对此颇有争议，其中杨荫溥便认为四种专卖名义上规定为"民制、官收、官运、官专卖"，但实际上，并不实行收购，而是由承销商直接向制造厂商缴价承购，并向专卖机关缴纳专卖利益。② 崔国华则认为以盐专卖而言，主要以"民制、官收、官运、商销"为主要实施原则。③ 那么，川康区食糖专卖在实际运作过程中是否严格遵循此原则，实施中是否遇到困难和阻碍，其效果又如何呢？就笔者所见，目前学界对此仅仅停留在定性分析上，尚缺乏相关史料做支撑，由此，本章拟对川康区食糖专卖实际运作的各个环节进行重点考察。

---

① 筹办盐糖烟酒等消费品专卖以调节供需平准市价案[M]//秦孝仪.中国国民党历届历次中全会重要决议案汇编（二）.台北：中国国民党中央委员会党史委员会，1979：185.
② 杨荫溥.民国财政史[M].北京：中国财政经济出版社，1985：127.
③ 崔国华.抗日战争时期国民政府财政金融政策[M].成都：西南财经大学出版社，1995：178.

第一节　民产、民制与官制：
专卖政策下的糖品生产与制造

历来川康区食糖的制造主要分为糖类原料生产（甘蔗的生产）与糖品加工制造两大部分。甘蔗生产主要操持在数量众多的蔗农手中，而川糖可分为红糖、白糖、桔糖与冰糖四种，糖类加工厂商则分为新式制糖与土法制糖两种，其中又以土法制糖居多。土法制糖厂主要包括糖房、漏棚与冰铺三种。糖房以生产红糖、糖清为主，对甘蔗进行初级加工，漏棚则向糖房购买糖清再次加工，产品主要为白糖和桔糖；至于冰铺则用白糖提炼冰糖。一般而言，漏棚通常接近市场，多位于城市附近；糖房则靠近甘蔗产区，多位于乡间。① 土法蔗糖生产流程为糖房向蔗农收买甘蔗，"即行压榨，熬制蔗水，制成糖清或红糖，糖清再交漏棚，漏制白糖、桔糖，其副产品即为糖蜜（或称漏水，即战时动力酒精生产原料之一）。白糖、桔糖、糖蜜三者之产量各占糖清量的三成，其余一成为制造上的损耗"，最后可将白糖送至冰铺炼制冰糖。②

蔗糖业在近代川康区社会经济中占有重要地位，其涉及人口之众、范围之广，着实令人惊叹。以内江县为例，其蔗农数量占全县农民的65%，占全县人口52%。"如果再加上经营蔗糖及其副产品的制造和运销的人口，约占全县人口百分之八十，直接和间接与蔗糖发生经济关系的，则将达到百分之九十五以上。"③ 财政部制定的《糖类专卖实施大纲》亦有言曰："以我国现状观察，糖类产制操于蔗农、甜菜农及工业者手中为数甚巨，如遽完全收购国营，不特事业经费非现有财力所许，即在社会组织与技术方面亦有若干困难，且蔗农以种蔗制糖为生，骤失所业，在整个农村社会易起剧烈波动，即间接上使国民经济大受损害，似非所宜"④，因此财政部决定糖类之生产制造暂许

---

① 内江地区档案馆.民国时期内江蔗糖档案资料选编：下［G］.1984：720—721（内部刊物）.
② 内江地区档案馆.民国时期内江蔗糖档案资料选编：下［G］.1984：725—728（内部刊物）.
③ 赵星洲，朱吉礼.三十三年内江经济动态［J］.四川经济季刊，1945，2（2）：117.
④ 糖类专卖实施大纲［M］//何思瞇.抗战时期专卖史料.台北：台湾"国史馆"，1992：253.

人民经营。

一、甘蔗生产方面

首先,就蔗农数量及所占人口比例而言,以传统蔗糖生产大县的内江、资中为例,内江全县人口约57.5万,农民人数约46万,而蔗农约30万,占其农民总数的65.2%;资中县的人口约67.8万,农民约55万,蔗农约33万,占其农民总数的54.5%。[1] 由此可知,甘蔗收获的丰歉,对蔗农乃至整个地区社会经济的发展与否影响巨大。

其次,从地权关系来看,特将1941年内江县农户地权关系情况列表如下:

表3-1　1941年度内江县农户耕地面积及地权关系统计

地权面积	自耕农户数 数量(户)	自耕农户数 百分比/占比	半自耕农户数 自有1/2 租耕1/2	半自耕农户数 自有2/3 租耕1/3	半自耕农户数 自有1/3 租耕2/3	半自耕农户数 自有3/4 租耕1/4	半自耕农户数 自有1/4 租耕3/4	半自耕农户数 百分比/占比	佃农户数 数量(户)	佃农户数 百分比/占比	百分比/占比
10亩以下	246	37%	37	5	8	11	10	11%	348	52%	100
10~20	158	40%	15	7	9	5	14	12%	188	48%	100
21~30	98	32%	18	15	8	5	9	18%	154	50%	100
31~40	91	48%	7	6	9	2	5	15%	71	37%	100
41~50	17	19%	11	3	13	2	9	39%	89	42%	100
50亩以上	18	15%	7	2	15	12	17	46%	45	40%	100
100亩以上	8	23%	2	—	2	—	—	11%	23	66%	100
合计	636	35%	97	38	64	37	64	17%	868	48%	100

资料来源:李德宣:《四川内江金融市况与蔗糖产销情形[J].经济汇报,1942,6(6):69—70。

---

[1] 根据《四川省统计提要》的数据显示,1944年内江县人口总数为568,192人,资中县人口总数则为704,903人,由此可知,上述数据基本符合事实。参见资内之糖业[J].税务月报,1944,5(5—6):19;四川省政府统计处.四川省统计提要[R].四川省政府统计处,1945:19。

根据表3-1数据显示，内江地区佃农比例为48%，半自耕农比例为17%，自耕农比例为35%，部分和全部租种地主土地的比例达65%；而资中方面，佃农、半自耕农与自耕农三者之间的比例则分别为60%、25%和15%，部分和全部租种地主土地的比例更是高达85%。可见，蔗农中多以租种地主土地的半自耕农与佃农为主。

最后，就甘蔗种植面积而言，以蔗糖业为主要支柱产业的沱江流域农家的甘蔗种植面积占其农作物种植面积的比值处于较高水平。根据四川甘蔗试验场1937年11月至1938年2月对沱江流域蔗糖业的调查数据显示，沱江流域农家的甘蔗种植面积占其农作物种植面积比值由高到低依次为简阳（60.19%）、内江（57.51%）、富顺（47.47%）、金堂（43.44%）、资阳（42.99%）、资中（35.63%），该流域农户植蔗面积占其农作物种植面积的均值为48.70%（如表3-2所示）。由此可见，战时甘蔗在四川，特别是沱江流域农户的主要经济作物之一，亦在当地经济与社会生活中占据重要地位。

表3-2 四川甘蔗试验场调查沱江流域农家甘蔗种植面积统计[①]

县名	每农家平均作物面积（亩）	每农家平均植蔗面积（亩）	植蔗面积所占比值（%）
简阳	48.2	29.01	60.19
内江	43.3	24.9	57.51
富顺	44.03	20.9	47.47
金堂	39.2	17.03	43.44
资阳	37.64	16.18	42.99
资中	35.22	12.55	35.63
平均	41.27	20.10	48.70

① 该表根据《沱江流域蔗糖业调查报告》的数据所做，植蔗面积所占比值乃笔者重新核算修正而成。参见四川省甘蔗试验场.沱江流域蔗糖业调查报告：第四章［R］.1938：1—2.

从甘蔗生产方面来看可以明显体现食糖专卖的"民产"原则。近代以来，四川甘蔗生产主要掌握在农民手中。虽然，有报道称，食糖专卖局出于缓和蔗农与制糖商矛盾关系的考虑，将承诺贷款八百万，奖励蔗农大量生产甘蔗，"凡所生产之甘蔗，今后完全由官收，再转售厂家"[①]，但在甘蔗生产与糖品制造方面，仍采用民产、民制为主，根据财政部1942年5月13日公布施行的《战时食糖专卖暂行条例》第二章关于生产原料管理的规定，制糖之甘蔗、甜菜及其他可供制糖原料的种户，应于开业前一个月，将姓名住址、品种、种植地之面积及坐落、轮种或连种、成熟期、产量之估计、生产费之估计等事项向专卖局或其委托之机关团体声请免费登记，其变更或废止种植时也亦须如此。此外，专卖局还有权根据实际情形对蔗糖面积、产量及品种采取相应的统制措施。甘蔗、甜菜等制糖原料的价格应由专卖局按照品种分别核定标准。经登记之农户，必须组织合作社及合作社联合社。经登记之农民可以通过合作社向专卖局请求贷款及必要之生产资金；专卖局得分区设置示范场，履行其培育种苗，指导种户改良品种、种植技术、防治病虫害等职能。[②]

二、食糖制造方面

川康两省蔗糖制造主要分为机器制糖与手工制糖两类，其中以手工制糖最为发达。在机器制糖方面，新式机器糖厂主要集中于沱江流域的内江、资中两地。1942年，内江有中国炼糖厂（全称为中国联合炼糖厂股份公司）、华农糖厂、华原糖厂、一六糖厂、沱江糖厂、桦木镇糖厂、晶星糖厂共7家，其中以中国炼糖厂规模最大，每日可产糖2吨左右，其次为华农糖厂，每日可产糖数千公斤。其余规模较小，多采用手摇离心机炼糖[③]，且多为民营性质。资中新式糖厂则仅有沱江炼糖厂公司一家。[④]

---

① 川康食糖专卖将分三个步骤严格管制[N].大公报（桂林），1942-05-07（4）.
② 战时食糖专卖暂行条例[J].财政部公报，1942，3（16）：43—44.
③ 四川蔗糖业概述[J].食糖专卖公报，1942，1（1）：13—14.
④ 郭太炎.四川省近年蔗糖产销概况（上）[J].中农月刊，1946，7（1）：65.

表3-3　内江新式糖厂规模（1941—1943）

厂名	地址	资本额（元）	产品数量（公斤）
华农糖厂	圣水寺	1,000,000	白糖110,000
			桔糖110,000
华原糖厂	漆家滩	1,000,000	精糖17,000
			桔糖30,000
一六糖厂	东兴镇	60,000	精糖36,000
			白糖18,000
			桔糖9,000
西南糖厂	倒湾	40,000	
晶星糖厂	倒湾	60,000	
太极糖厂	倒湾	70,000	
利丰亨糖厂	椑木镇	200,000	
中国炼糖厂	三元井	3,000,000	白糖750,000
			桔糖750,000

资料来源：内江地区档案馆．民国时期内江蔗糖档案资料选编：中［G］.1984：424—426.（内部资料）

就组织者与资本来源而言，华农糖厂是政府与大华公司及部分糖商联合，以实验糖厂设备为基础扩建而成的；中国炼糖厂则是由经济部资源委员会、中国银行与商人合资创办。上述二者均属官商合办性质的新式制糖厂，可见食糖专卖时期"官制"食糖仍占有一定比例。[1]

不可否认，抗战时期川康区新式制糖工业获得了新的发展，但是其推广的程度和范围仍属有限。据1944年中国银行内江分行的调查，沱江新式制糖只占糖品总产量的30%，而70%的糖品仍为土法生产。[2] 因此，战时川康区制糖业仍以糖房、漏棚为代表的手工制糖业为主。财政部川康区糖类统税处1941年对内江糖房、漏棚资本状况的调查数据显示，内江县糖房、漏棚总共810家，资本总额达87,330,338元，平均每家资本额为107,815元。其中

---

[1] 王东伟．解放前内江制糖业概况［M］//中国人民政治协商会议四川省委员会文史资料研究委员会．四川文史资料选辑：第35辑，1985：189—190.

[2] 内江地区档案馆．民国时期内江蔗糖档案资料选编：中［G］.1984：333.（内部资料）

富溪乡资本总额与平均资本额均最多，分别为 8,460,000 元和 528,750 元；北附城乡的资本总额与平均资本额均最少，分别为 417,000 元和 46,333 元。此外，1941 年内江县糖房、漏棚生产总量为 60,580,000 公斤，平均每家生产量为 74,790 公斤，相对于新式制糖厂而言，其平均生产规模相对偏小。

表3-4　川省各地糖房、漏棚统计

单位：家

县别	糖房家数	漏棚家数	糖房兼漏棚家数	合计	业经核准登记家数
内江	55	42	630	727	697
资中	873	270		1143	515
资阳	289	19		308	
简阳	300	187		487	
富顺	212	78		290	187
泸县	22			22	
金堂	204	9		213	
隆昌	26	3	13	42	42
宜宾	377	122		499	
合川	16			16	
遂宁	24			24	
渠县	417			417	57
广安	85			85	85
武胜	2			2	
邛崃	58			58	58
仁寿	56			56	
眉山	45			45	45
新津	19			19	19
青神	12			12	
彭山	3			3	3
广汉	88			88	
德阳	142			142	
什邡	25			25	
绵竹	5			5	
罗江	5			5	
纳溪	21			21	
江安	20			20	

续 表

县别	糖房家数	漏棚家数	糖房兼漏棚家数	合计	业经核准登记家数
南溪	84			84	
长宁	16			16	
珙县	32			32	
高县	71			71	
庆符	31			31	
犍为	71			71	
荣县	35			35	35
威远	62			62	62
南部	8			8	
蓬溪	3			3	
达县	13			13	
总计	3846	730	643	5219	1805

资料来源：曹仲植.半年来川康区实施食糖专卖之业务推动情形［J］.食糖专卖局公报，1942，1（6—7）：12—15.

据悉，1942年四川各地糖房、漏棚总共5219家，散布于38个区县，其中以沱江流域沿岸为主的金堂（213家）、简阳（487家）、资阳（308家）、资中（1143家）、内江（727家）和富顺（290家）六个县最为集中，占到了总数的60.7%，业经食糖专卖局核准登记的数量为1805家，仅占总数的34.59%。因此，笔者认为战时川康区以糖房、漏棚为代表的土法制糖厂商总体上呈现出分布广但相对集中，数量多但规模小、资本总额较大但相对羸弱的特点。因此，四川蔗糖业抵御风险能力相对偏弱，而且在专卖局核准登记并受其影响和掌控的手工制糖商数量仍占少数，这也是在战时条件下，食糖专卖政策在实施过程中长期陷入困境的关键因素之一。

食糖专卖实施之初，曾出现了加强对制糖厂家管制的声音，称对制糖厂商，无论其生产量之大小，在核准登记之后，"按厂派员监督，出产之糖，不准私自售卖及走私，凡遇逃避专卖者，亦必依法惩办"[1]。然而，由前文所述，

---

[1] 川康食糖专卖将分三个步骤严格管制［N］.大公报（桂林），1942-05-07（4）.

手工制糖仍是抗战时期川康区蔗糖制造的主要方式，且各类制糖商遍布各地，无法对其实施严格管控，因此食糖专卖实施之后，在制造环节的新特征主要体现为"民制为主、官制为辅"，即糖品制造主要以糖房、漏棚等制糖商的手工制糖为主，以商办、官商合办的新式机器制糖为辅。《战时食糖专卖暂行条例》也对"成品制造之管理"予以了相应统制，其中包括制糖厂商之登记、原料承购之义务、营业账簿之书写、制糖过程之检查、品质包装之限定。制糖厂商应于开业前，将其名称及代表人姓名、住址，资本额，制造方法及设备，每年所制成品种类及数量，每年开工期间及停工期间等事项向专卖局申请登记，其歇业或解散须经同样手续申请注销；有依照专卖局核定价格购买制糖原料之义务；应将原料之种类、数量及购进处所、日期及价格，使用原料之种类及其数量，成品之种类及其数量，成品储存处所，其他经专卖局指定必须记载者等事项逐日记载于营业账簿；应将所制成品种类及数量，按期报告该区同业公会，转报专卖局登记；不得将已登记之成品掺混杂质或溶解；对于成品之包装及其定量，应受专卖局之指示，非经许可不得变更。①

三、川康区食糖专卖局争取蔗糖产制贷款的努力

食糖专卖局在加大食糖制造环节统制力度的同时，也为战时食糖业的发展做出了很大的努力。争取蔗糖产制贷款即其中之一。至于食糖专卖时期蔗糖产制贷款则缺乏较为确切的统计，其相关数额主要散见于新中国成立后四川省各县市所编写的文史资料之中，其中杨修武、钟荺懋认为截至1943年8月底，各地贷出款额达11,750万元。② 赵国壮对这一数额亦表示赞同。③ 而据许廷星的考证，1942年度四川省产糖各县蔗糖生产贷款数量总额为

---

① 战时食糖专卖暂行条例[J].财政部公报，1942，3(16)：43—44.
② 杨修武，钟荺懋.川康区食糖专卖概述[M]//中国人民政治协商会议四川省内江市委员会文史资料委员会.内江县文史资料选辑：第14辑，1988：122.
③ 赵国壮.从自由市场到统制市场：四川沱江流域蔗糖经济研究（1911—1949）[D].武汉：华中师范大学，2011：176.

136,391,832元。① 不过，就笔者所见，上述论者所列的贷款数额均恐存在一定的偏差。

一般而言，每年3月甘蔗下种至翌年2月制糖商将糖类出卖给运销商，蔗糖生产周期才算完结。其中，甘蔗生产期从3月至11月，长达八个月时间；糖类生产亦需时三个月。就蔗糖产制资金方面来看，自3月甘蔗下种后，蔗农便须获得一定量资金用以购买肥料，发放工资，一直到11月收获之后，始能将此投下之资金收回，因而时间相对长久、迟缓，所以需要的资金也相当巨大。至于制糖商人，自蔗农每年11月收获甘蔗之后，需要大量的资本用于收购甘蔗和雇工制糖，至翌年2月始能将糖类出卖给运销商而收回资金。因此从整个的制糖过程来说，自下种甘蔗到制成糖类，约为一年，无时不需要资金，因而造成内江金融市场无时不缺乏资金的现象。② 因此，即有言曰："川省糖户既非富有，过去蔗糖漏三者之联系，厥为蔗农取给于糖房，糖房取给于漏棚，漏棚取给于高利贷者。"③ 兹糖业经济依存关系及贷款周转的程序图解如下。

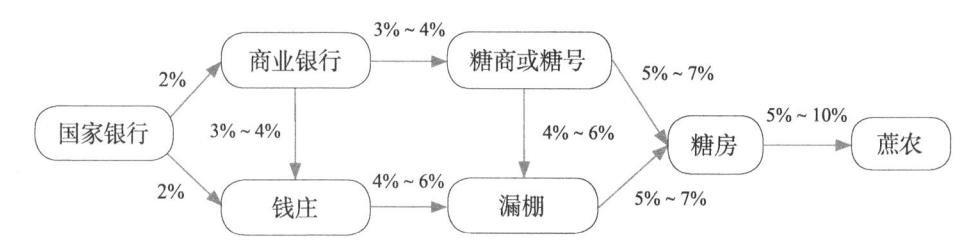

图3-1　沱江流域糖业经济依存关系及贷款周转程序④

如图所示，商业银行或钱庄，以二分的利息从国家银行获得资金，"再以三五分之利率贷与糖号或漏棚，漏棚转贷与糖房，最后再由糖房贷与蔗农，故蔗农负担之利息最少为五六分，多则八九分"⑤。显然，川康区糖业经济依

---

① 许廷星.内江蔗糖业概述［J］.四川经济季刊，1944，1（4）：333—334.
② 赵星洲，朱吉礼.三十三年内江经济动态［J］.四川经济季刊，1945，2（2）：118.
③ 内江、资中、资阳、简阳、富顺、威远六县制糖业公会主席呈四川省政府文（1943年5月）［A］.四川省档案馆，档案号：59-7106/27.
④ 川康食糖概述［J］.食糖专卖公报，1942，1（2）：12.
⑤ 川康食糖概述［J］.食糖专卖公报，1942，1（2）：11.

存关系,"实由糖房、蔗农双方经济不足所致",糖房、漏棚的经营资金亦"全靠重利剥削之贷款以救急"①。然而,正是由于上文所述的蔗农贫苦、土法制糖商资本羸弱等因素的存在,特别是1940年地方政府严令禁止甘蔗的预买预卖,转而代之以蔗糖评价后,"糖房不复贷款与蔗农,资金周转,遂感不灵"②。因此,如何破解糖业融资难题,便成为战时各级政府机关亟待解决的问题。

在此形势之下,川康区食糖专卖局积极组织和争取蔗糖产制贷款的努力就显得弥足珍贵了。其实,早在川康区食糖专卖局成立之初,局长曹仲植在对内江糖商发表讲演时,就表示"非举办农贷,不足以减低成本",并将农贷问题定位为该局举办的头等大事之一。③ 足见区局对于蔗糖产制贷款的重视程度。

在食糖专卖政策实施伊始,区局便以实际行动履行着上述承诺。考虑到,正值蔗农下种之际,资金周转颇为困难,区局遂呈准财政部准予先行贷放蔗农贷款800万元,以已加入合作社拥有蔗田10亩以下的小农为贷款对象,在内江、资中、资阳、简阳、富顺等县分别贷放,其分配数额为内江300万元,资中200万元,资阳、简阳、富顺各100万元。④

正是出于增加国防动力酒精原料的供应与专卖利益收入的考虑,曹仲植又"于三月以佳电(3月9日)及同月以内糖字第59号呈、63号呈、77号呈钧部转函四联总处,饬中国银行迅速增加贷款数额,并饬中国农民银行同时贷放以挽危急,并径函四联总处及内江中国银行请其增加贷款额,同时以内糖字第292号函请四川省水利局。请其将该局本年之水利贷款八千万元内酌拨一部贷放蔗农各在案。旋奉钧部指令已转函四联总处迅速办理",然事件发展显然未如曹氏所愿。4月初,四联总处及内江中国银行函复称,"自太平洋

---

① 四川蔗糖业概况[J].食糖专卖公报,1942,1(1):16—17.
② 资内之糖业[J].税务月报,1944,5(5—6):19.
③ 食糖专卖——局长对内江县训练所学院讲演辞[J].食糖专卖公报,1942,1(1):4.
④ 川康食糖概述[J].食糖专卖公报,1942,1(2):16.

战争发生，券科运输困难，农贷以不超过三十年度贷出总额为原则"。然而资内两县1942年度合作社产蔗达到6亿公斤，所需资金约2亿元，但"中国银行仅贷出九百万元，尚不足二十分之一"。于是，曹仲植以时间紧迫、责无旁贷为由，乃躬亲赴渝签呈孔兼部长，于4月27日获批将该局业务基790万元先行指定资内简阳富顺等主要产区，试办蔗农贷款。① 正当紧张筹划间，"突奉钧部养代电（财政部4月22日电），将贷款计划交董事会核议后再夺"②，遂遵即停止发款，静候董事会决议，至6月11日该局董监事第一次联席会议，决议蔗农贷款，应由银行办理。③ 7月6日，财政部电饬食糖专卖局将农贷移交中国农民银行接办，"该局如有已贷部分，亦应即日截止，迅与农民银行商洽移交接办"。然而据区局反映，时至8月，中国农民银行仍以未奉总处令函为由，对于该项农贷概不接办，此事遂不了了之。④

时至年底，争取贷款的事又出现了转机。为了避免游资作祟而造成糖价剧烈波动，国民政府遂进一步加紧了对糖业金融的管制力度。12月初，财政部颁布《管理糖业商人向银行借款实施办法》。该办法规定糖业制造及运销商人超过放款数额及期限限制，而向银行借款者，需向食糖专卖主管机关申请，并经审核通过后方可借款，其借款用途应受专卖机关之稽核。⑤ 此项办法的颁行导致1942年年末蔗糖经济区金融状况进一步恶化。为了缓解糖业融资的压力，在管制糖业商人借款的同时，专卖局也积极争取政府贷款，12月初曹

---

① 财政部关于专卖品食糖（甘蔗）、烟叶生产状况的调查[M]//中国第二历史档案馆.中华民国史档案资料汇编：第五辑第二编财政经济（八）.南京：江苏古籍出版社，1997：329.
② 内江地区档案馆.民国时期内江蔗糖档案资料选编：上[R].1984：229（内部资料）.
③ 财政部川康区食糖专卖局董事会第一次联席会议记录（1942年6月11日）[A].内江市档案馆，档案号：11-1-96/11.
④ 内江地区档案馆.民国时期内江蔗糖档案资料选编：上[R].1984：230（内部资料）.
⑤ 盐糖商向银行借款财政部规定管理办法[N].大公报（重庆），1942-12-12（3）；食糖产销贷款，核准四万万余，盐商借款办法公布[N].新华日报，1942-12-12（3）；川康区食糖专卖局防止非糖商冒名借款，蓉市糖商拥护管制物价方案[N].新新新闻，1942-12-27（7）.

仲植就糖业产制运销贷款问题，借蔗糖评价赴渝请训之机，与中国银行、交通银行、农民银行三大银行会商蔗糖贷款事项，并力促财政部核准川康蔗农及厂商生产贷款1.4亿元，运销贷款3亿元。该项资金分别由农民银行和交通银行负责筹措。① 有消息称，自银行监理办法实行后，"商业银行游资纷纷逃避，奔向盐、糖、丝之生产产地，造成内江、自井、南充比期利息高达七八分，甚至一角二分之现象"。因此，此次政府产制贷款的确定颇为适时。②

根据《三十二年度四川省蔗糖贷款办法草案》的规定，该年度四川省蔗糖贷款标准为：1."甘蔗生产贷款按每万土800元贷放，每社员以五万土为限，凡不共同加工制糖者每万土以300为度仍以每万土为限"；2."熬糖加工贷款每千糖清核贷1000元，漏糖加工贷放每千糖清核贷150元，每社员仍以五万土为限"。其贷款原则为：1."以蔗糖生产社及适合经营办理蔗贷之合作社经专卖局登记许可者为对象"；2."除资内两县外其他各县以先办生产贷款为原则"。此外，该草案还对贷款区域做出了明确限定，即"除成渝路六县外，其他产蔗县份（根据专卖局所开产蔗地区）依据上项贷款原则之规定亦得同样办理，唯第一年以先办生产贷款为原则，其标准每万土核贷为250元，每社员并以三万土为限"。如此，该年度贷款总额度核定为成渝路六县蔗贷约为12,750万元，其他各县约为1,250万元，共计14,000万元。③

表3-5 川康区1943年制糖商贷款分配情况④

分局	辖区（县）	糖产量（市担）	贷款额（元）	全辖区贷款额（元）
内江分局	内江	228,881	22,890,000	22,890,000

① 曹仲植谈贷款办法[N].新新新闻，1942-12-14（8）；曹仲植谈糖商贷款问题[N].新华日报，1942-12-15（3）.
② 糖盐产制贷款数额定为三万七千万元[N].大公报（重庆），1942-12-23（3）；内江自井两处举办糖盐产制贷款，数额定为三万七千万以直接贷予为原则[N].新新新闻，1942-12-27（6）.
③ 三十二年度四川省蔗糖贷款办法草案（1943年11月14日）[A].重庆市档案馆，档案号：0289-0001-00456/17-18.
④ 内江地区档案馆.民国时期内江蔗糖档案资料选编：中[G].1984：517（内部资料）.

续　表

分局	辖区（县）	糖产量（市担）	贷款额（元）	全辖区贷款额（元）
资中分局	资中	193,133	19,320,000	19,320,000
石桥分局	简阳	108,738	10,890,000	10,890,000
资阳分局	资阳	66,204	6,620,000	6,620,000
牛佛渡分局	富顺	93,823	9,390,000	10,610,000
	隆昌	12,205	1,220,000	
荣威分局	荣县	3,789	380,000	3,250,000
	威远	28,634	2,870,000	
总计				100,000,000

不过，贷款却迟迟未见发放。直至1943年1月下旬，中央政府为救济蔗糖经济，决定先拨6000万元①，24日，川糖清专款即行发放②。不过，5月底据重庆《商务日报》称，糖业产销贷款过去因保证责任问题，放出者较少，今专卖局奉财政部令代负保证责任。此后国家银行大量放出，以解决资金枯竭之困难。③

在具体实施中，针对以往蔗糖贷款对象包括蔗糖合作社蔗农、农贷覆盖面狭小的问题，食糖专卖局亦做出了改进，将贷款对象扩大为经过专卖局登记许可的"蔗糖生产合作社及适合经营蔗贷之合作社暨合法组织之蔗农团体"④。截至1943年9月底，虽然食糖专卖局极力放贷，然而其效果仍显不彰，1943年度四川省各县蔗农贷款实际贷放数为70,694,325元，仅及分配总额的半数左右。⑤究其原因而言，第一，战时粮价高涨，而政府对糖价的

---

① 救济川糖，中央拨巨款[N].大公报（重庆），1943-01-25（3）.
② 大事日志[J].中农月刊，1943，4（1）：134.
③ 曹仲植谈糖业近事，红糖为人民必需食品将继续供应，曹氏前晚召宴渝市糖商有所指示[N].商务日报（重庆），1943-05-29（4）.
④ 川康区三十二年度蔗糖贷款办理情形（1943年9月）[A].内江市档案馆，档案号：11-2-186/30-31.
⑤ 1943年度四川省各县蔗农贷款分配额及贷放数目表[A].内江市档案馆，档案号：11-2-186/32-33.

严格管制，导致糖价的调整时机远远滞后于一般物品价格的调整，调整的幅度也落后于一般物价调整的幅度。因而糖价相对低落，种蔗收益低于种粮收益——这也是最主要的原因。（关于此点，笔者将于后文详述。）第二，虽食糖专卖局极力推广蔗糖贷款，但无奈贷款数额与覆盖面仍属有限。蔗糖生产合作社广泛存在于沱江流域各产糖县份，"自1937年起，沱江流域主要产糖各县，如内江、资中、资阳、简阳等县皆有蔗糖生产合作社的组织"①。虽然它起步较晚，不过发展迅速。据不完全统计，1937年内江、资中、资阳、简阳、隆昌、荣昌6个县的合作社总数仅为398个，覆盖农户8386户，贷款金额109,000元，而截至1941年，该地区合作社总数发展为2,242个，农户数扩大为169,619户，贷款总金额达到40,567,000元。② 据了解，内江县加入蔗糖合作社的人数由1937年的仅仅7个合作社，仅占蔗农人口的5%～6%③，到1941年发展为295个合作社④，占到了蔗农总数的50%⑤。蔗糖合作社的发展可以用迅猛来形容，不过即便如此，其覆盖面仍属有限，川康蔗糖产区生产资金依然不敷需求，特别是在蔗糖生产时节，蔗农和糖房呈现出季节性的资金短缺的困扰。为此，川康区食糖专卖局继续通过增加农贷总额与扩大农贷惠及面等方式力图挽回蔗糖生产的颓势。在《川康区食糖专卖局三十三年度蔗糖增产运动宣传资料》中，规定蔗农贷款"仍将继续举办，贷款标准暨贷款总额均大量增加，蔗糖生产贷款并增加以蔗农互助会为对象。凡加入'合作社'或'互助会'之蔗农，均有获得贷款之权利。种植甘蔗愈多，则贷

---

① 内江县人民委员会.内江县甘蔗资料汇编［G］.1957：120（内部资料）.
② 荣昌县1941年贷款数额不明。李德宣.四川内江金融市况与蔗糖产销情形［J］.经济汇报，1942，6（6）：64.
③ 川省资内等县蔗糖贷款有关资料汇编［J］.中行农讯，1942（12）：295.
④ 李德宣.四川内江金融市况与蔗糖产销情形［J］.经济汇报，1942，6（6）：64.
⑤ 有资料显示，20世纪40年代内江县蔗农约30万，而1941年内江共有合作社295个，入社农户17,443户。以此推算平均每户8口人，似合常理。参见川省资内等县蔗糖贷款有关资料汇编［J］.中行农讯，1942（12）：295；李德宣.四川内江金融市况与蔗糖产销情形［J］.经济汇报，1942，6（6）：64.

款愈多，此为种植其他作物所不能享受之利益"①。不过，据调查，1943年4月，资、内两县出现了地主相率改钱租为实物地租的现象②，足见法币贬值程度之高。因此，虽然川康区食糖专卖局极力促成并兑现了巨额贷款，不过由于物价高涨，法币贬值，此类款项所发挥的实际效力有限，对于川康区蔗农、制糖商、运销商等"银根枯紧""需款恐急"的局面而言仍旧犹如杯水车薪。1944年年初，中国农民银行总管理处也向四联总处反映，此前"承放内江、资中两县蔗糖加工贷款系于四川省蔗糖贷款办法规定为每千糖清核贷1000元，各生产合作社以近来物价增高，与实际所需相差过巨，并因甘蔗已届成熟糖房纷纷开搞，制糖原有加工借款不敷周转"③。显然，仅仅依靠政府贷款是难以挽救战时川康蔗糖业于"水火"的。

第二节 "收而不购"与"专案收购"：战时专卖政策的糖品收购

目前学界对国民政府食糖专卖政策的收购环节还存在较大争议，其中杨荫溥认为四种专卖名义上规定为"民制、官收、官运、官专卖"，但实际上，并不实行收购，而是由承销商直接向制造厂商缴价承购，并向专卖机关缴纳专卖利益。④但台湾学者何思瞇在对战时食糖专卖由"蔗农—糖房—糖厂—漏棚—冰铺—食糖专卖局（收购、贴印专卖凭证）—承销商（登记、领运照）—零售商（登记、领分运照）—消费者"的整个产销流程进行仔细考察之后，得出结论，认为食糖专卖局对于食糖运销采取"统购统销"原则，并于其间

---

① 内江地区档案馆.民国时期内江蔗糖档案资料选编：上[A].1984：177.（内部资料）
② 内江地区档案馆.民国时期内江蔗糖档案资料选编：上[G].1984：210.（内部资料）
③ 为资内两县蔗糖生产合作社以原有加工借款不敷商请办理储押贷款兹经核准按普通抵押放款方式办理情形报请查核（1944年1月28日）[A].内江市档案馆，档案号：11-2-186/19-20.
④ 杨荫溥.民国财政史[M].北京：中国财政经济出版社，1985：127.

征收专卖利益。①朱英、石伯林二人则指出政府"往往是把主要日用品的专卖制度与主要商品的统购统销政策结合起来实施的,专卖与统购统销实际上是以战时物资管理形式出现的一种财政措施"②。笔者认为有必要对食糖收购的实际运作及其成效进行深入考察。

一、"收而不购":食糖收购环节的政策异化

"官收"作为专卖政策中重要的一环,可以说是专卖区别于其他税收手段的重要标志之一,时人有云:政府应乘此切实把握"官收",调整"民制"机构,同时"不使节制商业资本政策因透过'商销'而稍松弛,务必以'官收'来控制'民制'与'商销',使利润与利息得到合理之分配,而给私人资本投资动向以正确之转移"③。另有论者亦称,官收"为实施专卖之先决条件,凡一切专卖物品……必须先经国家收购以后,方能实行专卖"④。在1941年财政部制定的"实施专卖共同原则"中,则将"官收"确定为专卖事业的"枢纽"之一。⑤同年制定的《糖类专卖实施大纲》更明确指出,"所有属于专卖之糖类应悉由专卖机关定价收购",而"专利物品之收售"均按其品质,以"生产成本与合法利润之合计"为核价标准。倘若出现"其他生产事业之利润超过制糖之利润"的情况,政府应"于成本利润之外,交加其收购价格",用以鼓励食糖的生产。不过,这种"伸缩之权"则须财政部审核。⑥显然,照此说法,专卖政策实施之后,国民政府应奖励,甚至扶持食糖生产。此外,《糖类专卖实施大纲》还规定,"实施糖类专卖必须由政府存有大宗糖类,方足控制

---

① 何思瞇.抗战时期专卖事业(1941—1945)[M].台北:台湾"国史馆",1997:267.
② 朱英,石伯林.近代中国经济政策演变史稿[M].武汉:湖北教育出版社,1998:528.
③ 万树源.专卖问题[N].大公报(桂林),1941-08-24(3).
④ 徐尔信.国家专卖事业实施问题之管见[J].财政评论,1941,6(6):40.
⑤ 国民政府财政部实施专卖共同原则[M]//中国第二历史档案馆.中华民国史档案资料汇编:第五辑第二编财政经济(二).南京:江苏古籍出版社,1997:106.
⑥ 糖类专卖实施大纲(1941年)[M]//何思瞇.抗战时期专卖史料.台北:台湾"国史馆",1992:252—255.

市场、便利消费，以免行商囤积居奇"，因此建议应于专卖实施之前，先行收购，为避免专卖法规因立法程序耗时过久，"恐误收购"的最佳时机，因此特事特办，将《战时食糖专卖暂行条例》草案由行政院转呈国防最高委员会核定后，先行付诸实施。

然而，在具体实施过程中，川康区食糖专卖却并未也不可能依照《糖类专卖实施大纲》的规定执行。《筹办盐糖烟酒等消费品专卖以调节供需平准市价案》中，明确提出以"统制产制，整购分销为初步实施办法"，此点笔者在上文已做交代。不过，显然，国民政府在制度预设时大大低估了该原则在实际执行中的难度。抗战时期国民政府财政拮据，收购所需大量的资金从何而来？如此大规模的资金流入市场是否会加剧通货膨胀，进而引发物价波动？如何保证收购资金的使用效率？这些都是政府需要面对的实际问题。在专卖政策即将付诸实施之际，不少论者便认为，专卖所需收购资金庞大，势必会刺激物价上涨，为此有人认为可采取"将货入栈，由官登记，□（侯）其既已商定受主，给由官栈贴用专卖凭证，收取利益，许其出栈"的办法，这样便可解决这一难题。不过，作者坦言，这实非专卖之本质。另外，由于政府不出资收购，则专卖物品的所有权亦存在问题。政府将无权处理专卖物品的改装、运销区域的分配，"遑论卖出"[1]。在如何解决专卖所需资金的问题上，发行短期证券的办法亦为学者所采信[2]，然而事实证明这一建议并未被政府采纳。

据悉，在食糖专卖实施之初，计划以官价7000万元，"由政府收购所有川康区糖产，再以三百两卡车分运西北及川滇黔等省官卖，嗣因卡车不易购办，而此项办法，尚待研究"[3]，但在具体实施过程中，根据《战时食糖专卖暂行条例》的规定，专卖糖类"应于制造完成后十日内，悉数缴存专卖局在该区域所设之公栈或其所指定之商栈"，并"由专卖局依照财政部核定价格收

---

[1] 梁敬錞.专卖的八大问题[J].新经济半月刊，1941，6（1）：14.
[2] 黄智百.实施专卖的几个重要问题[J].建设研究，1941，6（4）：27.
[3] 川康食糖专卖将分三个步骤严格管制[N].大公报（桂林），1942-05-07（4）.

购之"①。《战时食糖专卖暂行条例施行细则》则进一步细化了专卖局所扮演的角色,即专卖糖类的收购,应"于存入公栈或指定之商栈后,指定承销商承购,缴纳专卖利益,贴用专卖凭证后出售之"②。换言之,原本应由专卖局出资收购的糖品转而为指定承销商"承购"。《本局办理糖类评价须知》也规定,"收购价格,即本局收购糖类时付款之价格,但本局不收购时即依据此项收购价格收取专卖利益"③,其数额相当于收购价格的30%。宋同福亦证实,食糖应"尽量完全由政府照核定糖价收购之,惟在专卖制度创办伊始,各地食糖尚未完全由政府收购以前,如发生交易行为,均须照章缴纳专卖利益"④。这也就是说,在专卖局不收购的条件下,收购价格仅仅具有作为专卖局收取专卖利益依据的功能。这显然与"统制产制,整购分销"的专卖初步实施办法的宗旨背道而驰。

1942年6月4日,在财政部举行的"关于加紧督促专卖事业之推行讨论会议"中更是明确决议,对于各专卖物品,以"不收购"为原则。⑤而在专卖政策"官收"环节的实际运作中,政府也的确遵循了这一原则,那么为何出现了如此嬗变呢?对此,政府给出了两个解释,其一,在战时财政状态之下,由于资金匮乏,入不敷出,政府"不能筹集大量资本,直接经营产制,他方面又不能筹措巨款,以从事收购"⑥;财政部专卖事业司司长朱偰还给出第二个解释,即"当此专卖业务开始推动之时,干部人员,尚未养成;一切业务,未上轨道,若遽责令以巨款收购,恐易生弊窦"⑦。

显然,食糖专卖政策中的"官收"环节名不副实。无怪乎,有论者直言

---

① 战时食糖专卖暂行条例[J].财政部公报,1942,3(16):44—46.
② 战时食糖专卖暂行条例施行细则[M]//何思瞇.抗战时期专卖史料.台北:台湾"国史馆",1992:110.
③ 本局办理糖类评价须知[J].食糖专卖公报,1942,1(1):28.
④ 宋同福.食糖专卖实施概况[J].经济汇报,1943,8(11):86.
⑤ 财政部关于加紧督促专卖事业之推行讨论会议纪录//何思瞇.抗战时期专卖史料[M].台北:台湾"国史馆",1992:264—265.
⑥ 朱偰.专卖政策与专卖利益[J].财政学报,1943,1(4):5.
⑦ 朱偰.一年来之专卖事业[J].财政学报,1942,1(1):47.

食糖专卖政策实际是"收而不购，专利而不经营"的无本通商之手法了。① 这引来当地蔗农、糖商的质疑和不满。1942年5月，内江县制糖业代表晏叔从、资中县制糖业代表陈伯侯、简阳县制糖业代表周汝贤、富顺县制糖业代表郭岸先、威远县制糖业代表张意诚、资阳县制糖业代表林正先等数十人上呈财政部，曰："今历数月，不惟无收购之事实，而收购之真相毫无闻见"，收购条例徒具形式，因此要求专卖局确实给价收购。② 显然，此时各地制糖商代表仍对食糖收购抱有一定的期许。

但制糖商们的呼吁并未取得实质性效果。因而当年7月底，内江、资中、资阳、简阳、富顺、威远六县的制糖工业同业公会主席在联名向财政部部长孔祥熙发去的呈文当中便开始借食糖收购问题与财政部讨价还价，称"食糖既归政府专卖，应为给价收购，揆以现情所谓收购者，殆为形式上之具备，实施犹尚有待"，然"制糖业户，多系农人，其本身财力，极为有限，营业资本，大部外借，现自专卖施行，货压难售，长负高利贷款"，因此恳请中央政府给予大量低利贷款，以资救济。③ 1942年12月初，资中县农会也针对"糖房尚有多数未能开搞，因无人承买，金融窘极"的局面，提请专卖局收买糖清。④ 此外，12月初，内江制糖业公会也向四川省第二区行政督察专员公署兼保安部呈称，自9月以来，由于"买商稀少"，对于存糖"糖户犹难脱售"。因此，恳请"钧府转呈省府咨部转饬专局"，"依法评价立为给现收购存糖"⑤。然而，对于上述各地所呈食糖收购事宜，财政部和专卖局多三缄其口。

就笔者所见，财政部采取"不收购"原则主要基于如下考虑。

第一，川康区食糖存量巨大，所需资金数额庞大，专卖局缺乏必要的周

---

① 金振声.四川的糖业与国民党"专卖""征实"[M]//中国政协四川省文史委员会.四川文史资料选辑：第13辑，1964：134.
② 内江地区档案馆.民国时期内江蔗糖档案资料选编：下[G].1984：872（内部资料）.
③ 内江地区档案馆.民国时期内江蔗糖档案资料选编：下[G].1984：879（内部资料）.
④ 资中县农会第1739号代电（1942年12月9日）[A].四川省档案馆，档案号：59-7140/91.
⑤ 四川省第二区行政督察专员公署兼保安部司令快邮社字第78号代电（1942年12月7日）[A].四川省档案馆，档案号：59-7141/113.

转资金。实际上，据财政部国家专卖事业设计委员会预估糖类专卖开业资金高达12亿元，"且非至七八个月或一年以后，政府不能收回利益"，因此，也曾对如此大量资金的筹措表示担忧。[①] 川康区食糖专卖局于1942年2月15日正式办理存糖登记，截至当年7月底，其存糖登记数量如下表所示：

表3-6 川康区食糖专卖局存糖登记数量[②]

单位：公斤

糖品种类	数量	7月10日收购价格（元）[③]	糖品种类	数量	7月10日收购价格
精白	219,605	900	糖清	4,697,280	—
白糖	17,707,801	435	原水	3,167,776	—
红糖	25,149,912	200	冰水	52,484	—
桔糖	15,693,957	200	漏水	7,391,459	—
冰糖	758,820	600	其他	220,615	—
片糖	117,044	—	总计	75,186,198	

附注：表列重庆办事处包括綦江、长寿、土沱三业务所数字在内，内江办事处包括茂市镇、东兴镇、椑木镇、吴家镇、史家街、观音滩、便民乡、龙门乡等业务所数字在内，富顺办事处包括隆昌业务所在内，新津办事处包括雅安业务所在内，万县办事处包括忠县业务所在内，犍乐办事处包括乐山业务所在内，江津办事处包括合江业务所在内，涪陵办事处包括西秀黔彭、丰都业务所在内。

如上表所示，截至1942年7月31日，川康区存糖登记数量总额高达75,186,198公斤，以7月10日食糖专卖局核定收购价格计算，仅精白、白糖、

---

① 糖类专卖实施大纲 [G]// 何思瞇. 抗战时期专卖史料. 台北：台湾"国史馆"，1992：260.
② 曹仲植. 半年来川康区实施食糖专卖之业务推动情形 [J]. 食糖专卖局公报，1942，1（6—7）：15—21.
③ 白糖价格为中白糖价格，参见许廷星. 内江蔗糖业概述 [J]. 四川经济季刊，1944，1（4）：330.

红糖、桔糖、冰糖五种糖品总量价值约为1.65亿元，反观当年川康区食糖专卖局专卖利益概算数则仅为12.15亿元。① 显然，此时无论是专卖局，抑或财政部都不愿，也无法筹集如此巨额的资金用以食糖收购。孔祥熙也承认采取"不收购"原则为国库节省了一大笔开支。②

事实上，川康区食糖专卖局也曾试图进行改变。区局曾致电中国银行和交通银行，请求调整分配糖业资金贷款，尝试将食糖制造、运销等贷款合并，并将白糖收购数额摊派给各地，以此改善食糖收购的现状。

中、交两行建议贷放收购食糖贷款联系办法

一、分配

内江放额　中交两行各半

简阳放额　中行六成，交行四成

资中放额　中行六成，交行四成

资阳放额　中行球溪河办事分处单独贷放

富顺放额　中行牛佛渡办事分处单独贷放

二、搭放头寸

资、简两处交行放款四成，其头寸以事前陆续在内江交现为原则，但中行该两地因头寸缺乏，不能垫付时，经中行于事前通知后即由交行将上项头寸调拨当地以便搭放。

三、代表行

内江制商部分推中行为代表行

运销部分推交行为代表行

合作社部分如由中交两行贷放，则推交行为代表行

资中、简阳均推中行为代表行

---

① 宋同福.食糖专卖实施概况[J].经济汇报，1943，8（11）：89.
② 财政部专卖事业司.二年来之专卖事业[M].上海图书馆：中国近代图书全文数据库，1942：16.

表3-7 川康区三十三年度收购白糖数量及应贷款额分配表

分局	糖清产量（市斤）	摊派收购白糖数量（市斤）	应贷款额（元）
内江	47,948,597	1,584,000	52,800,000
资中	25,200,575	831,600	27,720,000
石桥	23,119,078	762,300	25,410,000
资阳	3,447,769	113,850	3,795,000
牛佛渡	4,529,028	149,490	4,983,000
合计	104,245,047	3,441,240	114,708,000

附注：1. 收购白糖数合糖清数千分之三十三。

2. 每购糖300市斤贷款10000元。

资料来源：关于川康区食糖专卖局拟定调整分配糖业资金贷款办法的代电［A］.重庆市档案馆，档案号：0285-0001-00636.

这一方案仅涉及五个分局就需贷放超过一亿元资金，实际操作起来困难重重，因此最终此一方案又不了了之。

第二，食糖严重滞销，收购食糖风险较大。由于传统食糖销区主要包括省内、两湖等地区，1940年6月，宜昌、沙市相继沦陷，水路直达的糖类外销渠道被阻遏，导致食糖严重滞销。专卖局作为食糖收购方，风险也极大。施行"不收购"原则便可有效规避因食糖大量滞销导致收购资金呆滞的潜在风险。

二、"专案收购"：食糖收购的权宜之举

据悉，虽然各种专卖品暂以"不收购"为原则，但是"如事实上为应付机宜，争取时效，有收购必要时，则准由各专卖机关专案呈部核定"，此即为"专案收购"。因此，在财政部的指令下，食糖专卖机关确实在一定程度上履行了其收购食糖的承诺，对"有特别必要者，得专案收购"，用以满足成都、重庆两地公教人员对糖品的需求。[1] 据川康区食糖专卖局局长曹仲植称，为供应渝蓉各地之需要，1942年4月专卖局委托民生公司代购白糖10万公斤，

---

[1] 财政部专卖事业司.二年来之专卖事业［M］.上海图书馆：中国近代图书全文数据库，1942：16.

自5月起，仍继续办理部分收购；此外，为促进外销，专卖局还先后托承销商蜀和公司、一六糖厂各代购白糖40余万公斤，令饬前内江城区业务所购白糖2.5万公斤，桔糖10万公斤，并订购铨源号精糖1万公斤，饬资中办事处就地收购10万公斤等。① 根据财政部的统计数据显示，1942年度，为供给成渝两地公教人员及西北、豫鄂等省食糖，川康区食糖专卖局收购白糖629,349公斤，桔糖245,067公斤，精糖110,000公斤，共计花费7,360,637.11元经费。② 换句话说，专卖局的"专案收购"是与其食糖配销政策相结合的。不过，1942年12月21日，食糖专卖局董事会在第六次董监事联席会议上，对区局1943年度业务计划暨营业概算提出审查意见，将原计划中"收购之部"改为"购销之部"，这一字之差从侧面反映出董事会对食糖收购的态度的转变，换句话说，董事会认为工作重点应转移到将"专案收购"与食糖配销相结合。董事会认为，1942年区局运输食糖总量为40.56万公斤，仅占收购食糖总量不到二分之一，并将其归结为运输困难，因此将1943年配销西北、鄂豫和重庆的食糖总数下调至每月28万公斤，并将购糖经费由7656万元下调为3000万元。③

表3-8 1942年度川康区食糖专卖局收购白糖数量④

单位：万公斤

地域\数量	收购总量	已运输量	未运输量
运销西北	28.86	10.86	18
运销渝市	38.7	23.7	15
运销豫鄂	16.2	6	10.2
总计	83.76	40.56	43.2

① 曹仲植.半年来川康区实施食糖专卖之业务推动情形[J].食糖专卖公报,1942,1(6—7)：22.
② 财政年鉴编纂处编.财政年鉴续编：第九篇，第四章[M].南京：财政部印行，1943：28.
③ 财政部川康区食糖专卖局董事会第六次董监事联席会议记录（1942年12月21日）[A].内江市档案馆，档案号：11-1-96/40.
④ 财政部川康区食糖专卖局董事会第六次董监事联席会议记录（1942年12月21日）[A].内江市档案馆，档案号：11-1-96/40.

此外，由上表可知，1942年度由专卖局直接出资收购的食糖数量总额为83.76万公斤，仅占该年白糖存留总量的4.73%。① 这与其拟每月在内江、资中、富顺等处收购白糖50万公斤以及在金堂、德阳、简阳等处收购白糖30万公斤用以满足黔、滇、豫、鄂、重庆、陕、甘、宁、青、新等省市食糖需求的原计划也相去甚远。因此，会议决定对于专卖局1943年度业务计划暨概算做出重大调整，将收购所需资金由7656万元缩减为3000万元，每月配销数额则减为28万公斤。② 不过，这一收购计划是否遵行尚无从考证。据杨修武、钟莳懋称，在食糖收购方面，"1942年，共收购177万市斤；1943年收购了73万市斤；1944年的头三个月里，共收购了19万市斤"③。

虽缺乏关于专卖期间食糖收购总量的确切数据，不过可以断言的是，上述供应渝蓉两地公教人员用糖及运销豫、鄂及西北等地所需用糖，无论是在蔗糖总产量中，还是在存糖总量中所占比重均很小，由食糖专卖局直接出资收购的更属寥寥无几。这种委托商业机构代为购买的临时行为必然致使其实施成效大受影响。

至于在专卖期间，财政部是否对食糖予以了大批量的收购，这一问题重庆《新蜀报》似给出了答案，即曰"政府对本年专卖事业所采之政策，已决定以大量收购为原则，俾符'专卖'之实"，火柴、食糖、食盐、烟的收购资金总额超过20亿元。其资金来源一部分由国库支出，另一部分则仍由专卖机关向各银行垫用。④ 不过，之后大规模收购一事便无疾而终了。在总结食糖专卖政策得失时，国家专卖事业司承认"因限于资金，未能大量收购，致管理颇多困难"。因此，"为谋掌握物资，平抑糖价起见，拟将食糖专卖利益仿照

---

① 据川康区食糖专卖局统计，1942年白糖存糖数量为17,707,801公斤，如表3-6所示。
② 财政部川康区食糖专卖局董事会第六次董监事联席会议记录（1942年12月21日）[A].内江市档案馆，档案号：11-1-96/40-41.
③ 参见杨修武，钟莳懋.川康区食糖专卖概述[M]//中国人民政治协商会议四川省内江市委员会文史资料委员会.内江县文史资料选辑：第14辑，1988：115.
④ 专卖事业新政策，决以大量收购为原则，收购资金将达廿万万，专卖机关亦有新调整[N].新蜀报，1943-06-02.（民国三十八年重要剪报资料库）

征收实物办理"①。据此可见，食糖的大量收购受战时各种条件的限制自始至终都未得到有效施行。

"不收购"原则与"专案收购"的实施使得政府对专卖物品的统制力度大大降低，专卖政策的实施效果也大打折扣，针对专卖收购问题的批评之声也相继出现了。马乘风便首发其难，1943年1月，他在《中央周刊》上发表文章，公开质疑政府无力统制物资，实行专卖。言曰："手中无物而言专卖，交通困难而言调剂供需，其不合逻辑也，彰彰明也。"②张靖宇更加忧心于政府"假名专卖""变相加税"的做法，认为："何若由原有税务机关增加税率之为愈？"③景学铸亦指责政府"专卖其名，征费其实"的做法，并直言"今日专卖之病，并不在制度之良否，而在执行之方法"，在他看来，"盖实行专卖，必须先能掌握物资，控制运储，而后方能分配销售，抑平市价"④。孙怀仁直言"今日我国之专卖，不但还没有达到贩卖与生产二者同时独占的'全部专卖'，就是贩卖独占的'部分专卖'，也未达到"，政府既不能生产，也不能把握民间物资，"只不过拿'专卖利益'的名词代替了'租税'二字"而已。⑤而1944年3月30日《大公报》（桂林）亦发表社评，在表达与孙怀仁相同观点的同时，通过比较国内外专卖政策，戏称中国与欧美各国的专卖"名同而实不同"，乃是"橘逾淮南而为枳"也⑥，甚至还曾出现了"尝有主张取消专卖，仍征统税之议"的呼吁。⑦

---

① 专卖事业局检送专卖事业应兴应革重要事项函［A］//中国第二历史档案馆.中华民国史档案资料汇编：第五辑第二编财政经济（二）.南京：江苏古籍出版社，1997：157.
② 马乘风.专卖平议［J］.中央周刊，1943，5（22）：9.
③ 张靖宇.论货物之征税征实与专卖［J］.新经济，1943，8（8）：151.
④ 景学铸.漫谈专卖问题［J］.新认识，7（1）：17.
⑤ 孙怀仁.论我国今日之专卖［J］.财政知识，1943，3（2）：10.
⑥ 再论专卖［N］.大公报（桂林），1944-03-30（2）.
⑦ 谈目前专卖问题［N］.国民公报（重庆），1944-07-17（2）.

第三节　战时专卖政策下的糖品运销与缉私

一、专卖实施前川康地区蔗糖运销状况

"糖号"是在传统意义上人们对糖类运销商的称谓。糖号专营食糖贩卖，且多系批发，为糖品贸易的中枢，沱江流域糖商帮以内江家数最多。内江糖号略分为三种。（1）本帮，"为本县糖商所组织，家数最多，同时可受外县糖商之委托，代为进货。委托者于年终视进货之多寡，给以报酬"。（2）外帮，即外县糖商在内江所设立的糖号，而"长期驻内办货者"。（3）贩庄，邻近各县糖商，有未在内江设号，"仅于糖品上市旺月，携款来内采办者。此种销量，为数甚巨，盖贩庄来时，人数极多，故吸收力颇强"[①]。内江外帮糖号又称行商，此类行商在各地多设分号，便于购糖运销各地。又因业主与总号地址的不同，分属于内江、津渝、泸合、土沱、合州、忠万等各行商帮，其中尤以津渝帮、内江帮人数最多，资力最为雄厚。[②]四川糖品的内销外贸，多赖糖帮居间周转，糖帮之于糖品贸易、蔗糖经济、区域社会都有着极为重要的作用。

一般而言，川糖外销的主要地区，"下运不逾两湖"，"北销川北各县，推及陕甘两省，南销云南及贵州之赤水、习水、黔江一带，西销川西平原"。其中，桔糖主要销往两湖；红糖销售区域则为省内、云南和贵州；白糖与冰糖大部分为省内消耗，也有少量销往陕甘及贵州。[③]

川糖运销路线有"上行"与"下行"之分。上行路线为由简阳运出的糖品，"运至成都及金堂之赵家渡，再转运至陕、甘"，并运至遂宁，再转运至川北一带。下行路线则为将糖品运至重庆，转运至川东一带；资阳与资中的糖

[①] 内江地区档案馆.民国时期内江蔗糖档案资料选编：下[G].1984：653—654（内部资料）.

[②] 朱寿仁，钟崇敏，杨寿标.四川蔗糖产销调查[R].重庆：中国农民银行经济研究处，1941：51—52.

[③] 朱寿仁，钟崇敏，杨寿标.四川蔗糖产销调查[R].重庆：中国农民银行经济研究处，1941：23—24.

品，多运至内江出售；富顺的糖品则由牛佛渡运至泸县，再转运他埠。由内江运出的糖品，除陆运销售邻近县份外，"多以泸县、合江、江津、重庆、涪陵、忠县、万县、安岳、大足、璧山、铜梁及合川等县为其集纳市场"。运至重庆的糖，平时每年可达8万余件，内销则转运至川东川北等县，其中川北主要销往遂宁、顺庆、蓬溪等县；川东则为万县、涪陵、长寿、丰都等县，自从1940年6月，宜昌、沙市相继沦陷后，食糖外销路线分为三条：第一，由万县陆运至三斗坪；第二则由江津经水路运至綦江，再由汽车或板车向南转销至湖南，或是遵义、贵阳一带；第三，往陕西、甘肃运销，多半由船运至广元，再由人力车或板车运至宝鸡、西安，最后转运至他埠。①

从运输方式而论，川糖销售主要分为水运和陆运两种。水运即主要以木船为运输工具，充分利用当地发达的水系网络，从事食糖运销。例如，从内江经由水路运出的糖，均通过沱江运至泸县，再经由长江转运至重庆，继而沿嘉陵江逆行至合川，最后经合川水运至顺庆、广元。②至于赖肩挑负贩及汽车送者，为数有限。不过，简阳运销成都、川北、川西各地的糖品则以陆运为主。1942年以前，全以载重车运送。

就糖品外销比例而言，以宜昌、沙市沦陷为分水岭，出现了前后两种截然不同的态势。以内江糖品销售区域为例，在宜沙沦陷前，白冰糖销售区域比例为两湖30%、本省长江沿岸25%、贵州15%、嘉陵江各县15%、其他各地15%；红糖为两湖15%、贵州15%、本省30%、嘉陵江沿岸20%、其他各地20%；桔糖则几乎全部销两湖；漏水过去大部分销成都一带，少数销本地及邻县。而在宜沙沦陷后，白冰糖销售各地的比例变为两湖10%、本省长江沿岸25%、贵州20%、嘉陵江沿岸20%、陕甘15%、其他各地10%；红糖则为两湖10%、贵州20%、本省长江沿岸30%、嘉陵江沿岸20%、其他各地20%；桔糖"因宜沙失陷，交通阻塞，销两湖之数，仅及过去十分之二三，

---

① 四川蔗糖业概况[J].食糖专卖公报，1942，1（1）：16.
② 四川蔗糖业概况[J].食糖专卖公报，1942，1（1）：16.

其余十分之七八多转制白糖";漏水,十之八九销本地。①

不难发现,在各类糖品销售区域所占的比例变化中,作为川糖外销主要市场的两湖地区,在宜沙失陷后,其红糖、白冰糖、桔糖运销分别减少了约5%、20%和70%~80%。而川糖运销西北,"系由资内泸富各县沿沱江、长江水路运达重庆,然后沿嘉陵江上溯,以达广元,自广元以北,则为旱路运输,除靠西北公路回程空车搭载少许外,其余全恃骡马及板车装运"②。因此,食糖运输量十分有限。后来开发的三条外销线路也因战时交通工具的缺乏,"非现在之商业机构所能胜任",使零星的食糖供应更像是一种商业投机。③

显而易见,宜沙沦陷对川糖外销来说是一个沉重的打击,恰巧1940年川康区蔗糖产量达到这一时期的顶峰,即年产76,982,757公斤。④在丰产与外销市场丧失两大因素的同时作用下,川糖出现了大量滞销的现象。据称1941年度的存糖数额,较之1940年度增加160%⑤,而由于市面利率高昂,存糖堆积愈久,成本愈高,销售也愈困难,长此以往,必将引发蔗糖产量的萎缩。

二、食糖专卖局对承销商、零售商的管控

1942年食糖专卖政策实施后,食糖运销实行特许经营制。专卖局将糖类运销商分为承销商、零售商两种。采取承销商与零售商双重制度,其中承销商合法利润规定为7%至10%,零售商合法利润则为10%至15%。⑥另据《食糖承销商、零售商特许暂行章程》规定,"食糖专卖区域内设置公司、行号、

---

① 参见朱寿仁,钟崇敏,杨寿标.四川蔗糖产销调查[R].重庆:中国农民银行经济研究处,1940:57—58.
② 川康食糖概述[J].食糖专卖公报,1942,1(2):8.
③ 食糖在西北之近况——四川第二民食供应处处长周季梅先生在本局纪念周上演讲辞[J].食糖专卖公报,1942,1(1):7.
④ 四川省各县历年蔗田面积及蔗糖产量比较表[A].内江市档案馆,档案号:15-1-395/79.
⑤ 川康食糖概述[J].食糖专卖公报,1942,1(2):8.
⑥ 专卖办法之改进,承销商均兼营零售业务,朱司长谈食糖议定新价[N].大公报(重庆),1943-04-30(3).

承销或零售食糖之商人，概须经该管食糖专卖机关之特许"。专卖区域的糖类商人则须满足"经营糖类三年以上""经营资本在二万元以上""承销能力每月在五十担以上"三项条件方能申请特许为承销商。而零售商的特许申请也须符合以下条件：1."在该专卖区域内设有商号专售食糖者"；2."在该管专卖区域内经营杂货业糖果业或其他商号兼售食糖者"；3."在该管区域内具有信誉或经验之商人拟开设该商号售或兼售食糖者"；4."组织消费合作社兼售食糖者"。除此之外，该章程还规定承销商、零售商向专卖机关申请特许时应出示由当地两家殷实保铺开具的保证书。① 最后，承销商还应向该管专卖机关缴纳保证金，"其数额不得少于每月承销糖价十分之一"②。1943年4月，财政部又以"减少居间商人之利润而达到平抑专卖物品价格之目的"为由，上呈"拟将承销商、零售商合并为销售商，兼办运输及零售业务"，并在行政院第609次会议上获得通过。③ 合并后，销售商的合法利润由原来的17%～25%降低为不超过10%。④ 这在一定程度上减轻了消费者的负担。显而易见，财政部力图通过加强对承销商、零售商的控制来主导食糖运销。

区局对各地承销商、零售商及经纪人均严加管制⑤，非经审查登记，核发许可证，不可经售糖类⑥。截至1942年5月27日财政部川康区食糖专卖局登

---

① 内江地区档案馆.民国时期内江蔗糖档案资料选编：下［G］.1984：740—743（内部资料）.

② 食糖专卖——本局曹局长仲植在重庆广播讲词［J］.食糖专卖公报，1942，1（2）：16—17.

③ 国防最高委员会秘书厅公函［M］//何思瞇.抗战时期专卖史料.台北：台湾"国史馆"，1992：177.

④ 专卖办法之改进，承销商均兼营零售业务，朱司长谈食糖议定新价［N］.大公报（重庆），1943-04-30（3）.

⑤ 糖业经纪人是糖业交易双方的媒介。大批量的糖品均需经纪人从中说合才能最终达成交易。这种现象广泛存在于沱江流域各县。因此，"为谋私糖之禁绝销售"，"自应对经纪人严加管理，非经登记，不准营业"。参见曹仲植.半年来川康区实施食糖专卖之业务推动情形［J］.食糖专卖公报，1942，1（6—7）：33.

⑥ 曹仲植.半年来川康区实施食糖专卖之业务推动情形［J］.食糖专卖公报，1942，1（6—7）：27.

记合格特许承销商数量和资本金额分别为 422 家和 98,953,000 元，据统计这一时期的承销商数每月可运销各类糖品 5,462,832 公斤（见附表4）①，即每年运销糖品数量约为 65,553,984 公斤，但是，截至 1942 年 7 月底，川康区食糖专卖局存糖登记数量便高达 75,186,198 公斤（见表 3-6），也就是说，存糖数量大大超过了当时在专卖局登记之特许承销商的运输能力，当然这还并未将运销食糖的经济利益纳入考虑范围，如此一来，川康区食糖专卖局宏大的运销计划实施起来势必将面临重重考验。

为此，区局加大宣传和倡导力度，通过不断增加特许食糖承销商、零售商及经纪人的数量和规模，以增强这一时期食糖运销能力，截至当年 7 月中旬，特许食糖承销商、零售商数量有一定程度的增加，如表 3-9 所示。

表3-9 川康区食糖专卖局承销商、零售商及经纪人登记表

办事处名称	承销商 数量（家）	承销商 资本金额（元）	零售商数量（家）	经纪人数量（人）
内江	123	18,479,000	131	104
资中	36	8,885,000	84	17
简阳	61	2,440,000	48	
重庆	82	28,901,000	207	20
富顺	23	910,000	243	10
资阳	4	65,400		
宜宾	31	831,000		17
广元	14	20,300,000		6
新津	11	640,000	253	
渠县	27	1,320,000		2
荣威	5	240,000	85	
万县	57	3,125,000	6	20
犍为	17	1,770,000	103	1

① 虽然暂时未能寻获食糖承销商的完整数据，但仍可利用附表4的信息对食糖专卖时期的承销商略做分析。

续　表

办事处名称	承销商 数量（家）	承销商 资本金额（元）	零售商数量（家）	经纪人数量（人）
泸县	16	5,038,000		
金堂				
成都	111	33,356,000	554	
合川				
江津	3	130,000	297	25
会理				
涪陵	28	165,000	275	3
广安				
遂宁	9	350,000	114	
仁寿				
德阳				
共计	657	126,945,000	2,438	225

资料来源：曹仲植.半年来川康区实施食糖专卖之业务推动情形［J］.食糖专卖公报，1942，1（6—7）：27—33.

如上表所示，承销商以内江（123家）、成都（111家）、重庆（82家）三地为最多，约占总数的48.10%；零售商则以成都（554家）、江津（297家）、涪陵（275家）、新津（253家）等地居多，而由于后来新津并入成都分局，江津、涪陵则并入重庆分局（重庆原有207家），因此零售商实际上以成渝两地居多，占总数的65.05%。另以承销商资本额而论，乃成都（33,356,000元）、重庆（28,901,000元）为最多，约占承销商资本总额的49%。可见，成渝两地实为川糖的主要集散市场。

需要指出的是，据报道，资内一带有不少糖商的承销能力每月可达数十万公斤，按照相关条文的规定，须缴纳保证金数十万元，大大超出了承销商所能承担的范围，故而在特许承销商登记进展缓慢之时，川康区食糖专卖局将保证金数额大幅下调为"至多不超过一万元"。该项办法施行以后,各地糖商均极感满意①,此外,川康区食糖专卖局还根据食糖承销数额向核准登记的承销商申请提供大量贷款,因此,特许食糖承销商登记数量才得以出现大幅增长。截至1943年1月,食糖承销商数量增至889家,资本总额增至约1.8亿元,每月承销食糖总额提升至13,076,830公斤,承销商按销额应配贷款总额则高达99,986,412元(如表3-10所示)。在川康区食糖专卖局的不懈努力下,该地区的食糖运销能力获得进一步提升。

表3-10 财政部川康区食糖专卖局各分支机关核准登记承销商一览表

(1942年2月—1943年1月11日)

所属机构	承销商数量(家)	资本总额(元)	每月承销食糖总额(公斤)	按销额应配贷款额(元)
重庆分局	182	40,676,000	2,297,200	34,147,877
内江分局	152	35,439,000	942,810	14,014,870
成都分局	116	34,026,000	614,900	9,140,488
石桥分局	51	1,590,000	256,900	3,818,816
万县办事处	49	3,060,000	524,000	7,789,260
资中分局	43	8,770,000	537,000	7,982,505
宜宾办事处	36	966,000	202,400	3,008,676
渠县办事处	35	2,096,000	220,000	3,270,300
牛佛渡分局	34	2,305,000	164,900	2,451,238
犍乐办事处	33	2,380,000	197,420	2,914,848
德阳办事处	29	1,700,000	131,500	1,954,747
泸县办事处	26	6,586,000	153,400	2,280,291
资阳分局	20	1,300,000	145,000	2,155,425

---

① 专卖办法之改进,承销商均兼营零售业务,朱司长谈食糖议定新价[N].大公报(重庆),1943-04-30(3).

续　表

所属机构	承销商数量（家）	资本总额（元）	每月承销食糖总额（公斤）	按销额应配贷款额（元）
广安办事处	19	1,420,000	115,000	1,709,475
遂宁办事处	15	460,000	71,200	1,058,387
广元办事处	14	20,300,000	64,000	951,360
雅安办事处	11	1,428,000	66,200	—
金堂分局	9	280,000	38,000	564,870
荣威办事处	7	3,400,000	104,500	661,492
仁寿办事处	2	100,000	7500	111,487
会理办事处	1	100,000	3000	—
合计	889	181,022,000	13,076,830	99,986,412

资料来源：民国川康区食糖专卖局各分局处核准登记承销商一览表（1942—1943）[A].内江市档案馆，档案号：11-2-219/45-47.

三、食糖专卖时期糖品运销的困境与挣扎

食糖运销主要分为内销与外销两种形式。以往食糖运销主要是"商运、商销"，即商人受经济利益的驱使主导着食糖运销；而专卖实施之后，食糖运销呈现出新的特点，即"官运与商运并行，配销与商销相结合"。具体来说，内销方面，在专卖实施后，糖价趋涨，导致川省各地，特别是成渝地区食糖供应日趋紧张，甚至出现"糖荒"。为此专卖局采取了相对的因应举措：1."对于承销商零售商批货时，均先查明其存数量，以决定批售与否"；2."规定每次批货不得超过其两个月之承销额"；3."如再查有囤贮不售者，即移交法院，依法处办，并课以罚锾"。①

川康区食糖内销的主要运输渠道有三条，第一条是"由内江、资中等产区沿嘉陵江而下运至重庆，或再由长江而下至涪陵、万县，上至泸县、宜宾

---

① 严禁囤糖，渝专卖局管制糖商［N］.大公报（重庆），1943-01-26（3）.

等地"；第二条则是"溯嘉陵江而上达广元等地"；最后一条是由陆路运至成都等地销售。①区局力图通过组织面向成渝两地公教人员的食糖配销来缓解食糖供应的危机。据悉，1942年6月，川康区食糖专卖局便奉财政部命令，通过其重庆办事处在江北、巴县、璧山、长寿以及重庆市辖区内，"筹办各机关团体之食糖配销事宜"，计划将白糖以每市斤6.2元之价格，配销各机关团体之消费合作社。"是项价格现较普通市价每斤低一元八角"，食糖配销数量则以各机关团体职工及其眷属每人每月半斤至一斤为限。②2月初，专卖局便筹划已登记的20万市斤存糖，尽先配销重庆成都等地。③2月19日，曹仲植更是亲赴成都，与四川省政府主席张群、绥靖公署主任邓锡侯等人洽商食糖供应问题。④20日，重庆分局委托糖业同业公会在七星桥永丰茶社、上清寺消费合作社，朝天门设置供应站⑤，开始办理食糖配销工作，其具体办法包括：市民须凭本人身份证购买，每月限购一次，每次限购1市斤。

至于糕饼业用糖，则由糖类交易所会同糖业公会人员，按照各该商店1942年用糖量50%配销。其中，食糖配销及零售，均应按1942年11月30日的批发及零售价格进行。⑥此外，食糖供应针对不同人群办法各异：① 公教人员，利用合作社供应，每人每月得购白糖1市斤；② 对于未有合作社的市民，则利用糖业同业公会组织的供应站及经指定的10家零售商，准予凭身份证每人每月购白糖1市斤；③ 使领馆外籍人士，每人每月得购精糖2市斤和白糖1市斤，直接向食糖专卖局领取。据统计，3月重庆此类白糖供应总额，

---

① 财政年鉴编纂处编.财政年鉴续编：第九篇，第五章［M］.南京：财政部印行，1948：31.
② 川康糖专卖局筹办渝辖区食糖配销［N］.中央日报、扫荡报（联合版），1942-06-16（6）.
③ 糖专卖局筹议食糖供应办法［N］.新华日报，1943-02-11（3）.
④ 充裕食糖来源，糖专卖局推广优良蔗种，曹仲植抵蓉商食糖供应［N］.中央日报、扫荡报（联合版），1943-02-22（2）.
⑤ 糖油供应办法主管机关已拟定［N］.中央日报、扫荡报（联合版），1943-02-26（3）.
⑥ 糖业公会负责人谈：渝市糖荒问题，成本与定价相差颇巨，公会已设三处供应站［N］.新华日报，1943-02-26（3）.

约为15.6万市斤，较之未管制前之自由市场消费仅少1.4万市斤。① 至4月初，专卖局为扩大食糖供应，又增设9处供应站。② 据统计，战时重庆市总人口约为80万，有350家合作社通过川康区食糖专卖局重庆办事处申请登记配销食糖，涉及人口342,125人③，换句话说，战时食糖专卖政策下，重庆市有占比超过四成的市民受惠于食糖配销。自1943年下半年，甘绩镛继任川康区食糖专卖局局长之后，便进一步加大了对成渝两地食糖配销的力度。据悉，仅甘继任后的不到半年时间里，便先后7次为成渝两地外宾及公教人员配销食糖，其中供应重庆白糖13.8万余市斤，精糖2.336万余市斤，合计16.14万余市斤，供应成都4万市斤。不仅如此，甘绩镛还"严令各分局督商运往各地区推销供应"，其中截至当年11月中旬，内江分局便已组织商号运销重庆白糖49.1万余市斤，精糖13万余市斤，红糖9.8万余市斤；而截至当年8月，石桥分局也组织商号运销市白糖51.7万余市斤，精糖9000余市斤。甘绩镛还"督饬渝市销售商增设供应站"，从11处增至23处，"以期民食无缺"④。毋庸讳言，由专卖局组织的食糖配销很大程度上缓解了川省，特别是数量巨大的成渝两地民众的用糖需求。

专卖实施后，食糖销售理所当然地成了摆在当政者面前亟待解决的问题。区局也力图通过官方力量来拓展食糖销售业务。局长曹仲植直击其要害，曰"非办理推销，不足以解决食糖的滞销问题"⑤。此外，区局为缓解因战时运力紧张而导致的川糖壅塞与滞销的问题，积极筹划和开发食糖外销线路。在食糖专卖政策实施伊始，曹仲植便向内江糖商承诺，着力开发西北运销路线，具体包括：1.经"汉中，沿汉水流域运到老河口线，以接济襄樊，并达河南的

---

① 食糖供应已实施新办法［N］.中央日报，1943-04-09（3）.
② 食糖供应站明日起增设九处［N］.中央日报、扫荡报（联合版），1943-04-02（3）.
③ 关于转发重庆市食糖目前供应情形节略的函、训令（1943）［A］.重庆市档案馆，档案号：0024-0001-00335.
④ 川康区食糖专卖工作报告［M］//四川省档案局（馆）.抗战时期的四川——档案史料汇编.重庆：重庆出版社，2014：1263—1264.
⑤ 告内江糖商——局长对内江糖商讲辞［J］.食糖专卖公报，1942，1（1）：4.

南阳";2."由襄城经宝鸡西安到洛阳,并可及于山西等省";3."由宝鸡起运,经平凉而达兰州,并及宁夏青海等省"。①

曹仲植提出食糖外销的原因主要在于战时川康区与其他地区因糖品差价而存在着巨大的利润空间。为此区局还特意起草了《川康区食糖运销西北豫鄂等省计划纲要》。兹罗列于下。

川康区食糖运销西北豫鄂等省计划纲要 ②

一、运销西北豫鄂等省理由

查川糖外销,战前以宜沙武汉等地为主要市场沿江直下,畅销湘鄂,此外则溯嘉陵江运销陕南一带。抗战以来,外糖输入锐减,西北豫鄂等省,亟需川糖供给,但自宜沙撤守,航运阻塞,西北公路运输亦因车辆缺乏,倍感困难,结果川外销糖供不应求,以致西北豫鄂等省食糖缺乏,价格腾涨至二十二元,兰州二十六元,洛阳二十八元,而四川内江、资中一带,上白糖批发价格仅为三元六角,相去竟达到六七倍,目前川糖存量不下五千余万公斤,若不以政府力量设法外销,形见川糖危机日深,产量日减,匪特专卖利益势必减收,而国防动力原料将更感恐慌,本局使命所系责无旁贷,爰拟筹巨额资金大量运销,庶使货畅其流,供求相应,政府、糖商与消费大众,交受其利。

二、运销机构暂依实际需要设置下列两运销机构

甲、川康食糖西北运销处:由本局派员在西安筹设川康食糖西北运销处综办陕甘宁青四省及豫省一部运销业务,并分别在宝鸡、南郑、兰州、天水、洛阳(因交通关系,应划归西北管制)等处,设置办事处办理转运配销及管制市场等事宜,运销处之组织,按照行政院会议通过,本局各分局编制办理办事处之组织,得视察业务之繁简比照本局各办事处或业务所之编制办理,

---

① 告内江糖商——局长对内江糖商讲辞[J].食糖专卖公报,1942,1(1):3.

② 曹仲植.半年来川康区实施食糖专卖之业务推动情形[J].食糖专卖公报,1942,1(6—7):25—27.

必要时并拟分设若干业务所以求管制严密运销便利。

乙、川康食糖豫鄂运销处：由本局派员在老河口等设川康食糖豫鄂运销处，并在恩施、秭归、兴山、歇马河、保康、石花街、均县、南阳等地分别视业务之繁简设置办事处或业务所，其编制及业务所与西北运销处同。

三、运销方法

甲、西北运销方法：

1.收购：由本局在内江、资中、简阳、富顺等产区收购白糖一百万公斤分批起运。

2.运输：（1）由内江、资中、简阳、富顺等地装船利用水运宝鸡、天水等地。（2）利用中国合作协会、物资局、贸易委员会四川驿运管理处等机关回程空车，由成都直达宝鸡天水，再分运西安、兰州等地。

乙、豫鄂运销方法：

1.收购：同西北各省同。

2.运销：由资中、简阳、内江、富顺等地装船，沿沱江、长江运至重庆后，视水位之高下原船或转用轮船运至巴东，再分南北两路续运，南路由巴东循公路用板车运往恩施就地配销，北路由巴东以板车运秭归或仍用原车或以输力队接替转运兴山、歇马河、保康、石花街而抵老河口，以老河口为据点，分东南、西北、东北三路，□南路由汉江下运至襄樊、宜城各地，西北路溯汉江上运至均县、郧阳等地，东北路以胶轮大车循南阳公路至邓县、南阳镇、平鲁山、方城、漯河等地。

四、配销

由西北及豫鄂两运销处根据各地需要及运输情形，分配供应数量，规定价格批发，与承销商、零售商各地合作社，以求供需之平衡并依据专卖法规管理市场及办理查验工作。

五、运销基金

上拟两运销处收购白糖总量暂定为二百万公斤，拟在本局所收专卖利益项下先拨二千万元作为收购价款及运销等费用。

《川康区食糖运销西北豫鄂等省计划纲要》明确指出,自1940年宜沙撤守之后,川糖逐渐丧失了重要的外销目的地,若不以政府力量推动川糖外销,川糖供销必将失调,"匪特专卖利益势必减收,而国防动力原料将更感恐慌"。据悉,战时豫鄂两省,除沦陷之部分不计外,尚有2500万人以上,西北的陕、甘、宁、青四省,亦有2000余万人,川、康两省则有6000余万人,且食糖乃生活必需品之一,显然川糖拥有巨大的消费市场,"是则今后之推销工作实为振兴川糖之关键"。区局为此先后同四川省驿运管理处川西、渝广两总段,订立了食糖运输合约。合约规定川西总段负责川陕沱江及长江上下游的木船运输;渝广总段则负责川陕公路渝广段的板车运输,并可由陕甘驿运分处,接运至宝鸡以便转运西北各地。后来,区局又与民生公司订立运输合约,担任泸渝至巴东的汽轮运输。[①] 不过,曹仲植也指出由于战时交通工具的限制,"官运"食糖数量有限。考虑到当时内江的糖约为3元/斤,运到洛阳以后,成本合计约为8元,售价则可达15元以上。因此,区局打算协助商民,实施川糖外销。[②]

1942年6月,为了促进食糖外销业务的开展,区局又先后在巴东和宝鸡分别设立豫鄂运销处和西北运销处,用以办理官办运销及扶助商人运销等项业务。其中,西北运销处负责综办陕甘宁青四省及豫省一部运销业务,并分别在宝鸡、南郑、兰州、天水、洛阳等处,设置办事处办理转运配销及管制市场等事宜;豫鄂运销处则负责在恩施、秭归、兴山、歇马河、保康、石花街、均县、南阳等地设置办事处或业务所,办理相关食糖运销事宜。而《川康区食糖运销西北豫鄂等省计划纲要》更设计了运销西北、豫鄂的方针。其中,西北运销方法为首先"由内江、资中、简阳、富顺等地装船利用水运宝鸡、天水等地",其次"利用中国合作协会、物资局、贸易委员会四川驿运管理处等机关回程空车,由成都直达宝鸡天水,再分运西安、兰州等地";

---

① 曹仲植.半年来川康区实施食糖专卖之业务推动情形[J].食糖专卖公报,1942,1(6—7):25.

② 告内江糖商——局长对内江糖商讲辞[J].食糖专卖公报,1942,1(1):4.

豫鄂运销方法则是"由资中、简阳、内江、富顺等地装船,沿沱江、长江运至重庆后,视水位之高下原船或转用轮船运至巴东,再分南北两路续运,南路由巴东循公路用板车运往恩施就地配销,北路由巴东以板车运秭归或仍用原车或以输力队接替转运兴山、歇马河、保康、石花街而抵老河口,以老河口为据点,分东南、西北、东北三路,□南路由汉江下运至襄樊、宜城各地,西北路溯汉江上运至均县、郧阳等地,东北路以胶轮大车循南阳公路至邓县、南阳镇、平鲁山、方城、漯河等地"。上述两种路线的食糖来源均须由区局在内江、资中、简阳、富顺等产区各收购白糖100万公斤分批起运,其项目资金则拟在该局所收专卖利益项下先拨2000万元作为收购价款及运销等费用。①

此外,受命于财政部,区局还制订了将川糖运销新疆的计划,准备于1942年年底付诸实施。②区局计划利用自资内简等产区至兰州的线路上的回空汽车作为驿运工具,而且还筹划自备汽车30辆,专供运销食糖至宝鸡、兰州等处之用。③兹将川糖运销西北运输路线及力价列表如下:

表3-11 抗战时期川康区食糖外销西北运输路线及力价表④

线别	上下行	运价（元）	线路	路别	公路数（公里）	备考
川陕			重庆至成都	水路	770	
	上行人力车	14.85	成都至广元	陆路	357	1942年1月25日实行
	上行兽力车					
	下行人力车	12.64	重庆至广元	公路	813	
	下行兽力车	12.10				

---

① 曹仲植.半年来川康区实施食糖专卖之业务推动情形[J].食糖专卖公报,1942,1(6—7):25—28.
② 川糖即将运销新疆[N].新新新闻,1942-11-18(8).
③ 川糖如何运销新疆[N].商务日报（重庆）,1943-01-13(4).
④ 表中运价为运输每吨食糖的价格。

续 表

线别	上下行	运价（元）	线路	路别	公路数（公里）	备考
陕甘	上	4.57	广元至宝鸡	公路	443	1942年9月1日实行
	下	6.52				
			广元至阳平关	水路	185	
	上	5.17	天水至双石铺	公路	231	1942年9月1日实行
	下					
甘新	上	5.35	天水至兰州	公路	369	1942年10月21日实行
	下					
	上	5.35	兰州至猩猩峡	公路	279	1942年11月起改用新名称实行新里程
			猩猩峡至伊克沙尔	公路	180	

资料来源：川糖如何运销新疆［N］.商务日报（重庆），1943-01-13（4）；邓文烈.川糖运新的一鳞半爪［J］.工商新闻，1944：86—87.

然而，战时川糖外销在实际运作中却困难重重。第一，从运输条件来看，早在1942年4月28日在食糖专卖局召开的川糖外销座谈会上，不少糖商便吐露出各自的苦衷。一方面，据糖商反映在利用军公机关回程空车运输食糖的过程中，屡遭运输统制局以违反交通规章查扣并没收，所遇阻力较大。① 另一方面，由于战时汽车受统制，糖从石桥运至广元只能依靠马车或人力板车。② 据了解，由简阳石桥至广元人力板车至少需20日，兽力板车需15日；德阳至广元人力板车至少需16日，兽力板车需12日；赵家渡至广元人力板车至少需19日，兽力板车需14日；广元至宝鸡则至少需15日，如因空袭、阴雨及其他不可避免之延误，至多逾期10日。③ 由此推算，将糖由产区运至宝

---

① 财政部川康区食糖专卖局内糖运查字第03861号训令［N］.糖业新闻，1943-03-28（2）.
② 川糖外销座谈会纪录［J］.食糖专卖公报，1942，1（2）：22.
③ 邓文烈.川糖运新的一鳞半爪［J］.工商新闻，1944：86—87.

鸡至少需 27 日，耗时过长；如表所示糖品经由成都运往宝鸡的"上行"运销路线，每吨需付约 20 元的运费，而经由川陕、陕甘、甘新的运输路线则更为高昂，这给专卖局抑或运销商在资金周转与收益率方面均造成不小的压力，无疑严重影响和制约了抗战时期川糖的外销。

运销豫鄂的糖品经水路运输最远也只能到达巴东、三斗坪一带，至于运销两湖的糖品则须改用人力挑担，内江县流传着一句谚语，即"挑担最重要数它，一糖二铁三盐巴"。从巴东到鄂北商业重镇老河口，要经过秭归、兴山、歇马河、保康、开峰峪、玛瑙观、石花街等地，其间全为山岳地带，秦岭山脉蜿蜒于万山丛中，全程734华里，徒步要花十多天的时间。[①]因此食糖外销耗时甚久，运量非常有限。

第二，虽然政府大力提倡食糖外销，但从成本与收益之比而言，糖类运销成本高昂，食糖销售价格又居高不下，导致食糖外销风险巨大，受经济规律的作用，多令买糖商人望而生畏。因此，由商人自运的食糖外销方面成效不彰。此外，正如上文所述，食糖官运同样受到运输困难、运力紧张的制约，大大影响区局配销食糖的效率，间接导致 1943 年用于食糖购销的资金被川康区食糖专卖局董事会削减一半以上。据财政部统计数据显示，1942 年度，由川康区食糖专卖局组织的"官运"糖品，其中运输重庆白糖 233,220.5 公斤，精糖 960 公斤；运输巴东白糖 47,581 公斤，桔糖 14,368 公斤；运输西北白糖 62,086.5 公斤，桔糖 46,424 公斤，共计运输各类糖品 404,640 公斤。[②] 运渝糖品数量占川康区食糖专卖局组织"官运"食糖总量的 55.17%。由此可见，虽然食糖外销西北、豫鄂利润可观，却并未成为抗战时期川康区食糖销售主要渠道。

无独有偶，1943 年 11 月，财政部视察张廉卿呈报财政部，称西北运销

---

① 参见川糖外销座谈会纪录［J］.食糖专卖公报，1942，1（2）：22；杨修武，钟蒔懋.川康区食糖专卖概述［M］//中国人民政治协商会议四川省内江市委员会文史资料委员会.内江县文史资料选辑：第 14 辑，1988：115.

② 财政年鉴编纂处编.财政年鉴续编：第九篇，第五章［M］.南京：财政部印行，1943：30.

处"业务甚少,开支浩大,政府得不偿失",以至于"形成坐耗国帑之局面"。鉴于此种情形,财政部遂下令,"该两运销处及其所辖业务所,应即裁撤,以符撙节之旨"。时任食糖专卖局局长甘绩镛力图予以申辩,不过财政部发布训令,称:"查该区所产蔗糖,供应川康两省民食尚难,兼顾对于外销实无余力。若果有余糖足资推销,该局自可随时派员洽办,或仍扶助商运设法外销,不必再设机构,靡费公帑。"无奈之下,甘只得于1944年4月下令裁撤西北、豫鄂两运销处。专卖机关直接办理的川糖外销即宣告结束。[1]

四、川康区食糖专卖的缉私

正如上文所述,食糖专卖政策实施以后,糖品运销须缴纳30%的专卖利益,然而,由于缺乏足够的资金,食糖专卖政策的收购环节在实际运作中又实行"收而不购",这使专卖政策在某种程度上变相成为政府的税收政策。不少食糖运销商人为逃避专卖利益,不惜铤而走险,通过走私食糖牟取暴利,食糖走私现象遂便屡见不鲜。为杜绝私糖的出现,川康区食糖专卖局采取了多种举措,加强缉私工作。

(一)专卖时期的食糖走私

食糖专卖政策实施之后,食糖走私现象便屡禁不止,逐渐形成了相对固定的走私渠道和私糖集散中心。其中,万县、开江一带成为私糖外销的集中地,走私糖商多取道万源、城口或奉节、巫山背后而运至巴东、兴山、谷城及邓县西部等处,食糖走私数量在50万斤以上。[2] 江津地区食糖走私路线主要为:其一由津运渝鱼洞溪、铜贯驿内销;其二为由津运綦转运出省;其三则为由津运至对岸中渡街,用骡马转驼至巴县或璧山销售。[3] 川西食糖走私中心

---

[1] 杨修武,钟莳懋.川康区食糖专卖概述[M]//中国人民政治协商会议四川省内江市委员会文史资料委员会.内江县文史资料选辑:第14辑,1988:117—118.

[2] 民国川康区食糖专卖局对万县德阳办事处分局、西北运销处查缉私糖计划查缉情形(1942)[A].内江市档案馆,档案号:11-2-27/10.

[3] 民国川康区食糖专卖局对泸县、内江、江津、重庆处局查获违章案、没收私糖变价保管处理等报告、指令(1942—1944)[A].内江市档案馆,档案号:11-2-31/103.

主要集中在成都附近，成都市区走私的食糖多来源于金堂、简阳两地，其具体路线为"由养马河、五凤溪、石钟滩等处运出，经过镇子场、周场、廖场侵入华阳县境秘密销售"①。

在食糖走私的形式上，除了最为常见且作案成本最低的握证不贴、在凭证登记的重量上进行夹带等手段外，有研究者还指出，性质较为恶劣的是非法糖商与川中各派势力相互勾结进行的大规模走私。由于食糖走私风险极高，糖商走私糖品有与不同的势力相互勾结的必要，以求最大限度地降低风险，保证其收益，主要参与势力包括食糖专卖局内部官员、军队和袍哥势力。②

（二）川康区食糖专卖局的缉私举措

在制度层面，国民政府制定了各项条例用以惩处违反专卖法令的各种行为。《战时食糖专卖暂行条例》明确规定违法者之各项处罚，比如，糖非经政府许可，不得由国外输入，并不得由未施行本条例之区域移入。违者，处以输入或移入之数量相等价值一至二倍之罚锾，并没收其糖类。制糖厂商将所制糖类私自运销者，除将运销之糖没收外，并以一千元以下之罚锾。凡将本条例所订各项凭证、单据、私自篡改，或旧证重用及伪造凭证者，除将货件没收外，并依法处断。③

为了便于查缉，区局另拟订了《战时食糖专卖查验规程》，以为各地区查缉之依据。此外，鉴于大宗食糖多通过水路运输，区局在运输要道上也部署了不少的查验机构。据悉，区局分别在由内江至万县的水路上，除起运、终运地点照章查验外，在途中的内江龙门镇、富顺怀德镇、泸县馆驿镇三处设置查验站。④此举在一定程度上也起到了提高查验效率，防范食糖走私的

---

① 民国川康区食糖专卖局对渠县办事处分局如何办理会计财务督察转驻军不得包庇走私等报告训令（1942）[A].内江市档案馆，档案号：11-3-369/172.
② 常云平，张格.论专卖时期抗战大后方的食糖走私——以川渝地区为例的考察[J].历史教学（下半月刊），2016（6）.
③ 战时食糖专卖暂行条例[J].财政部公报，1942，3（16）：46.
④ 曹仲植.半年来川康区实施食糖专卖之业务推动情形[J].食糖专卖公报，1942，1（6—7）：35.

作用。

不过，正如经济学家诺思所言，"企业，是为了把握获利机会而存在的。而获利机会又是由系列既有的约束界定的。当产权缺乏安全保障、法律实施不力、进入遭遇障碍、垄断限制存在时，以利润最大化为目的的企业必然倾向于做短期的且固定资本投入较少的投资"。其中"黑市交易将有可能成为最有利可图的业务之一"[1]。作为垄断的一种形式，食糖专卖同样存在严重的黑市问题。为杜绝走私，川康区于食糖专卖实施伊始，便严密查缉。自1942年4月起，在川康境内食糖主要产销区及交通要隘，分布设置办事处、存糖登记处或业务所等37处，办理业务及查缉工作，并积极与各缉私、税务机关协调，共同查缉私糖。由于食糖专卖仅限于川康、粤桂、闽赣、滇黔等少数地区，因此受到经济利益的驱使，食糖的走私现象时有发生。据食糖专卖局统计，截至1942年7月底，区局处理私糖案件共计126件，包括私自运销（58件）、匿不呈报（48件）、货照不符（13件）、握照不贴（5件）、呈报不实（2件）等多种类型。[2] 8月初，食糖专卖局重庆办事处即在牛角沱生生农产公司内，查获总量约2.4万公斤的私糖。[3] 食糖走私问题也受到了中央政府的重视，"财部缉私署鉴于食糖囤积之风剧炽，决定加强缉私工作，对于沱江流域尤特别注意"[4]。不过，走私食糖的势头仍然得不到有效遏制。9月5日新糖价格核定后，重庆冠生园、大三元、太和、大升及南岸各商号，因私自抬价出售，被区局依照《国家总动员法》处以十万元以下之罚金，并没收其糖品。[5] 9月底，

---

[1] 诺思.制度、制度变迁与经济绩效[M].杭行，译.上海：上海人民出版社，2008：95.

[2] 曹仲植.半年来川康区实施食糖专卖之业务推动情形[J].食糖专卖公报，1942，1(6—7)：24.

[3] 生生农产公司内，查获大批私糖[N].中央日报、扫荡报（联合版），1942-08-03（5）.

[4] 奸商囤食糖，财部缉私署极注意[N].大公报（重庆），1942-08-23（3）.

[5] 糖专卖局严禁奸商增糖价[N].新华日报，1942-09-17（3）.

重庆磁器口公德、沙坪坝稻香村等商号再次因违法抬高糖价而遭到处罚。①虽然，专卖局竭力缉私，但私糖案件仍层出不穷。据统计1943年1—3月缉私署在川康两省缉获食糖走私案件甚多，兹将其列表如下。

表3-12　1943年1—3月川康两省糖类缉私案件统计

单位：市斤

月份	地区	四川	西康
1月	次数	14	—
	重量	24,056	—
2月	次数	7	1
	重量	2,101	4,800
3月	次数	26	1
	重量	9,458	5010

资料来源：财政部缉私署私糖缉获数量表//财政部档（1943年1—3月），台湾"国史馆"，档案号：70182-1，转引自何思眯.抗战时期的专卖事业（1941—1945）[M].台北：台湾"国史馆"，1997：429.

为鼓励和动员民众检举、揭发食糖走私，区局在颁布的《战时食糖专卖查验规程》中，明确规定食糖没收充公变价后，食糖收购价格给予线人四成奖励，但在具体实施过程中，专卖局认为奖金"数额过大，易生假报冒充之弊，甚难考察"，因此便将奖金减至两成。②为进一步宣传和推广这一奖励制度，区局还颁发了《防止糖类偷漏走私奖励人民告发》的布告，要求各办事处张贴并执行。③此外，为严密管制私糖起见，1943年重庆食糖专卖分局又对私糖变价配奖办法进行了微调，对于查获的私糖或由于自行抬高糖价而没收的糖，"将奉准充奖之三成，作成十成支配，线人三成，缉获处理机关三成，

---

① 小龙坎磁器口一带，查获违法糖商，专卖局予以查封将法办，配销合作社食糖已抵渝[N].重庆时事新报，1942-09-29.（民国三十八年前重要剪报资料库）
② 川康区食糖专卖局第九次业务会议纪录[J].食糖专卖公报，1942，1（3）：49.
③ 财政部川康区食糖专卖局万县办事处布告（1942年3月）[A].内江市档案馆，档案号：11-2-27.

协助缉获机关二成，主管机关二成，受奖人员或机关应出具正式印领收据，由重庆食糖专卖分局局长、业务、总务、财务各课课长及会计员签章证明后，呈请总局备查"①。关于此点，笔者在1942年年底德阳办事处没收私糖变价配奖统计数据中得到了印证。②由此可见，为严格稽查食糖运销，防止走私，川康区食糖专卖局真可谓煞费苦心。

---

① 重庆市食糖管理情形[J].工商新闻，1943（586）.
② 参见附表5的数据。

第四章

"国计"与"民生": 抗战时期川康区食糖专卖中的蔗糖定价之争（1942—1943）

国民政府战时统制经济是抗战史研究的一个重要内容，以往学界主要关注统制经济思想与制度的衍生、发展及其运行效果，很少从政府与民众互动的视角来检视统制经济政策实施的具体状况。[①] 正如前文所述，作为抗战时期国民政府统制经济政策的重要环节，专卖政策具有增加政府财政收入和强化政府经济统制的功能，因此，多为非常时期的各国政府所采用。第一次世界大战期间，奥地利、匈牙利、法国、意大利、俄国、土耳其、塞尔维亚等国家就已经开始实行专卖政策[②]，到第二次世界大战时期，实施专卖政策的国家

[①] 近年来统制经济的研究成果主要有：虞宝棠.国民政府战时统制经济政策论析[J].史林，1995（2）；黄岭峻.30—40年代中国思想界的"计划经济"思潮[J].近代史研究，2000（2）；李先明.抗战时期国民政府对花纱布的管制述论[J].贵州社会科学，2004（4）；魏文享.商人团体与抗战时期国统区的经济统制[J].中国经济史研究，2006（1）；张忠民，朱婷.抗战时期国民政府的统制经济政策与国家资本企业[J].社会科学，2007（4）；阎书钦.抗战时期经济思潮的演进——从计划经济、统制经济的兴盛到对自由经济的回归[J].南京大学学报（哲学·人文科学·社会科学版），2009（5）；陈雷.抗战时期国民政府的粮食统制[J].抗日战争研究，2010（1）；金志焕.抗战时期国民政府的棉业统制政策[J].社会科学研究，2014（3）；赵国壮.抗战时期大后方酒精糖料问题[J].社会科学研究，2014（1）；林兰芳.资委会的特种矿产统制（1936—1949）[M].台北：国立政治大学历史系，1998；陈雷.经济与战争——抗日战争时期的统制经济[M].合肥：合肥工业大学出版社，2008；郑会欣.国民政府战时统制经济与贸易研究（1937—1945）[M].上海：上海社会科学院出版社，2009.

[②] 武梦佐.日本专卖研究与我国专卖问题[M].重庆：正中书局，1941：3.

更为普遍。其中就包括中国的国民政府对包括食糖在内的消费品实施的专卖政策。截至目前，食糖专卖政策已经受到不少学者的关注。[①]但已有成果多偏重于对食糖专卖制度层面的研究，有关食糖专卖中的各方利益纠葛则并未引起学术界的足够重视。有鉴于此，本章拟利用相关档案和报刊资料，围绕抗战时期川康区食糖专卖中蔗糖定价机制的变化，探讨各级政府与地方民众之间的互动与博弈，并透视其背后暗含的抗战特殊时期国计与民生的复杂关系，从而为战时统制经济研究提供一个新的研究视角。

第一节　抗战时期川康区蔗糖定价机制及其转变

一、协商议定：蔗糖定价机制的开端

正如第三章所述，四川地区蔗糖业分布广泛，从业人员众多，是沱江流域的重要支柱产业之一。然而，由于甘蔗生长周期较长、耗资巨大以及蔗糖生产工艺落后等因素之影响，蔗糖业并未给蔗农和制糖商带来良好的直接经济效益，相反大量蔗农负债累累，糖房、漏棚亦多倚重借贷勉强维持经营。[②]这种情况导致蔗糖产区逐步形成一条高利贷者→漏棚→糖房→蔗农构成的独具特色的资金流动链条。[③]这种相互拆借资金进行糖业融资的行为，也强化了

---

① 何思瞇.抗战时期的专卖事业1941—1945［M］.台北：台湾"国史馆",1997；张朝晖.论抗战时期川康区食糖专卖［J］.档案史料与研究，1999(3)；赵国壮.抗日战争时期大后方糖业统制研究——基于四川糖业经济的考察［M］.北京：科学出版社，2015；赵国壮.从自由市场到统制市场：四川沱江流域蔗糖经济研究（1911—1949）［D］.武汉：华中师范大学，2011：176.胡丽美.抗战以来四川内江的蔗糖纠纷［D］.成都：四川师范大学，2006.此外，赵国壮、胡丽美对1939—1941年间和1945年以后的蔗糖评价制度均进行过有益的探讨，但并未涉及食糖专卖对蔗糖定价机制的影响。

② 内江县蔗农负债者便达70%，资中则更高达80%。参见四川建设厅统计室.四川资内糖业之概况［J］.四川建设，1944：91—92.

③ 内江、资中、资阳、简阳、富顺、威远六县制糖业公会主席呈四川省政府文（1943年5月）［A］.四川省档案馆，档案号：59-7106127

蔗农、糖房、漏棚三者之间的相互依存关系。由于蔗糖价格的高低不仅关系到蔗糖生产，而且直接影响着广大蔗糖生产者的生计，因此，川康区蔗糖定价机制的形成及运作便显得尤为关键。

由于蔗糖评价是糖价定价的基础，因此，笔者认为有必要对抗战时期蔗糖评价及其阶段性变化做一简要交代。川康区蔗糖评价机制最早诞生于1939年，主要用于解决蔗农、糖商之间因甘蔗、糖清价格的一系列纠纷。1939年以前，为了筹措支付地租、维持家庭生计以及种植甘蔗所需的一大笔资金，蔗农多半选择将甘蔗或糖清预售给糖房、漏棚，这就是在川康区蔗糖主产区——沱江流域地区长期存在的所谓"卖青山（青山即甘蔗的俗称）"[①]与"卖预糖"[②]现象。蔗农须通过"卖青山"来支付地租及维持家庭生计，并获取植蔗资金；糖房也必须预买和预卖，如果不预买"青山"，恐怕买不到甘蔗；如果不预卖糖清，便无资金来预买青山和预办熬糖所需之柴米油盐，更甚者，漏棚也参与预买预卖，如果不提前预买了糖房的糖清，唯恐无漏糖之原料；如果不预卖漏水于酒精厂，就无资本维持运营。蔗农、糖房、漏棚三者之间相互依存的密切关系得到长期存续。因此有人评论此种"预买预卖"风气是"牢不可拔"的。[③]此外，亦有研究者称其为"蔗农农家传统的经营方式与融

---

① "卖青山"，即蔗农在每年春分时节，"甘蔗未下种前，估计自己种蔗土之面积，能产若干甘蔗，预先售卖"于糖房，这种现象主要盛行于下河地区，以沱江下游内江、资中、富顺为最多。据1937年四川省甘蔗试验场对内江东兴镇127家蔗农经济调查，"计卖青山者，占90%以上"。参见甘蔗试验场各县糖蔗产量及甘蔗生产情况调查（1936年）[A].内江市档案馆，档案号：15-1-16/62；四川蔗糖业概况[J].食糖专卖公报.1942, 1 (1): 16；甘蔗试验场工作（1936.12-1937.11）[A].内江市档案馆，档案号：15-1-17/132.

② "卖预糖"，即由于蔗农无力支付榨蔗费用及糖房租费，不得已提前出卖糖品，此种现象在资中球溪镇以上的沱江流域各县多有出现，其"（人数）约占全部蔗农74.8%"。参见四川蔗糖业概况[J].食糖专卖公报.1942, 1 (1): 16—17；彭泽益.中国近代手工业史资料（1840—1949）：第4卷[M].北京：生活·读书·新知三联书店，1957：731.

③ 官述康.资中、内江、富顺、简阳、资阳的"糖业生活"[J].少年世界,1920,1 (5).

资方式"之一。① 在预买预卖制度之下，糖房通过"卖青山""卖预糖"的方式，攫取了原本属于蔗农植蔗的利润。因而，甘蔗的青山价与"卖预糖"的价格均远低于市价。糖品的"预买预卖"是建立在对蔗农进行残酷剥削的基础之上的，这种在当时被称为"剜肉补疮"之举，导致该地区蔗农负债率居高不下，如内江全县蔗农负债达70%，资中更达80%。②

蔗农与糖房、糖房与漏棚之间长期存在着价格、付价、利息和蔗秤四个主要问题，并常常因此发生纠纷，这些纠纷随着战时物价的高涨愈演愈烈。③为了消除糖房与漏棚对蔗农的剥削以及由此引发的种种纠纷，政府于1940年1月17日颁发了《修正杜绝蔗农糖房漏棚预买预卖纠纷办法》④，要求停止糖品"预买预卖"的期货交易。如此一来，蔗糖评价机制便应运而生了。

1939年四川地区雨水失调，甘蔗大幅减产，蔗价狂涨，导致"青山"价⑤与市价落差达五倍之多，于是蔗农拒绝砍蔗，纷纷请求县府救济，县政府乃有甘蔗、糖清评价（简称蔗糖评价）之举。⑥ 其主要形式是由当地政府召集社会团体特别是糖业同业公会与蔗农、制糖商代表等共同会议，以"至公、至平、至诚"的态度，顾念蔗农、糖房、漏棚三方的利益诉求，协商评定甘蔗与糖清价格。⑦ 可见，此时蔗糖价格评议是以市场为导向，兼顾蔗农、糖房与漏棚的生产成本与利益需求，通过协商的方式就蔗糖定价达成一致，一定

---

① 赵国壮. 从自由市场到统制市场：四川沱江流域蔗糖经济研究（1911—1949）[D]. 武汉：华中师范大学，2011：95.

② 资内之糖业[J]. 税务月报，1944，5（5—6）：18.

③ 关于食糖专卖实施前的蔗糖纠纷问题，胡丽美在《抗战以来四川内江的蔗糖纠纷》一文中已有较为详尽的论述，故此不赘述。

④ 专署有关各县蔗糖纠纷及杜绝蔗农、糖房、漏棚预卖预买办法[A]. 内江市档案馆，档案号：1-3-554.

⑤ 指预卖甘蔗的价格，"卖青山"即蔗农将尚未收获之甘蔗，于前一年冬或当年春季预卖于糖房以换取资金的行为。参见胡丽美. 抗战以来四川内江的蔗糖纠纷[D]. 成都：四川师范大学，2006.

⑥ 朱吉礼. 内江之甘蔗糖清评价[J]. 四川经济季刊，1945，2（3）：128.

⑦ 内江县全体蔗农呈川康区食糖专卖局文（1942年12月）[A]. 内江市档案馆，档案号：11-2-130.

程度上显示了市场主体风险分担的意图。

在确立之初，蔗糖评价均以县政府为主持机关。1939年，由县政府召集党部、商会、农会、合作指导室及蔗糖业代表组织评价委员会；1940年县政府奉省政府命令组织评价委员会，包括蔗农、糖业代表各10人，县党部、青年团、地方法院、征收局、营业税局、甘蔗试验场、农会、总工会、商会、教育会、制糖业公会、县合作联社、救济院、财务委员会、农业推广所等15个机关各1人。①

二、行政主导：食糖专卖时期蔗糖定价机制的转变

专卖政策实施后，由于国民政府强化了其在蔗糖定价机制中的作用，开始由食糖专卖局组织蔗糖评价会议，实际上打破了川康区原有的食糖评价体系。抗战时期专卖机关管制专卖物品的价格主要包括：政府向产制厂商的收购价格、政府批发给承销商的价格、承销商销售给零售商的价格、零售商在市场出售的价格，以上四种价格均是以专卖物品产区评价委员会，根据厂商的产制成本，评议拟定的产制成本价格为定价的基础。兹将其具体步骤征引如下：

第一步　决定产制成本

第二步　产制成本＋合法利润＝收购价格

第三步　收购价格＋专卖利益＝政府批发价格

第四步　政府批发价格＋承销商合法利润＋运杂各费＝承销商售于零售商之价格②

第五步　承销商销售于零售商之价格＋零售商合法利润＝零售价格③

---

① 朱吉礼.内江之甘蔗糖清评价[J].四川经济季刊,1945,2(3):140.
② 1943年4月，财政部以"减少居间商人之利润而达到平抑专卖物品价格之目的"为由，上呈"拟将承销商、零售商合并为销售商，兼办运输及零售业务"，并在行政院第609次会议上获得通过。自此，这一项价格被取消。参见国防最高委员会秘书厅公函[M]//何思眯.抗战时期专卖史料.台北：台湾"国史馆",1992:177.
③ 朱偰.食糖专卖与糖价[J].财政评论,1942,8(6):1.

<<< 第四章 "国计"与"民生":抗战时期川康区食糖专卖中的蔗糖定价之争(1942—1943)

1942年中央政府意欲加大对糖业的统治力度,因而在川康区实施食糖专卖,并将蔗糖评价转而交由食糖专卖机关主持。根据《战时食糖专卖暂行条例》第十条的规定,"制糖之甘蔗、甜菜及其他可供制糖原料之单位价格,由专卖局按照品种、分别核定标准,并公告之"。对于糖类制成品价格,专卖局亦有权加以统制。有谓:"专卖之糖,由专卖局依照财政部核定价格收购之。"其收购价格则由专卖局在该管区域内组织评价委员会,以产制成本及合法利润为标准,并报请财政部参酌实际情形核定公告。① 兹录《糖类评价委员会组织规程》全文如下:

糖类评价委员会组织规程②

第一条　本规程依据《战时食糖专卖暂行条例》第三十二条之规定订定之。

第二条　食糖专卖机关应就该管区域内设置评价委员会。

第三条　评价委员会七人至十五人,除该管食糖专卖机关主管人员为当然委员外并由专卖机关就当地党政首长、商会、糖业公会人员及公正士绅聘任之,并呈报财政部备案。

第四条　评价委员会设主席一人,由专卖机关呈请财政部就委员中指定之。

第五条　评价委员会开会时该区域内食糖专卖机关得指派人员列席陈述意见,但不得参加表决。

第六条　评价委员会之任务如左:

一、评核各种制糖原料及半制成品(如糖清)之产制成本。

二、依照该区域内糖类原料及半制品之产制成本及合法利润为标准并参酌产销及消费状况拟定各种糖类收购价格。

三、评议专卖机关其他交议事项。

第七条　评价委员会主席应于按到专卖机关提付评价或交议之日起五日

---

① 战时食糖专卖暂行条例[J].财政部公报,1942,3(16):44—46.
② 糖类评价委员会组织规程[A].内江市档案馆,档案号:11-2-120/31-32.

107

内召集各委员举行评价会议，当地糖业公会依照《战时食糖专卖暂行条例》第三十三条之规定声明异议由专卖机关重付评价时，其评价时限亦同。

第八条　评价委员会执行第六条职务时得向有关机关征集资料，并得向产制销售各商调阅账册及单据。

第九条　评价委员会办理记录等事项由当地专卖机关派员担任。

第十条　评价委员会不足法定人数未能开会时，得由主席会同当然委员决定改开谈话会拟具收购价格及其他事项，俟下次会议时提请追认。

第十一条　本规程如有未尽事项得随时修正之。

第十二条　本规程自财政部公布日起施行。

根据财政部颁布的《糖类评价委员会组织规程》来看，该组织设委员7人至15人，除该区食糖专卖机关主管人为当然委员外，由专卖机关在当地党政首长、商会、糖业公会人员及公正士绅中选聘，并呈报财政部备案。糖类评价委员会设主席一人，由专卖机关呈请财政部，在各位委员中指定。该组织的职权主要是评核各种制糖原料及半制成品（如糖清）的产制成本，并依照其产制成本与合法利润为标准，参酌产销及消费状况拟定各种糖类的收购价格。[1] 例如，内江县糖类评价委员会成员均由专卖局聘定，其中最初的组成成员包括县长易元明，县党部书记长张德刚，青年团主任郭嘉仪，制糖公会主席李汉文，财委会主任委员曾佐廷，兵役监委会主任委员雷禹三，买糖公会主席温建勋，商会理事长李协邦，蔗农代表池北溟、张德回，华农糖厂经理甘冥阶，中国炼糖厂经理吴卓，中央工业试验所内江工作站主任张力田，四川省甘蔗试验场场长周可涌为委员，以及川康区食糖专卖局局长曹仲植共15人组成。[2] 与1940年评价会相比，显然食糖专卖时期的糖类评价委员会官方力量占据了绝对的优势地位。

蔗糖评价会议所评定的甘蔗、糖清价格则是订立食糖收购、批发、零售

---

[1]　糖类评价委员会组织规程［A］.内江市档案馆，档案号：11-2-120/31-32.

[2]　朱吉礼.内江之甘蔗糖清评价［J］.四川经济季刊，1945，2（3）：140.

价格的基础。其实质上就是以蔗农、糖商为代表的"民"与以各级地方政府、专卖局为代表的"官",在甘蔗、糖清价格的评定上为了各方利益最大化而相互博弈与较量的场所。

虽然根据相关规定,食糖专卖机关人员只是列席蔗糖评价会议,陈述意见,并无表决权[1],但值得注意的是,《暂行条例》却规定评价委员会所评议的甘蔗、糖清价格,仍须经财政部最终核定才能生效。[2]不仅如此,食糖专卖机关还将食糖收购、批发和零售价格纳入管制范围。[3]因此,这实际上表明无论是制糖原料(包括甘蔗、糖清)价格,还是糖类成品价格均已由政府全面管控。蔗糖定价则由蔗农、糖房与漏棚间的协商议定转变成为政府行政主导机制,这无疑将会为此后食糖专卖局与蔗农、制糖商之间的纷争埋下隐患。

第二节 战时专卖政策下各方围绕蔗糖定价的多重博弈

一、"限价"政策:1942年蔗糖定价的背景

笔者需要先梳理1942年年底至1943年年初国民政府所面临的经济形势及其应对措施,以便更好理解此后影响蔗糖定价的深层次逻辑。

全面抗战后期(1941年太平洋战争爆发至抗战结束),国民政府建立了行政院经济会议和国家总动员会议,作为物价管制的最高决策机关。作为会议主席,蒋介石对物价管制的基本政策与具体政策之指导,即主要通过这一机关来进行。[4]旷日持久的战争需要国民政府最大限度地集中人力物力加强国防力量,以支撑其继续对日作战。于是,1942年3月,国民政府颁布《国家总动员法》,对国内各种物资、业务实施进一步的统制。"民生日用品之专卖

---

[1] 朱吉礼.内江之甘蔗糖清评价[J].四川经济季刊,1945,2(3):140.
[2] 战时食糖专卖暂行条例[J].财政部公报,1942,3(16):44—46.
[3] 朱偰.食糖专卖与糖价[J].财政评论,1942,8(6):1.
[4] 方勇.蒋介石对战时物价问题的认识及其因应措施[J].安徽史学,2016(2):92.

业务"遂被纳入国家总动员十二大业务范围之内。该法规定"政府于必要时得将国家总动员物资及民生日用品之交易,价格数量加以管制"①。即便如此,1942年的一般物品价格依然如脱缰之马,难以遏制。以重庆为例,1942年1月基要商品趸售物价总指数为2774.6,至10月增长为5358②,上涨几近一倍。于是,1942年7月,国家总动员会议第九次常委会便原则上通过了《全面限价实施方案草案》,该草案开门见山地规定"全面限价之实施,首在政府下最大决心,确立战时物价政策,不顾一切困难与阻碍,以整个政治力量尽力支持"③。这便为年底"限价"政策的出台埋下了伏笔。

10月底,蒋介石在国民参政会第三届第一次大会所做的报告中,表示"物价问题之激烈波动"乃当前经济事业内在之"病根",是影响国计民生协调发展的最大症结,因而"欲谋战时经济之巩固,必须首对物价为切实严密之管制"。显然,就蒋氏之见,管控物价已然成为国民政府面临的核心问题,因此在他所制定的《加强管制物价方案》中便要求"择定军用及民生必需最重要之物品若干种",分期、分区、分类严格限价。④于是,蒋介石在《加强物价管制方案》一文当中,便开宗明义地指出,"欲谋战时经济之巩固,必须首对物价为切实严密之管制"⑤,于是手订"管制物价方案",然后提交国家总动员会议讨论,并最终于1942年10月底,在第三届参政会第七次会议上获

---

① 四川联合大学经济研究所,中国第二历史档案馆.中国抗日战争时期物价史料汇编[M].成都:四川大学出版社,1998:66—67.

② 米价按山米市价计算,参见各重要城市基要商品趸售物价定基指数[J].物价旬报,1942(1),转引自全国图书馆文献缩微复制中心.民国时期物价、生活费、工资史料汇编:第9册[G].2009:237;各重要城市基要商品趸售物价定基指数[J].物价旬报,1942(13),转引自全国图书馆文献缩微复制中心.民国时期物价、生活费、工资史料汇编:第9册[G].2009:405.

③ 四川联合大学经济研究所,中国第二历史档案馆.中国抗日战争时期物价史料汇编[M].成都:四川大学出版社,1998:80.

④ 蒋介石.国家总动员会议决定实施之《加强管制物价方案》报告书[M]//秦孝仪.中华民国重要史料初编——对日抗战时期:第四编战时建设(三).台北:中国国民党中央委员会党史委员会,1988:488—489,493.

⑤ 蒋介石.加强物价管制方案[J].西康经济季刊,1943(2—4):2.

得通过。该方案中明确规定实施"限价政策",即"择定军用及民生必需最重要之物品若干种,从某一期间起,在后方各省一律分期分类,实施严格限价"①。时任国民政府行政院院长蒋介石于12月19日向财政部下达了《关于加强管制物价的训令》,其要旨包括:"(一)各省市政府对于所辖区域内重要市场之物价、运价、工资应于三十二年一月十五日一律实施限价。(二)关于物价、运价、工资之限价应以三十一年十一月三十日各该市场之原有价格为标准,由各该当地政府予以评定。(三)实施限价应特别注重民生重要必需品,如粮、盐、食油、棉花、棉纱、布匹、燃料、纸张等物及运价、工资。(四)各该当地政府应督率各该地同业公会按照上述限期与标准妥议上述民生重要必需品及其他物品价格,务须达到同一地区,同一时间,同一物品只有一个价格之目的。(五)各该当地政府对于议定价格应予核定,在辖境内公布,一面迅即呈报上级主管机关审核。(六)各同业公会所属之公司行号或其会员应遵照核定价格,于交易场所或物品上标明,非经政府核准不得变更。(七)实施限价后应严切禁止黑市,如有违反法令擅自抬价者,主管机关应立即取缔,并按军法惩处。"②

此一"限价政策"的出台,为此后一段时间国内经济运行的大环境奠定了基调,也基本左右了蔗糖价格的走势,导致此后的蔗糖价格评价问题上出现很大分歧:出于维护生产,保证利润考虑,蔗农与制糖商主张相对提高蔗糖价格;而代表中央政府利益的食糖专卖局,则更多地受到了政府限价政策的影响,主张相对抑低蔗糖价格。由此,双方展开了长时间的对垒与较量。

二、各方围绕蔗糖定价的多重博弈(1942—1943)

蔗糖评价(甘蔗、糖清评价)作为蔗糖定价体系的基础,直接关系糖品生产,也是蔗农、糖房、漏棚产制三方资金结算的主要依据。战时物价不断

---

① 蒋介石.加强物价管制方案[J].西康经济季刊,1943(2—4):5.
② 行政院关于加强管制物价的训令[M]//中国第二历史档案馆.中华民国史档案资料汇编:第五辑第二编财政经济(九).南京:江苏古籍出版社,1997:241.

高涨，而蔗糖价格的调整却远远滞后于物价的变动，再加上每年10月即应召集的蔗糖评价会议迟迟未能召开，导致蔗农、制糖商纷纷要求官方举行蔗糖评价会议。例如，1942年11月，内江、资阳、资中、简阳、富顺、威远六县制糖业公会领导人便联名上呈四川省临时参议会，阐明近来糖品滞销，产糖各县"银根枯紧"，恳请食糖专卖局以制糖成本、贷款利息与经济动态为依据，每月举行一次蔗糖评价会议。①呈文送达四川省临时参议会后，该会议长向传义也认为"商场波动起伏甚巨"，制糖业公会"所请每月议价一次，似不无理由"，于是函请四川省政府转咨财政部核示。②但是财政部对制糖业公会领导人的请求却迟迟未予回应。

11月28日，食糖专卖局内江办事处首次召集了政府机关、社会团体、蔗农、糖商代表等数十人举行1942年度蔗糖评价会议。蔗农和制糖商代表"因感此次会议与往年情形大异，问难纷陈"，对于每万公斤甘蔗的定价，蔗农代表提议5240元，制糖业同业公会主席李汉文则主张3907元，县长易元明认为应该定在4000元左右，而县党部书记长张德刚则提出3500元。各方对蔗糖定价产生较大分歧，导致会场气氛一度异常紧张。经县长易元明"一再解释劝导"，并将《暂行条例》全文"详为说明"，会场空气才归于宁静，并经易氏邀请出席会议之各党团机关首长协助食糖专卖局内江办事处主任杨会鹏听取出席各代表意见。经各方详细讨论后，甘蔗价格最终依照蔗农之提议定为每万公斤5240元，而制糖商则根据甘蔗之价格推算，确定每万公斤糖清定价12.8万元。③这一初议结果，很显然是照顾了蔗农的切身经济利益。

不过，国民党五届十中全会对财政部工作报告的审查意见强调应切实关

---

① 内江、资中、资阳、简阳、富顺、威远制糖业公会主席呈四川省参议院文（1942年11月）[A].四川省档案馆，档案号：59-7109.

② 四川省临时参议会致省政府公函（1943年11月）[A].四川省档案馆，档案号：59-7109.

③ 四川省第二区行政督察专员公署保安司令部致省政府电（1942年12月11日）[A].四川省档案馆，档案号：59-7140.

注专卖品价格之稳定①，因而出于管制物价的考虑，川康区食糖专卖局局长曹仲植认为蔗糖定价过高，专卖局董监事联席会议也否定了上述所评之价格②。蔗农代表彭义胜等人对这一决定表示难以理解，并希望食糖专卖局迅速公布蔗糖价格"以安农村，而维生产"③。面对质疑之声，食糖专卖局则声称"中央对于管制物价有通盘筹划"，对于蔗糖价格的核定亦"须缜密考虑"④。字里行间，反映出在国民政府管制物价的政策环境之下，食糖专卖局对于蔗糖价格的调整似乎颇显为难。

1942年年底，蒋介石在出席国民参政会经济动员策进会时，又明确指出物价管制不仅为国家抗战建国成败存亡"最后之关键"，实亦为工商各界"挽救危难之指针"⑤。在这种情况下，财政部遂决定将甘蔗价格每万公斤核定为4100元，糖清价格每万公斤则定为8.2万元。⑥实际上，财政部此举亦有难言之隐，因为在国民政府实施全面限价的大背景下，任何上调糖品价格的举措仍需要承担不小的政治风险。

1942年12月中旬，曾经参与专卖政策设计的财政部国家专卖事业设计会的洪怀祖在向孔祥熙提出推进专卖事业，调整专卖机关的建议时，澄清道"现时物价高涨，实是一般趋势，断不能归咎于专卖，且就财政学理论，专卖

---

① 对于财政部工作报告之审查意见［M］//秦孝仪.中华民国重要史料初编——对日抗战时期：第四编.战时建设（三）.台北：中国国民党"中央"委员会党史委员会，1988：274.
② 财政部川康区食糖专卖局董事会第五次董监联席会议记录（1942年12月2日）［A］.内江市档案馆，档案号：11-1-96.
③ 内江县蔗农请愿代表呈川康区食糖专卖局文（1942年12月）［A］.内江市档案馆，档案号：11-2-130.
④ 财政部川康区食糖专卖局关于内江蔗农代表彭义胜等据呈请公布蔗糖价额的批示（1942年12月7日）［A］.内江市档案馆，档案号：11-2-130.
⑤ 蒋介石.对经济动员策进会之期望［M］//秦孝仪.中华民国重要史料初编——对日抗战时期：第四编战时建设（三）.台北：中国国民党"中央"委员会党史委员会，1988：112.
⑥ 甘蔗糖清价格财政部公告实施［N］.大公报（重庆），1942-12-09（3）.

原系消费税之变相。原为补助国库收入起见，并非专负平定物价之使命"①。面对蒋介石的压力，在1942年12月底，向国家总动员会议提交的《加强管制物价方案实施办法草案》中，财政部还是做出妥协，将专卖品当中的盐、火柴列入限价，糖则被列入"暂不予限价"的范畴。财政部的解释是"食糖为民生日用品，本应限价，惟糖类中之糖蜜、桔糖、红糖关系酒精原料，而酒精原料供应则亟须增加，查目前甘蔗产量距供应每月四十万加仑酒精原料之目标尚远，故甘蔗增产必须切实提倡"，且此次甘蔗糖清价格皆经财政部于12月8日核定公告，"较前略有提高"，但仍未满足蔗农的诉求，因此财政部打算，在新糖上市之时，糖价必须提高10%以上，"方可维持生产成本"②。当然，此时蔗农、制糖商不可能知晓和体谅财政部的难处。

因此，财政部核价公告一经发布立即便遭到蔗农、制糖商的强烈抵制，认为蔗糖"售价太廉，折耗不堪"，并纷纷向专卖局请愿。③内江县蔗农代表彭义盛等多人联名以终止甘蔗交易，退还糖房定金相威胁，恳请政府重新核定蔗糖价格。④糖房代表严茂修、漏棚代表孔钦民也表示制糖所需之费用涨幅几近一倍，夏秋时节的旱灾更加剧了生产成本的上涨，致使蔗农、糖房入不敷出，因此"若非增加核价，同业无法维持，必有停搞之势"⑤。面对上述加价诉求，区局坚持认为蔗糖评价时，蔗农、制糖商已将歉收损失计算在内，如再加价，"殊有违中央管制物价之旨"⑥。国家专卖司司长朱偰也表示财政部

---

① 洪怀祖关于推进专卖事业调整专卖机关的建议[M]//中国第二历史档案馆.中华民国史档案资料汇编：第五辑第二编财政经济（九）.南京：江苏古籍出版社，1997：82.

② 四川联合大学经济研究所，中国第二历史档案馆.中国抗日战争时期物价史料汇编[M].成都：四川大学出版社，1998：117.

③ 资内糖商请核减蔗糖价格[N].新新新闻，1942-12-24（7）.

④ 内江县蔗农代表呈四川省政府的文（1942年12月）[A].四川省档案馆，档案号：59-7141.

⑤ 第一区制糖工业同业公会主席李汉文等致四川省政府的电文（1942年12月18日）[A].四川省档案馆，档案号：59-7141.

⑥ 财政部川康区食糖专卖局致四川省政府公函（1942年12月22日）[A].四川省档案馆，档案号：59-7141.

<<< 第四章 "国计"与"民生":抗战时期川康区食糖专卖中的蔗糖定价之争(1942—1943)

所核新价"兼顾产销,斟酌实情",并未压抑糖价。① 迫于国民政府的压力,川康区食糖专卖局以及国家专卖司司长都间接表达了蔗糖定价不能改变的态度,蔗农、制糖商则采取了消极抵制的方式进行抗争。很多蔗农推迟砍蔗,制糖商则"停工待命,群情汹涌",直接影响了国家急需的酒精原料的供应。鉴于此,专卖司司长朱偰要求曹仲植"查明真相,妥为应付,务使全部甘蔗成交,全体糖房开工"②。

虽然专卖政策同时被赋予了促进生产、调节物价、安定民生等多重职能与作用,但难以真正达到预期目标,甚至在实际操作中会发生矛盾。很显然,这一阶段财政部采取相对抑低甘蔗、糖清价格的做法,是屈从于战时物价管制的国家政策,出于维护"国计"的慎重考量;蔗农、制糖商的态度更多则反映出蔗糖生产者维持生计的现实抉择,两者之间实则为"国计"与"民生"的冲突。一般而言,官方在难以兼顾国计和民生的情况下常常会侧重于"国计",而处于同样境遇下的民众则自然会优先考虑"民生",即自身的经济利益。

为了打破僵局,在第二区行政督察专员兼保安司令(以下简称"专员")田伯施的授意下,易元明积极周旋其间,一方面对糖房"善为开导",责令其立即"开搞",免违农时;另一方面,易氏在数度与曹仲植磋商之后,征得其同意,决定以旱灾导致蔗糖减产为由,向财政部申请旱灾补助费,用以救济蔗糖经济。这样在维持核价基准的前提下,蔗农、糖房的困难亦将会得到一定程度的缓解。③ 对于上述解决方案,各糖商"感佩之余,莫不踊跃鼓舞,

---

① 但1942年9月5日,在制定核定糖价原则时,朱偰却表示出于维护蔗农、制造商生产的考虑,对于"糖之产制成本不愿过于压低"。前后相隔两月,朱氏态度迥异,一定程度上可以反映国民政府关注重点的变化。参见核定糖价原则,财部专卖司之说明,川糖行销区内免征统税[N].大公报(重庆),1942-09-06(3);内江地区档案馆.民国时期内江蔗糖档案资料选编:中[G].1984:649(内部资料).
② 内江地区档案馆.民国时期内江蔗糖档案资料选编:中[G].1984:649(内部资料).
③ 内江县县长易元明致曹仲植函(1942年12月28日)[A].四川省档案馆,档案号:59-7141.

一二日间纷纷开搞"①。

1月14日，食糖专卖局公布新一期的糖品价格，将白糖、红糖、桔糖等各种糖品的收购、批发、零售价格酌量提高约2/3。②客观而言，食糖专卖局此次提高糖品价格的举动，一方面，乃为满足蔗农、制糖商资金周转的经济诉求。糖品价格的核定是蔗糖定价机制的重要组成部分，既关涉糖品销售，也是蔗农、糖房与漏棚厘清经济关系的依据之一，因此同样受到各方关注。1943年年初，蔗糖经济区资金匮乏，蔗农、糖房、漏棚三方亟须结账、领款，但"无所依据"③。由此可见，蔗农、糖房与漏棚三方资金周转颇为困难，均有进行糖品核价的迫切需要。另一方面，食糖专卖局大幅提高糖品收购、批发、零售价格的举动，又有保障食糖专卖收入的考虑。早在预设制度时，国民政府对专卖政策之于财政的补益作用即一直抱有很高的期许。有学者曾指出专卖利益收入的多寡，诚为其实施成果的重要指标。④依照法令，食糖专卖局按单位糖品收购价格的30%计算征收专卖利益。⑤这种"从价征收"的征税标准为国民政府带来了较高的收益率与可观的财政收入。可见，食糖收购价格乃专卖利益征收的价格基准，这说明收购价格的高低很大程度上决定了食糖专卖利益的多寡。

然而，食糖专卖局此次看似充分顾及和协调"国计"与"民生"的举动，并未引起蔗糖生产者和国民政府的积极反应，相反却加剧了"国计"与"民生"的紧张关系。一方面，从蔗糖生产者而言，在本轮的价格调整中，糖清价格（每万公斤8.2万元）均不及中白糖收购价格与销售价格1/3和1/5⑥，这

---

① 内江县糖房代表张肇熙等呈四川省政府文（1943年1月12日）[A].四川省档案馆，档案号：59-7141.
② 许廷星.内江蔗糖业概述[J].四川经济季刊，1944，1（4）：330.
③ 内江地区档案馆.民国时期内江蔗糖业档案资料选编（上）[G].1984：245(内部资料).
④ 何思瞇.抗战时期的专卖事业（1941—1945）[M].台北：台湾"国史馆"，1997：498.
⑤ 财政部川康区食糖专卖局专卖利益收纳办法（1941年12月21日）[A].内江市档案馆，档案号：11-2-120.
⑥ 上述比例依照食糖专卖局公布的数据换算得出。参见糖类新价专卖局核定公布[N].大公报（重庆），1943-01-16（3）.

<<< 第四章 "国计"与"民生":抗战时期川康区食糖专卖中的蔗糖定价之争(1942—1943)

与资中"糖清价格向占糖价一半"[①]的传统惯例相差悬殊;甘蔗价格则更是低于柴价[②]。收购价格的高低决定着专卖收入的盈亏,导致收购价格与甘蔗、糖清价格之间出现如此巨大的落差。这也很大程度上增加了蔗糖生产者对专卖局的不良观感,使其对专卖局的怨怒情绪进一步加深。另一方面,在全面限价的政治大背景下,食糖专卖局选择于此时大幅提高糖品价格也给国民政府带来了很大的舆论压力,关于此点笔者将于后文详述。

实际上,食糖专卖局也意识到蔗糖原料与糖品价格差距过大的严重性,称糖品核价乃根据生产成本、旱灾损耗与合法利润核定,"本极合理",但糖清价格则未将旱灾损失计入,"致有参差",因此,专卖局也筹谋补救办法。[③]在旱灾损耗是否计入蔗糖评价的问题上,食糖专卖局的前后表述自相矛盾,导致糖品价格一经公布,便引发了严重的"官民"冲突。[④]1月16日,资中蔗农、糖房、漏棚在资金结算过程中发生争议,难以调和。于是数百名蔗农聚众向资中专卖分局请愿,捣毁专卖局部分设施,殴伤局长李锡勋,当时在场维持秩序的数十名警察也遭到殴打,市区秩序大乱。资中师管区司令魏恒文遂派兵驰往镇压,逮捕胡光海、尹海廷、唐明渡三人,并交由县警察局惩处,李锡勋才得以脱险。随后在专员公署秘书阮甸寒、保安司令部副司令廖禹、资中县府秘书姚燊等多位官员的极力协调下,县警察局决定释放被捕蔗农,聚众蔗农才开始逐渐散去。由于19日又逢蔗农赶集之日,为避免冲突重演,于是资中县县长与李锡勋召开紧急会议,决定先暂由漏棚补贴蔗农1.8

---

① 财政部关于川康区食糖专卖局电陈资中蔗农肇事经过及处理情形致四川省政府公函(1943年3月12日)[A].四川省档案馆,档案号:59-7109.
② 四川省第二区行政督察专员兼保安司令公署呈省政府文(1943年2月1日)[A].四川省档案馆,档案号:59-7141.
③ 财政部关于川康区食糖专卖局电陈资中蔗农肇事经过及处理情形致四川省政府公函(1943年3月12日)[A].四川省档案馆,档案号:59-7109.
④ 本章的"官"与"民"分别特指食糖专卖局和蔗糖生产者。赵国壮也曾对此次"官民"冲突予以关注,不过笔者则更侧重于对该事件发生的前因后果的梳理,并试图进一步揭示隐藏在事件背后各方的利益纠葛,参见赵国壮.从自由市场到统制市场:四川沱江流域蔗糖经济研究(1911—1949)[D].武汉:华中师范大学,2011:160.

万~2万元，补贴款项计入漏棚生产成本核算，由专卖局支付。①随后财政部也做出让步，以旱灾补助费的名义对制糖商给予救济。②于是，蔗糖生产者与专卖局之间的冲突暂告一段落。

这次冲突延续的时间虽不长，但在当时对于维护蔗农和制糖商的切身经济利益不无影响。稍后，围绕此次冲突产生原因以及事件的定性，官方内部又产生了不同意见，显示其所处不同位置和职责及其利益诉求的差异，也在较大程度上反映了各方利益分配的不同。同时，此次冲突还表明，当官方一味顾及"国计"而忽略"民生"，致使两者之间的矛盾难以协调，最终必然导致具有暴力性质的群体冲突事件，造成十分严重的后果，从而又影响到社会的稳定与"国计"的维护。

第三节 蔗糖定价中的利益分配与暂时平衡

显而易见，蔗糖价格评议不仅与战时统制经济、国家税收休戚相关，也与蔗农、制糖商切身利益紧密相连，因而使"国计"与"民生"两大问题相互纠缠，甚至产生矛盾。在当时的特殊社会背景之下，如何从抗战建国大局着眼，调解各方利益纷争，最终促成各方妥协与利益平衡，就显得至关重要。具体而言，主要涉及以下三方面的问题。

一、维系统制与"绥靖地方"

在1943年1月的"蔗农殴伤专卖局局长"事件的责任认定与善后处理问题上，各方产生了严重分歧。在派人调查蔗农"肇事"的过程中，食糖专卖

---

① 内江宪兵第十二团吴志勋致川康区食糖专卖局曹仲植电（1943年2月4日）[A].内江市档案馆，档案号：11-2-301.

② 财政部致四川省政府公函（1943年1月23日）[A].四川省档案馆，档案号：59-7141.

<<< 第四章 "国计"与"民生":抗战时期川康区食糖专卖中的蔗糖定价之争(1942—1943)

局局长曹仲植获知蔗农爆发骚乱乃受人鼓动。①田伯施则认为蔗糖评价的迟滞与不合理,使得蔗农、糖房与漏棚之间无法进行资金结算,才最终导致了食糖专卖局与蔗农"纠纷"的发生。②由于整个食糖专卖期间,蔗糖评价问题均由专卖局主导,言下之意,田氏认为专卖局应对此承担责任。资中县政府方面还认为蔗农"无智",肇事"实为切身之痛苦",因此希望各方予以谅解。但是,内江宪兵第十二团团长吴志勋的调查报告却显示,冲突当日蔗农滋扰两小时,地方秩序紊乱,"未见有人问津",事后警局旋即又将涉事蔗农释放。③这引起曹仲植的质疑,于是他指责田伯施与资中县县长在冲突中"坐视不问"④。

为进一步核实上述情况,省政府随即也组织专人展开调查,在此期间曹氏则进一步向财政部寻求支持。他指责资中蔗农受少数奸民指使发动暴动,"殴辱政府官吏",意图破坏国家的经济统制,称"蔗农无知可恕",奸民指使则"法权难容",因此电请财政部迅函四川省政府、川康区绥靖公署缉拿案犯。⑤在获得孔祥熙首肯之后,曹仲植的态度变得越发强硬。3月24日,他向省政府主席张群表示蔗农肇事有违法纪,"虽蔗农不无无知愚民",但蔗农代表曾心如等在事变发生时,却未当场制止,因而怀疑曾氏乃"居间在场助势之人",抑或"另有其他下手实施强暴之首谋"。据此曹氏函请省政府要求专员公署及资中县政府"查究首谋,依法惩治"⑥。

---

① 吴荣轩、蔡仁致曹仲植信(1943年1月22日)[A].内江市档案馆,档案号:11-2-301.
② 四川省第二区行政督察专员兼保安司令公署呈省政府文(1943年2月1日)[A].四川省档案馆,档案号:59-7141.
③ 内江宪兵第十二团团长吴志勋致曹仲植电(1943年2月4日)[A].内江市档案馆,档案号:11-2-301.
④ 四川省政府秘书处视察室致秘书处第一科电(1943年2月25日)[A].四川省档案馆,档案号:41-4072.
⑤ 财政部关于川康区食糖专卖局电陈资中蔗农肇事经过及处理情形致四川省政府函(1943年3月12日)[A].四川省档案馆,档案号:59-7109.
⑥ 财政部川康区食糖专卖局致四川省政府函(1943年3月24日)[A].四川省档案馆,档案号:59-7109.

不过，省政府秘书处的调查报告却显示：一方面，案件发生的主要原因是专卖局通过价格管控，过分剥削蔗农；另一方面，骚乱爆发当天，在场的地方官员对李锡勋均极力维护。因此，张群坚信事件的发生"既无组织"，也"非受异党策动"，否认曹氏的上述指控。①但是迫于国民政府高层的政治压力，4月2日川康绥靖公署主任邓锡侯向田伯施施压，令其会同资中警备司令部联合缉拿该案要犯，严惩不贷。②张群也迫于无奈要求田氏遵办。③然而，案件的处理似乎并未因政治压力而加快进度，直至当年6月中旬，案件仍未完结④，最后不了了之。

就上述事件的责任认定与善后处理中各方的态度而言，曹仲植与田伯施分别做出"肇事"与"纠纷"的相异表述，大致可表现二人立场的反差，同时也显现了二人关注点的分歧，前者将注意力集中于"严查首谋"、依法惩治上，而后者则更注重于"商量救济办法，以免再生事故"⑤，这显然与其各自所处职位及代表利益之不同密切相关。曹作为财政部川康区食糖专卖局局长，拥有管控价格、征收专卖利益的职能，因而理应保障财政收入，维护国家利益；而田身为行政督察专员兼保安司令担负"整顿吏治，绥靖地方"⑥的职能，显然更为侧重于关注民生，安抚地方民众，伸张民众权益。不过，需要说明的是，并非专卖局全然置"民生"于不顾，只不过当"国计"与"民生"间矛盾无法调和时，专卖局可能会优先考虑"国计"。至于类似田伯施的地方官

---

① 四川省政府致川康区食糖专卖局电（1943年3月29日）[A].内江市档案馆，档案号：11-2-301.
② 财政部关于资中蔗农肇事及处理经过的训令（1943年4月3日）[A].内江市档案馆，档案号：11-2-301.
③ 四川省政府关于资中蔗农殴伤专卖局长案的训令（1943年4月12日）[A].四川省档案馆，档案号：59-7109.
④ 财政部川康区食糖专卖局致四川省政府公函（1943年6月12日）[A].四川省档案馆，档案号：59-7106.
⑤ 财政部川康区食糖专卖局致四川省政府公函（1943年3月24日）[A].四川省档案馆，档案号：59-7109；四川省第二区行政督察专员兼保安司令公署呈省政府文（1943年2月1日）[A].四川省档案馆，档案号：59-7141.
⑥ 行政督察专员公署组织暂行条例[J].国民政府公报，1936，2005：10.

员极力维护蔗糖业的原因，笔者认为这可能也与当时地方官员存在直接或间接经营蔗糖业的普遍现象密切相关。①

二、限价政策与产业救济

在1943年1月15日至1943年5月的"限价政策"施行期间，出于稳定物价、发展经济的需要，国民政府对食糖价格进行了严格管制，拒不推行新一期糖品价格；另一方面，蔗糖生产者则急于通过糖品的销售来进行资金周转，国民政府与蔗糖生产者之间继续就糖价问题展开新一轮的角力。

限价政策于1月15日正式实施，据时任财政部参事陈克文的日记记载，孔祥熙在与其"吃饭时，对于限价亦颇有怀疑之意"②。川康区食糖专卖局于限价政策实施的前一天，即1月14日忽然决定将糖价提高2/3。平心而论，食糖专卖局此次调价之举并无明显过错。其一，由上文论述可知，每年年关的糖品核价是由蔗糖生产的周期性特征决定的，也是糖品生产的关键环节之一，因此食糖专卖局此时调整糖价有其必要性。其二，限价政策正式实施的时间为1943年1月15日，且出于促进生产、保障动力酒精供给的考虑，国民政府也并未将食糖纳入限价物品之列③，因而专卖局的提价之举亦未逾越其权责范围。然而提高糖价的决定仍然引发社会舆论的质疑。《新华日报》指责称"限此而不限彼，事实上便难保不生故障"，因而不管其"理由如何，政府

---

① 国民政府军事委员会就曾斥责田伯施与奸商混杂，兼营商业；另据曾担任食糖专卖分局长的金振声回忆，蔗糖业中多存在地方势力参股或独资经营的现象。参见四川省政府转发国民政府军事委员会关于资中糖商捣毁球溪河食糖专卖业务所的密令（1943年10月）[A].四川省档案馆，档案号：41-4073/2-3；金振声.四川的糖业与国民党"专卖""征实"[M]//中国政协四川省文史委员会.四川文史资料选辑：第13辑，1964：141.

② 陈方正.陈克文日记（1937—1952）：下[M].北京：社会科学文献出版社，2014：667.

③ 限价政策实施的对象包括粮、盐、食油、棉花、棉纱、布匹、燃料、纸张八种民生重要必需品。参见实施限价办法的说明[N].大公报（重庆），1942-12-19（3）；专卖司长朱偰谈下年专卖三大目标，食糖与烟类暂时不限价，机构方面亦紧缩为原则[N].新新新闻，1942-12-23（6）.

当局一定要严格的阻止其发展"①。食糖专卖局当即回应称，去年11月核定的甘蔗价格"已大为蔗农所不满，收购甚感困难，且因旱灾之故，含糖质量大减，故普遍增加折耗二成"，且为维持糖商利益，促进蔗糖增产，于是将价格酌予提高。②但是，上文已论及管控物价俨然成为国民政府这一时期面临的核心问题，因而1月14日的糖品核价始终与当时国民政府厉行"限价政策"的政治环境格格不入，亦对国民政府高层造成了严重顾虑和巨大舆论压力，免不了因此成为舆论抨击的对象。为缓和压力，争取主动，1月21日，蒋介石发布手令，称国家总动员会议秘书长沈鸿烈表示"糖价未经动员会议批准，擅自加价殊不合法，应即严令恢复原有之价（十一月三十日以前之价），不得故违为要"。财政部长孔祥熙并不认同，称食糖价格自1942年9月核定之后"尚称平稳"，惟因1943年甘蔗产制成本远较1942年为高，"不得不酌情处置"，此次核定新糖价格相较于1942年的价格增加160%。孔表示已奉蒋之手谕令饬主管机关"再加详核，可能范围之内当为酌减"，至于恢复原价，则"以限于实际生产成本，难以办理"③。据悉，蒋介石对于孔祥熙所呈并不理会，仍然批评糖价提高幅度太大，要求立即取消"新糖价格"，继续遵行旧价。④随后蒋介石再次于2月1日发布手令，指示国家总动员会议秘书长沈鸿烈"以后专卖与公营事业其出品价格，非经中核准不得增价，希即转饬财、经、交三部及其他有关各机关切实遵照"⑤。这标志着国民政府将专卖物品价格调整的权限收归中央。

迫于蒋介石的压力，财政部遂紧急于2月6日发布公告：

---

① 短评：制止加价［N］.新华日报，1943-01-19（3）.
② 限价声中糖又涨，专卖当局解释原因，糖烟火柴专卖收入不足定额［N］.新华日报，1943-01-21（2）.
③ 事略稿本（1943年1月21日）［A］.台湾"国史馆"，档案号：002-060100-00172-021.
④ 朱偰.国民政府财政部举办专卖事业的内幕［M］//中华文史资料文库·经济工商编（第十四卷）.北京：中国文史出版社，1996：907—908.
⑤ 机秘（甲）第七四五一号手令（1943年2月1日）［A］.台湾"国史馆"，档案号：001-110010-0016-005.

第四章 "国计"与"民生":抗战时期川康区食糖专卖中的蔗糖定价之争(1942—1943)

查中央执行限价政策,原意在将一般物价通盘调整,并规定最高价格,加以限制,以便管制。本部此次调整川康区糖类各项价格,系指新糖上市后之最高价格,业已于本年一月十四日公布在案,惟公告以后,外界颇有误会,一般商人多有以存糖冒充新糖,抬价出售,殊属不合。查存糖产制,成本并未改变,自不得援照新糖价格出售,目前川康区存糖尚足供应,新糖自应暂缓上市,俟存糖销尽,再行定期实施新糖价格。今后各级商人,对糖类交易,仍应一概依照三十一年十一月底之价格成交,不得故违,如有奸商乘机操纵,抬高价格,以旧糖冒充新糖,或囤积不售情事,一经查出,即依妨害国家总动员惩罚暂行条例之规定严办,仰各凛遵切切此布。①

由上述布告所示,由于新糖与旧糖因蔗糖产制成本的差异,其价格相去甚远,因此,各地糖业公会均据理力争。内江、资阳、资中、简阳、富顺、威远六县制糖公会主席再次联名致电四川省政府,称一方面,存糖按新价出售,用以偿还负债本息"尚感不足",若再按旧价交易,则"赔累难胜";另一方面,目前正值甘蔗栽种的关键时期,如又遇变动,深虞影响甘蔗生产。通过综合考量战时甘蔗定价与国家酒精糖料供应之间的关系,田伯施遂对各县制糖公会的诉求表示支持,称若"缄默不言,忽视成本亏赔,将来(甘蔗)再度减产,何以对国用"②。不过,四川省财政厅、省建设厅态度谨慎,均表示事关限价,碍难核办。③制糖业公会还多次向国家总动员会议秘书长沈鸿烈、国民参政会经济动员策进会冷遹秋、黄炎培及专卖司司长朱偰表达合理调整糖价的意愿。④然而,国民参政会经济动员策进会的与会人员仍坚持"严

---

① 财部贯彻限价政策,严禁食糖涨价[N].时事新报,1943-02-07(3).
② 四川省第二区行政督察专员公署兼保安司令公署致省政府电(1943年3月)[A].四川省档案馆,档案号:59-7109.
③ 四川省政府财政厅致建设厅签条(1943年3月4日)、四川省建设厅致财政厅签条(1943年3月11日)[A].四川省档案馆,档案号:59-7109.
④ 糖业公会负责人谈:渝市糖荒问题,成本与定价相差颇巨,公会已设三处供应站[N].新华日报,1943-02-26(3).

禁国营事业如运输、邮电、专卖品等等之加价"①。蔗农、制糖商调整糖价的诉求遂暂被予以搁置。

值得注意的是，在上述"新旧糖之争"中，蔗农、制糖商提价的诉求并未得到满足，与先前激烈的纷争不同，此时蔗糖生产者与专卖局的关系却暂时趋于缓和，那么蔗农、制糖商又是通过什么方式进行资金周转的呢？不难发现，蔗糖生产者通过黑市贸易和申请蔗糖贷款两种方式，在一定程度上缓解了资金压力。实际上，食糖黑市交易早已存在，以内江为例，1942年12月到1943年1月间，各类糖品均不同程度地存在黑市交易。②2月以后，黑市交易愈演愈烈，以糖蜜为例，虽食糖专卖局有严厉管控，但资中、内江一带成交量据称仍已达200万市斤之多。③尽管有违国民政府限价的经济统制，但此时黑市交易却在很大程度上成为蔗糖生产者进行资金周转，维持生计的特殊手段。

与此同时，蔗农、制糖商始终试图通过正当途径来进行资金融通，缓解周期性的资金紧张，即向专卖局申请蔗糖贷款。1942年12月初，内江、资中、资阳、简阳、威远、富顺六县制糖业公会代表孔钦民等便请求张群转函财政部下拨款项，救济糖业经济。④资中县政府、临时参议会也从旁助力，纷纷函请财政部拨款贷助糖商⑤，最终力促财政部发放生产性贷款1.4亿元⑥，但这一款项迟迟未予贷放。蔗糖组织纷纷致函省政府，称蔗糖生产"资金周转甚大，

---

① 经济动员策进会讨论限价问题，主张严禁国营事业加价[N].新华日报，1943-03-16（2）.
② 资源委员会酒精业务委员会资内办事处致资源委员会酒精业务委员会呈文（1943年1月15日）[A].内江市档案馆，档案号：10-1-179/71.
③ 财政部川康区食糖专卖局致资源委员会酒精业务委员会函（1943年2月12日）[A].内江市档案馆，档案号：10-1-179/79；酒精业务委员会致液体燃料管理委员会电文（1943年3月30日）[A].内江市档案馆，档案号：10-1-179/111.
④ 内江、资中、资阳、简阳、富顺、威远六县制糖业公会主席致四川省政府电（1943年12月4日）[A].四川省档案馆，档案号：59-7141.
⑤ 财政部致四川省政府咨文（1942年12月24日）[A].四川省档案馆，档案号：59-7141.
⑥ 曹仲植谈贷款办法[N].新新新闻，1942-12-14（8）.

地方财力难支",蔗糖产业出现了崩溃的趋势。张群遂组织商讨解决办法,与会人士皆认为蔗糖生产资金紧缺,不仅将导致生产减少,甚至妨害蔗农生计,造成大量纠纷,影响地方治安。于是张群速电财政部、各国家银行及食糖专卖局,请求蔗糖贷款,"以作数日短期周转","聆能迅速拨贷,予以紧急救济,俾支危局"①,由于食糖专卖的收益率较高②,为了保证税源,在糖价管控的同时,国民政府本就有意通过大力推行蔗糖贷款的方式来平衡和弥补限价政策对川康区蔗糖业的损失。新糖核价问题的出现更加速了国民政府的放贷力度,截至1943年2月底,各银行贷出制糖、运销贷款2,127万余元,蔗农贷款7,425余万元,共计数额超过9,500万元。③ 由此可见,在统制经济的实际运行过程中,蒋介石与国民政府也并非完全不顾及民生,而是变相采取了一些切实的救济措施。

不过,由于抗战以后粮价飞涨,与糖价的比率不断扩大,"植蔗不若种稻获利大",导致部分蔗农改种杂粮。④ 蔗农贷款的对象也仅限定为蔗糖生产合作社、适合经营蔗贷之合作社暨合法组织之蔗农团体⑤,政府救济产业的覆盖面有限,因而,蔗糖生产形势仍不容乐观。有鉴于此,在限价截止日期(5月1日),财政部便立即令饬各食糖专卖局召集政府机关、社会团体、糖商代表,召开临时评价会议评议新糖价格。较之1月14日的糖价,此次评议之食糖收

---

① 救济省内糖业,川省府电财部速拨贷款,中央决先拨六千万救急[N].华西日报,1943-01-24(3).
② 1942年至1944年川康区食糖专卖利益占总专卖收入的比例分别为9.23%、8.11%、9.19%,在盐、糖、烟和火柴四种专卖中,食糖属于分区专卖,相比之下,川康区地域狭小,但每年仍能占总收入的近1/10,足见其收益率相对较高,相关论述参见邱晓磊.抗战时期川康区食糖专卖研究[D].武汉:华中师范大学,2012:104.
③ 四川省政府致蔗糖区各专署、各市县政府电[J].四川省政府公报,1943(383):34.
④ 据《商务日报》(重庆)称,当时确实出现了"有款无人贷,蔗农别有他图"的现象,不过,笔者认为这一说法稍显夸大。参见有款无人贷,蔗农别有他图,糖价低于粮价产量减少[N].商务日报(重庆),1943-04-07(4).
⑤ 川康区三十二年度蔗糖贷款办理情形(1943年9月)[A].内江市档案馆,档案号:11-2-186/30-31.

购价格提高了 2%，零售价格则由于合并运销商之关系反而平均低 7% 左右。①蔗农、糖商双方对此均表示基本赞同。随后召开的全国生产会议决议糖品正式由国民政府核价调整为由专卖局主导，糖商代表及社会团体参与的议价，并规定每三月调整一次。②显然，糖品定价权限的变动过程是国民政府政策调整与蔗农、制糖商诉求表达相互协调与平衡的结果。

三、酒精糖料的统制与解禁

由于抗战时期蔗糖业与酒精业关系密切，因而蔗糖定价不仅直接决定了蔗糖产量的高低，同时也很大程度上影响了酒精产量。国民政府试图通过统制酒精糖料用以保障酒精生产的原料供给，这势必与蔗糖生产者开放市场交易的诉求产生冲突。于是，酒精糖料的统制与解禁问题便成为蔗农、制糖商与以专卖局为代表的政府机构展开博弈的又一焦点。③

为保障酒精生产的原料供给，1942 年 11 月开始，国民政府逐步将酒精糖料的统制范围由糖蜜扩大为糖蜜、红糖、桔糖，上述三种糖料须由食糖专卖局按经济部要求优先配购，"非有余额不得配作别用"④。为了进一步保障酒精糖料的供给，食糖专卖局又向酒精厂发放酒精糖料准购证，施行配给制，由酒精厂向制糖商直接洽购。⑤不过，酒精厂的原料供给并未因此而得到有效改善。据统计，1943 年 2 至 4 月，食糖专卖局总共向各酒精厂配给酒精糖料总

---

① 食糖议定新价，较一月十四日公布价略低，承销商一律兼营零售业务 [N]. 中央日报, 1943-04-30（3）.
② 糖价三月核价一次 [N]. 商务日报（重庆）, 1943-06-11（4）.
③ 赵国壮对酒精糖料统制的问题予以过关注，不过笔者主要侧重于蔗糖生产者与专卖局的纷争及其背后隐含着"国计"与"民生"之间的关系。参见赵国壮. 抗战时期大后方酒精糖料问题 [J]. 社会科学研究, 2014（1）.
④ 川康各酒精厂所需糖蜜、桔糖、红糖分配办法 [J]. 经济部公报, 1942, 5（23—24）：548.
⑤ 资源委员会酒精业务委员会资内办事处致北泉酒精厂公函（1943 年 2 月 8 日）[A]. 内江市档案馆, 档案号：7-2-870/88-91.

额接近两万吨。①但是截至4月13日,川康区享有配额的11家酒精厂均未购入酒精糖料。②究其原因,蔗糖定价的迟滞与反复是造成各酒精厂原料进购困难的最大症结。前已论及,1942年年底,由于受限价政策的影响,新糖价格迟未发布,以内江为中心的糖业市场便已出现黑市交易,甚至出现了有酒精厂以黑市价格向糖商洽购糖料的现象。③1943年2月以后,"新旧糖价之争"的出现使本已无序的糖业市场更加混乱,黑市糖价比官价高出甚多,酒精厂有关酒精糖料的洽购工作陷入停顿。曹仲植也曾就此赴渝向财政部请示提前照新糖官价发售酒精糖料,但未获得批准。④

时至4月,酒精糖料配给的形势更趋严峻,由于新糖官价尚未实施,面对酒精厂的洽购,糖商或"避不见面",或"拒绝出售",酒精厂洽购酒精糖料的数量仍然有限。资中、内江等地所制新糖纷纷流入黑市,成为商营酒精厂和糟房私自争购的对象。⑤为避免酒精糖类出现"只有分配之量,而无可购之货"的局面,食糖专卖局遂在加强对糖类市场监管的同时,继续加紧对酒精厂进行酒精糖料配给。此时,面对国民政府的经济统制,制糖商一方面希望国民政府提高糖价标准,另一方面,部分糖商则将所存桔糖私自转制白糖。⑥白糖主要用于食用,桔糖则主要为酒精生产的原料。⑦而白糖售价高出

---

① 酒精原料糖类问题座谈会会议记录(1943年8月7日)[A].内江市档案馆,档案号:7-2-870/187.
② 分配各酒精厂原料第四次会议记录(1943年4月13日)[A].内江市档案馆,档案号:7-2-870/138.
③ 资源委员会酒精业务委员会资内办事处致酒精业务委员会的呈文(1943年1月15日)[A].内江市档案馆,档案号:10-1-179/71-73.
④ 经济部资源委员会训令(1943年3月19日)[A].内江市档案馆,档案号:10-1-179/108.
⑤ 资源委员会酒精业务委员会致液体燃料管理委员会的电文(1943年5月5日)[A].内江市档案馆,档案号:7-2-870/156.
⑥ 酒精业务委员会致经济部工业司、液体燃料管理委员会、资源委员会电文(1943年4月23日)[A].内江市档案馆,档案号:10-1-179/126.
⑦ 桔糖又名药糖,可食用,但是1943年3月,国民政府下令禁止食用桔糖,"专供酒精原料之需"。参见杨公庶.酒精工业生产及困难情形[J].西南实业通讯,1943,8(1):6.

桔糖售价接近一倍,因此为了获取高额利润,制糖商宁愿负担转制成本的风险。由此可见,蔗糖生产者并非一味顾及切身利益,但当"国计"与"民生"出现冲突时,蔗糖生产者则多偏向"民生",这也体现了其规避风险的特性,将桔糖转制白糖的行为即其诉求的形象表达。

在全面限价政策实施期间,酒精糖料的统制与供给的问题并未取得突破性的进展。5月1日限价期满,糖品价格重新调整(第六次糖品核价)为改善和解决酒精糖料问题带来了新的契机。酒精厂可按配额持准购证照糖品新价购买酒精糖料。不过,相比糖蜜和桔糖,红糖为直接熬煮蔗汁而成,杂质较多,而且红糖价格比桔糖、糖蜜更高。[①]因此红糖转制酒精的成本更高,且转制率更低,各地酒精厂多不愿尽先洽购红糖。酒精糖料问题遂逐渐聚焦到了红糖问题上。

受统制影响,红糖"运销全停",糖质"流折",糖商固然"赔累不堪",农民尤"奄奄待毙",酒精厂收购却"期远价贱",遂有资中球溪河罗任一等70位蔗农请求国民政府开放红糖贸易。[②]同时,内江、资中、资阳、简阳、富顺、威远六县制糖业公会主席也对此表示支持。[③]在获悉蔗农与制糖公会的要求后,资中分局迅速做出回应,向资内办事处配发准购证,由资中酒精厂赴当地洽购。不过,由于在价格方面存在较大分歧,双方仍未达成交易。[④]于是,球溪河蔗农500余人在糖号"裕丰贞"经理曹光治带领下,前往资中分局球溪镇业务所聚众示威,要求立即开放红糖贸易,并将价格提高至"每

[①] 以1943年5月1日的第六次糖品核价来看,每百市斤红糖价格为664元,桔糖为603元,糖蜜则为348元。参见许廷星.内江蔗糖业概述[J].四川经济季刊,1944,1(4):330—331.

[②] 资中球溪河罗任一等70名蔗农致四川省政府电文(1943年5月7日)[A].四川省档案馆,档案号:59-7106/43-44.

[③] 内江、资中、资阳、简阳、富顺、威远制糖业公会主席呈四川省政府文(1943年5月)[A].四川省档案馆,档案号:59-7106/29-30.

[④] 球溪镇制糖业公会主席余学镕证明书(1943年5月11日)[A].内江市档案馆,档案号:10-1-519/5.

千糖可易四石米"①的标准。后经业务人员极力宣导,幸未发生事端。不过,一方面由于糖价系经部令核定,更改不易;另一方面,红糖仍属政府统制范畴,不准自由交易,专卖局亦无权变更,故蔗农之要求并未及时得到满足。5月26日在糖号"兴顺黄"经理黄明德、"三槐柄"经理王三槐等糖商的带领下,蔗农聚众600余人再次蜂拥而至,"以要求开放红糖及提高糖价为口号",将该业务所捣毁。②蔗农、糖商之所以一再要求政府解禁红糖贸易,也有其苦衷。资中所产红糖多销于夏季,销期一过,极易"走汁少秤",导致不必要的损失。③与上次仅有蔗农参与的冲突不同,此案则由糖商与蔗农共同发动,体现出两者维护"民生"的共同诉求。

"球溪河业务所被捣毁"一案发生后,6月1日国民政府军事委员会指责,资中县第三区区长侯立鼎乃幕后指使,"及见事态扩大,始商由该处商会主席陈伯侯买一假犯曹海洲送讯塞责",并指出,当地"民情嚣张,抗税抗役",系由如下原因所致:1."驻该县第二区专员田伯施与奸商歹徒混杂,兼营商业包庇奸徒,□(排)斥外省人士,使暴徒有所依恃";2."该县防护团组织庞大,人数众多,可使壮丁顶名,免服兵役,并威胁当地中央机关,甚至利用此等团员,作与中央机关冲突之武力"。④由于受史料所限,笔者未能充分予以论及,不过食糖专卖局时期,地方政府在专卖局与蔗农、糖商冲突中不作为,甚至于纵容的态度,显然是其对中央权势向地方渗透的消极抵制。

"球溪河业务所被捣毁"案的爆发直接加速了酒精糖料统制问题的解决。6月初,财政部做出了实质性让步,据国家专卖司司长朱偰称,为便利糖房、

---

① "'升米斤糖',为内江农间二百年之口号",如今蔗农要求将糖价提高到"每千糖可易四石米"(一升米易2.5斤糖)而不得,可见糖价低落程度。参见财部专卖司长报告:糖价核定原则维持成本寓税于价,充裕国库[N].新华日报,1942-09-06(3).
② 内江地区档案馆.民国时期内江蔗糖档案资料选编:上[G].1984:247—250(内部资料).
③ 资中县政府致四川省政府电文(1943年6月14日)[A].四川省档案馆,档案号:59-7106/68.
④ 四川省政府密令秘视字第1566号(1943年10月至11月)[A].四川省档案馆,档案号:41-4073/3.

漏棚，决定于 6 月 1 日起开放红糖自由贸易①，不过自由运销区域在 10 月 15 日前仍仅限定于简阳、资阳、资中、内江、富顺、泸县、自流井、威远、荣县、纳溪等地范围以内。②因此财政部适度开放红糖贸易的举动，隐约可见其寻求国计与民生间平衡的努力。

然而，抗战以来糖料酒精供给形势极为严峻，据统计，按照 1942 年的整个沱江与长江流域酒精厂的产能计算，即使沱江流域产糖的糖蜜、桔糖和红糖全部用于制造酒精，仍有超过 250 万加仑的原料空缺。③此外，当地可供制造酒精的糖料数量与酒精厂实际需求数量之间也存在较大差距。1943 年 3 月底，时任财政部专卖事业司司长朱偰便在召开的分配各酒精厂糖类原料第三次会议中透露，根据川康区食糖专卖局估计 1943 年度可能供给糖类数量包括糖蜜 20,500,000 市斤、红糖 34,100,000 市斤、桔糖 20,500,000 市斤，折合糖蜜 1025 万公斤、红糖 1705 万公斤、桔糖 1025 万公斤。④但是据统计，1943 年 7 月，成渝地区各酒精厂每月需用糖类原料为糖蜜 2,250,000 公斤、桔糖或红糖 4,830,000 公斤（如表 4-1 所示），也就是说，成渝地区各酒精厂每年酒精糖料供给量为糖蜜 2700 万公斤、桔糖或红糖 5796 万公斤。不难算出，成渝地区包括糖蜜、红糖和桔糖在内的酒精糖料实际供给数量仅相当于当地各酒精厂需求量的 44.20%。很显然，此时，川康区糖品的实际产量不仅难以满足国民政府对液体燃料的巨大需求，也无法匹配战时各酒精厂巨大的生产能力。

---

① 专卖事业在进展中［N］.中央日报，1943-06-07（3）.
② 财政部致四川省政府公函（1943 年 6 月 19 号）［A］.四川省档案馆，档案号：59-7106/78.
③ 李尔康，张力田.制造酒精之糖品原料问题［J］.新经济半月刊，1942，8（3）：50.
④ 分配各酒精厂糖类原料第三次会议记录（1943 年 3 月 31 日）［A］.中国第二历史档案馆，档案号：四-40095/26.

第四章 "国计"与"民生":抗战时期川康区食糖专卖中的蔗糖定价之争(1942—1943)

表4-1 1943年7月成渝地区各酒精厂每月需用糖类原料数量①

单位:公斤

厂名	厂址	糖蜜	桔糖或红糖
兵工署第二工厂	重庆	—	230,000
资中酒精厂	资中	450,000	550,000
沱江实业公司酒精厂	资中	—	200,000
沱江化学厂	资中	—	50,000
力合化学工业社	资中	—	100,000
资中合作社炼糖厂	资中	—	200,000
复兴酒精公司	资中	—	400,000
军政部第一燃料厂	内江	900,000	—
四川酒精厂	内江	450,000	550,000
蜀丰第一酿造厂	内江	—	300,000
中兴酒精厂	内江	—	170,000
中川化学公司	内江	—	150,000
国防动力第三制造厂	内江	—	300,000
同济泰昌酒精厂	内江	—	100,000
中国胜利酒精厂	内江	—	400,000
中国联合炼糖厂	内江	—	150,000
兵工署第二十三工厂	泸县	—	400,000
泸县酒精厂	泸县	—	225,000
兵工署第二十一工厂	自流井	150,000	—
协合酒精厂	威远	—	60,000
简阳酒精厂	简阳	300,000	—
建筑化学工业社	简阳	—	45,000
合计		2,250,000	4,830,000

---

① 王成敬.成渝路区之经济地理与经济建设[M].四川省银行经济研究处,1945:64—65.

在几经协调之下，国民政府最终决定由四联总处与资源委员会酒精业务委员会出面，合作购办酒精糖料①，如此一来，既解决了蔗农、糖商存在的红糖销售困境，也在一定程度上保障了酒精生产的原料供给。由此，因蔗糖定价引发的蔗农、糖商与专卖局之间的纷争及其背后的利益分配暂告一段落。

　　蔗糖定价是抗战时期川康区蔗糖业得以继续维系的核心问题，不可否认，食糖专卖政策的实施导致这一定价机制发生重大转变，制糖原料与糖类成品价格均受到政府的全面管控，蔗糖定价则由蔗农、糖房与漏棚间的协商议定机制转变为政府行政主导机制。但是，事实上，无论是专卖局还是财政部在蔗糖评价的问题上，对过分抑低糖价均持相对保留的态度，而看似忽视蔗农、糖商诉求的举动则更多的是迫于蒋介石与中央政府实施的"限价政策"的政治压力。1943年年初，专卖糖品的定价权收归中央无疑对战时川康区蔗糖业的发展产生了至关重要的影响。当然，不可否认的是，蒋介石与中央政府极力压制糖价的举措更多的是出于管控国内物价的全局考虑，却并未顾及数量庞大的川康区业糖者的生计，在很大程度上体现了抗战特殊时期协调"国计"与"民生"内在关系的紧张与矛盾。

---

① 四联总处原料购办委员会与资源委员会酒精业务委员会合作购办酒精糖类大纲（8月15日）[A].内江市档案馆，档案号：7—2—870/200—201.

第五章

川康区食糖专卖的成效评估

目前学术界对于专卖政策的评价存在着较大分歧，持批评观点的学者认为，专卖制度既严重地打击了生产者，又残酷剥削了消费者，并从生产者与消费者身上掠夺了巨大的利润[1]，而杨荫溥也持类似的观点，称国民政府实行专卖的目的在于加强剥削，增加财政收入，是国民党政府根据当时通货膨胀的形势而采用的一种新的搜刮方式。[2] 具体到食糖专卖而言，张朝晖认为国民党政府推行食糖专卖的原因在于增加财政收入、平抑物价和统揽战略物资，而就其效果来看，尽管短期内增加了财政收入，并有利于资助抗战，但长远来看，却招致了整个制糖工业的急剧萎缩和严重破坏。[3] 而覃玉荣等人则指出食糖专卖的垄断经营政策严重破坏了内江糖业的市场机制，最终导致内江糖业经济的破产。[4] 而另一部分学者则多肯定该政策在平抑物价、保障国家财政收入上的作用。何思瞇认为战时消费品之专卖，其专卖利益属于消费税的一种，无论是专卖品中的火柴、盐、糖或烟，只要有消费，必有专卖利益之收入，税源相当稳定，从专卖利益收入统计上看，大抵皆能达其预算数，因之，专卖不失为财政收入的良方。[5] 崔国华则在肯定专卖政策在促进财政收入增

---

[1] 朱秀琴.浅谈抗战期间国民党政府的经济统制[J].南开学报，1985（5）.
[2] 杨荫溥.民国财政史[M].北京：中国财政经济出版社，1985：126.
[3] 张朝晖.论抗战时期川康区食糖专卖[J].档案史料与研究，1999（3）.
[4] 覃玉荣，邱晓磊，张继汝.抗战时期川康区食糖专卖政策对内江糖业的影响[J].西南交通大学学报，2009（6）.
[5] 何思瞇.抗战时期的专卖事业（1941—1945）[M].台北：台湾"国史馆"，1997：521—522.

长与缓和物资紧张局面方面发挥作用的同时，也认为它稳定了战时物价水平，使社会经济秩序在一定程度上得到了安定。① 同样，这一观点也得到了一部分学者的支持，其中有人认为虽然专卖机关通过低价收购、高价出售的方式攫取了巨额利润，但不可否认，专卖制度的实施对于稳定经济、调节物资供应、增加财政收入都起了重要的作用。② 金普森等人更指出盐专卖制度使得国民政府获得了可观的财政收入，维持了战时盐业生产，从而实现了兼顾国课民食的目标，同时对于食盐价格的控制，也有利于国统区物价的稳定及社会经济秩序的安宁。③ 有鉴于此，本章笔者将主要从食糖专卖与战时财政的关系、食糖专卖局的贪腐现象、社会舆论对专卖政策的评价以及食糖专卖与川康区蔗糖业的关系等方面对川康区食糖专卖进行评估和总结。

第一节 食糖专卖与战时财政的关系

抗战时期军用浩繁，国民政府各项开支骤增，财政赤字大幅膨胀。为了缓解战时财政危机，国民政府亟须"开拓税源，充裕国库，以供应抗战建国之要需"④。因此，在预设制度时，国民政府对专卖政策之于财政的补救作用一直抱有很高的期许。何思瞇便指出专卖政策主要是为解决抗战期间国民政府所面临的财政问题而推动的一项权宜措施，因此，专卖利益收入的多寡，诚为其实施成果的重要指标。⑤ 具体来说，与其他各项专卖政策类似，食糖

---

① 崔国华.抗日战争时期国民政府财政金融政策［M］.成都：西南财经大学出版社，1995：201—206.
② 戴逸，孙景峰.中国近代史通鉴［M］.北京：红旗出版社，1997：341.
③ 金普森，董振平.论抗日战争时期国民政府盐专卖制度［J］.浙江大学学报（人文社会科学版），2001，31（4）.
④ 筹办盐糖烟酒等消费品专卖以调节供需平准市价案［M］//秦孝仪.中国国民党历届历次中全会重要决议案汇编（二）.台北：中国国民党中央委员会党史委员会，1979：185.
⑤ 何思瞇.抗战时期的专卖事业（1941—1945）［M］.台北：台湾"国史馆"，1997：498.

专卖利益的征收，也是以其收购价格为征收标准的。依照规定，战时食糖专卖利益，为按糖类收购价格的30%计算①，其中在实施的初期包括了15%的统税。

一、战时食糖专卖收入及其增长情况

1942年2月15日起，川康区食糖专卖局正式办理存糖登记，并征收专卖利益。随后食糖专卖政策逐步向粤桂区、闽赣区、滇黔区推广实行。兹将1942—1944年各专卖区食糖专卖利益收入列表如下。

表5-1 1942—1944年战时食糖专卖利益分区收入②

单位：元

区别	1942年③	1943年	1944年
总计	125,331,614	442,197,872	555,100,621
川康区	125,331,614	255,986,902	322,100,563
粤桂区	—	134,767,567	147,761,136
闽赣区	—	51,449,373	83,420,269
贵州区	—	—	1,818,653

资料来源：1942年根据财政统计年报编制，1943年至1944年根据财政统计总报告编制。

说明：1945年1月起专卖事业管理局撤销，故1945年无数据。

---

① 财政部川康区食糖专卖局专卖利益收纳办法（1941年12月21日）[A]．内江市档案馆，档案号：11-2-120．

② 财政部统计处编制之1942—1944年食糖专卖利益分区收入表[M]//中国第二历史档案馆．中华民国史档案资料汇编：第五辑第二编财政经济（二）．南京：江苏古籍出版社，1997：170．

③ 由于粤桂（1942年7月）、闽赣（1942年8月）、滇黔（1943年6月）三区食糖专卖实施晚于川康区，且无专卖利益收入的相关数据，因此，1942年各区食糖专卖利益总收入为川康区食糖专卖利益收入；1943年总收入则为川康、粤桂、闽赣三区收入之和。

1942年至1944年的各区食糖专卖利益预算总额分别为121,500,000元①、400,000,000元②和1,070,000,000元③，不难发现，食糖专卖利益收入数均在预算之上④。单就其预算数而论，1943年度较1942年度增幅高达229.22%，而1944年度较1943年度的增幅虽降至167.50%，但同样令人叹为观止。无怪乎，多位学者均认为专卖利益对于国民政府财政收入的增长起到了重要作用。⑤当然笔者无意对此观点提出异议。不过，考虑到一项税收增幅如此之大，在平时亦属奇观，何况此乃于战时条件之下呢。因此宜从多个角度来检视专卖利益对于财政收入的作用。

　　通过考察不难发现，"从价征收"的征税标准是造成这种现象的直接原因。换言之，战时物价，特别是食糖收购价格的涨幅对专卖利益增收的涨幅产生了很大的影响。以上白糖收购价格为例，1942年至1944年专卖局核定的平均价格分别为511元、1670元和3456元⑥，其年度增幅分别为226.81%和106.95%，这几乎同食糖专卖利益的增幅与趋势如出一辙。就笔者所见，考察专卖利益对政府财政的弥补作用的大小应充分考虑到物价上涨的因素，而非仅仅单纯用表中的数据来作为立论的唯一依据。因此，笔者试将各年扣除物价上涨因素的食糖专卖利益收入列表如下。

---

① 宋同福.食糖专卖实施概况［J］.经济汇报，1944，8（11）：90.
② 国税及专卖利益收入分配逐旬累计数目表［A］//财政部档（1943年）.台湾"国史馆"，档案号：税收旬报类70188，转引自何思瞇.抗战时期的专卖事业（1941—1945）［M］.台北：台湾"国史馆"，1997：513.
③ 财政部三十四年工作计划案［A］//财政部档（1945年5月）.台湾"国史馆"，档案号：34/04411·32/6418·2，转引自何思瞇.抗战时期的专卖事业（1941—1945）［M］.台北：台湾"国史馆"，1997：513.
④ 由于1944年7月食糖专卖改为食糖征实，因此上表中食糖专卖利益收入仅为1944年上半年的数据，不过照此前专卖利益增长势头，达到其预算数亦似可预见。
⑤ 何思瞇、崔国华、戴逸、孙景峰等学者均持此种观点。
⑥ 1942年数据为1942年4月15日以前到9月5日期间四次糖类核价的平均值，1943年数据为1943年1月15日至10月2日期间三次糖类核价的平均值，1944年数据则为1944年3月1日糖类核价.参见许廷星.内江蔗糖业概述［J］.四川经济季刊，1944，1（4）：330—331.

表5-2　1942—1944年川康区食糖专卖利益及当年物价水平比较表

项目 年份	川康区食糖专卖利益 （单位：元）	重庆物价指数①	川康区食糖专卖利益实际增长数 （扣除物价因素）	川康区食糖专卖利益增长率	川康区食糖专卖利益实际增长率 （扣除物价因素）
1942	125,331,614	4408	28432.76	—	—
1943	255,986,902	13298	19250.03	104.25%	−32.30%
1944	322,100,563	49721②	6478.16	25.83%	−66.35%

显而易见，如上表所示，扣除物价上涨因素，川康区食糖专卖利益呈现出明显负增长。无怪乎，1943年11月25日，《大公报》（桂林）发表"社评"称，专卖利益在财政收支本身的"天秤"上，是否会"得不偿失"，是值得掌度支者缜密研究的问题。1944年4月6日，该报更是在"社评"中一针见血地指出专卖收入之增加并不能与专卖物品价格之上涨成正比例。因此，文章亦对因专卖物品涨价所带来的专卖利益的增益与刺激物价上涨的损失是否对等持怀疑态度。③ 这一判断可从数据中得到证实，由上表可知，川康区食糖专卖利益由1942年的125,331,614元到1944年的322,100,563元④，增长约1.57倍，相比而言，成都市中白糖批发价格，则由1942年6月575元，提高至1944年7月的12,000元⑤，上涨高达19.87倍，糖价涨幅明显高于食糖专卖利益收入的涨幅。

---

① 以1937年1—6月物价指数为100，数据来源为国民政府主计处1948年所编的《中国统计要览》。参见附表甲（2）1938—1945年战时中国物价指数 // 张公权. 中国通货膨胀史（1937—1949）[M]. 杨志信，译. 北京：文史资料出版社，1986：242.

② 1944年的物价指数为1944年7月重庆批发物价总指数。参见附表三（乙）重庆市22种基要商品批发物价指数 [M] // 中国科学院上海经济研究所，上海社会科学院经济研究所编. 上海解放前后物价资料汇编（1921年—1957年）. 上海：上海人民出版社，1958：195.

③ 专卖与物价 [N]. 大公报（桂林），1944-04-06（2）.

④ 正如上文所述，1944年7月，食糖专卖便被食糖证实所取代，因此，川康食糖专卖利益收入也应截止于此。

⑤ 四川省政府统计处. 四川省统计提要 [R]. 四川省政府统计处，1945：49.

二、战时食糖专卖在国家财政中的地位

为便于考察川康区食糖专卖对于国家财政的地位和作用，兹将1942年至1944年国库总收入、专卖收入、以及川康区食糖专卖利益各项数据对比列表如下。

表5-3 战时国库总收入、专卖收入、川康区食糖专卖利益对比表①

单位：元

时间 项目	1942年	1943年	1944年	1945年②
国库总收入	5,631,561,230	20,403,573,067	38,204,902,465	212,883,054,009
专卖收入	1,357,157,188	3,156,234,414	3,503,855,407	2,269,226,158
川康区食糖专卖利益	125,331,614	255,986,902	322,100,563	—

如表所示，1942年至1944年川康区食糖专卖利益占专卖收入的比例分别为9.23%、8.11%、9.19%，而占国库总收入的比例则分别仅为2.23%、1.25%、0.84%。总之，川康区食糖专卖利益无论是在国库总收入中抑或在专卖收入中所占比例均总体上呈逐年下降的趋势。

综上所述，一方面，单纯从数据而言，川康区食糖专卖利益虽增长迅速，

---

① 国库总收入、专卖收入、糖专卖收入三项数据均参见1942—1944年度国库收入表［M］//财政年鉴编纂处.财政年鉴三编：第三编第五章.南京：财政部印行,1948年：139—148；川康区食糖专卖利益则参见财政部统计处编制之1942—1944年食糖专卖利益分区收入表//中国第二历史档案馆.中华民国史档案资料汇编：第五辑第二编财政经济（二）［M］.南京：江苏古籍出版社,1997：170；另外，由于"专卖机关向系采用营业概算，其经费系从专卖利益项下提用，故解库不无迟缓情形"，因此表所示食糖专卖利益收入乃财政部统计数据，而非当年实际解库的食糖专卖收入，因此两组数据之间出现了误差。参见专卖事业局检送专卖事业应兴应革重要事项函［M］//中国第二历史档案馆.中华民国史档案资料汇编：第五辑第二编财政经济（二）.南京：江苏古籍出版社,1997：158.

② 1945年食糖专卖收入乃往年缴纳但尚未解库的数额。

不过其增长幅度明显小于糖价的上涨幅度，而且在扣除物价因素以后，食糖专卖利益更呈现出明显的负增长态势；另一方面，川康区食糖专卖利益所占国库各项收入比例相对较小，且根据上文所述，川康区食糖专卖纳库数与征收数之比相对较低①，由此可见，它对政府财政收入的增益作用相对微弱。

"为配合经济，把握物资"，国民政府在推行战时财政的过程中，除了推行盐、糖、烟、火柴四项消费品专卖外，又于1943年先后将统税货品中之棉纱、麦粉征收实物，"推行颇助成效"。此举方法性质虽与专卖不同，然其所发挥的"调节供需，平抑物价"的经济与财政目的与专卖相比"并无二致"。此外，征实的手续，可由原有税务机关兼办，无须专设机构，"其费用亦较专卖为省"。有鉴于此，政府"爰有扩大征实范围之议"②。1944年2月，在吴作孚所提评议物价的议案中，明确强调战时物价上涨的根本原因主要在于"物资缺乏与通货激增"，平抑物价的方法则是"增加物资、减少通货"，具体做法包括"凡可以征收实物者均以征收实物代替征收货币"，他甚至还专门以食糖为例，指出政府在食糖专卖中"收入如是之少"，同时还无法掌握食糖以控制糖价。因此，建议政府实施食糖征实，此举"姑无论税收增多有裨国库，就掌握物资以控制物价言，亦必须如是"③。这一建议很快便得到国民政府高层的采纳。当年5月26日，在国民党五届十二中全会上，蒋介石提交了《加强管制物价方案紧要措施案》，建议将食糖专卖改办征实并获得通过。7月中旬，食糖征实先由川康区开始实施，相关交接手续同时展开。川康区食糖专卖机关亦于移交手续竣事后即撤销。④

---

① 截至1943年12月底，川康区食糖专卖纳库数仅占征收数的25.64%，此一比例乃笔者根据表5-5数据核算而成。
② 财政年鉴编纂处.财政年鉴三编：第八篇第六章［M］.南京：财政部印行，1948：27.
③ 中国第二历史档案馆.中华民国史档案资料汇编：第五辑第二编财政经济（九）［M］.南京：江苏古籍出版社，1997：277—278.
④ 参见第十二次全体会议重要决议案·加强管制物价方案紧要措施案［M］//秦孝仪.中国国民党历届历次中全会重要决议案汇编（二）.台北：中国国民党"中央"委员会党史委员会，1979：383；食糖征实由川康区开始实施［N］.大公报（重庆），1944-07-18（3）.

第二节　川康区专卖机关贪腐及其诱因

一、川康区食糖专卖局贪腐现象

政府公信力是指政府依据于自身的信用所获得的社会公众的信任度。[①] 政府作为一个为社会成员提供普遍服务的组织，其公信力程度通过政府履行其职责的一切行为反映出来，因此，政府公信力程度实际上是公众对政府履行其职责情况的评价。战时税政苛扰、吏治腐败是导致战后国民政府失去四川民众支持的两大诱因。针对战时国民政府赋税负担的增长是否对农民的经济生计和政治观点产生严重的不良影响的问题，美国学者易劳逸经过详细论证之后得出了肯定的结论。[②] 他指出，"对国民党来说，战争使它在农村地区付出的政治代价是昂贵的。税收、征兵和腐败极大地消耗了农民对政府存有的良好愿望"[③]。而1943年美国国务院的一位官员更是直言，在农村地区的普通民众中"（国民党的）威信和影响力也许已经降到了他们的最低点"[④]。在战时川康区亦存在类似的情况，专卖政策在从思想到制度，再到实际运作的过程中出现了嬗变，这对于国民政府产生了极为负面的影响。

在食糖专卖政策实施期间也发生了大量贪腐案件，导致社会舆论反响巨大，亦为民众和学界所诟病。以往学界对于食糖专卖贪腐现象的研究，或对

[①] 贺薪育，杨畅. 政府公信力建设研究综述与展望 [J]. 求索，2005（12）.

[②] 易劳逸. 毁灭的种子：战争与革命中的国民党中国（1937—1949）[M]. 王建郎，王贤知，贾维，译. 南京：江苏人民出版社，2009：46.

[③] 易劳逸. 毁灭的种子：战争与革命中的国民党中国（1937—1949）[M]. 王建郎，王贤知，贾维，译. 南京：江苏人民出版社，2009：57.

[④] 庄莱德致范宣德函 [A] // 美国国务院文件（1943年5月31日），档案号：893.000/15037，转引自易劳逸. 王建郎，王贤知，贾维，译. 毁灭的种子：战争与革命中的国民党中国（1937—1949）[M]. 南京：江苏人民出版社，2009：56.

贪腐案件简单罗列①，或对典型个案进行叙述②，多半停留于表面，有待进一步深入。其实对于税务机关反腐问题的难度，孔祥熙早已深有感触，略谓："税务人员日与商民相接处，榷验稽征，动辄巨万，其间稍有疏略，流弊遂易滋生，奸商蠹民更多乘间抵隙，暗施陷诱，夤缘货贿，仍时发现，积弊日久，革除未清。"为此孔氏当政十年以来，多"就清廉守法，洁己奉公诸端，三令五申，屡加训勉，不惮谆谆告诫"，对于贪腐案件的态度，不论是经人告发，或由上级察觉，"无不严予彻查，究明真相，苟得其实，即行依法惩办，未尝稍事姑宽"。进入抗战以后，除了"重铨叙，严考课"以外，对于或"才德不称职守，贪婪偷惰，毁法乱纪"者，或"行为不检，玷辱职守"者，均予以严厉查究，"务期法明理得，弊绝风清，以肃官常"③。

蒋介石于1942年11月发布手令，指出"以后凡关于贪污案件并应一律移交军法执行总监部审办"④，显见蒋对于贪腐现象的态度与孔氏相比，更是犹有过之而无不及。

不过，川康区食糖专卖实施的两年半左右的时间中，贪腐现象亦可谓罄竹难书。我们可以从川康区食糖专卖局局长曹仲植发给资中分局长李锡勋的信函中略窥一二。

> 锡勋吾兄惠鉴，查本局所属各分支机关于三十一年度先后发觉贪渎案件计有二十七起之多，均经报部有案，此种情形实为本局最大之污点，亦为我同仁所共引为深耻，往者已矣，来者可勖，务希

---

① 何思瞇.抗战时期专卖事业（1941—1945）[M].台北：台湾"国史馆"，1997：431—432.
② 李永厚口述，关弓整理.抗战末期内江食糖专卖局票照案始末[M]//中国人民政治协商会议四川省内江市委员会文史资料委员会.内江文史资料选辑：第4辑，1988：123—129；赵国壮.从自由市场到统制市场：四川沱江流域蔗糖经济研究（1911—1949）[D].武汉：华中师范大学，2011：184.
③ 财政部渝秘字第29842号训令（1942年6月10日）[A].内江市档案馆，档案号：11-1-407/5-7.
④ 财政部渝人字第30637号训令[A].内江市档案馆，档案号：11-1-407/11.

惩前毖后，对所属局内外服务同人严申告诫。仰体政府意旨，务必洁身自爱，相互勉励。今后万望勿再发现有一人携款潜逃或有一人渎职被控情事，以为新兴事业奠定信誉之基础。至于各局任用人员本人为使人事得宜及便于指挥考察计，向即受权各局遴选保荐，只要合于法令，从未干涉，须知慎始，方能善终，此后请委人员须切实负责保证，首宜和注意品格，以期登庸真材，齐杜贪滥是所至盼，特此布达，即希倍守勿渝，此颂。

敬启

弟：仲植①

由上述信函可知，仅1942年一年区局及各分支机关发生并查处的贪渎案件便高达27起之多，其发生频率之高实属罕见。面对这一"最大之污点"，曹仲植则强调本着"惩前毖后"的原则，严格遴选职员，加大宣传和督导力度，力求达到"登庸真材，齐杜贪滥"的效果。

不过，食糖专卖局的贪腐现象的愈演愈烈，恐怕是令曹仲植甚至其继任者甘绩镛所始料未及的。以至于在国民政府宣布废止食糖专卖的两个月后，面对该局所查控案仍有14起尚未据呈复的状况，孔祥熙乃发布训令，责令该局于一个月内查明结案。②

缘何在政府三令五申之下，贪腐现象仍然如此猖獗？其贪腐案件又有何特征？笔者试从下列该局查处的数例贪腐案件中找寻某些线索。

---

① 川康区食糖专卖局曹仲植局长致资中分局李锡勋局长的信函[A]. 内江市档案馆，档案号：11-1-5/50.
② 财政部渝人字第55266号训令（1944年9月19日）[A]. 内江市档案馆，档案号：11-1-68/29.

表5-4 川康区食糖专卖局部分典型贪腐案件概况

机关名称	涉案人	涉案人员职务等级	职务	理由	案件侦办人	案发时间
渠县	赖兴儒	丁	办事处主任	公款囤米、短收专卖利益	张培元 石伯焜	1942年6月
	石伯焜	丙	分局长	违法渎职、贪婪营私	孙祥麟	1942年12月
	孙祥麟	丙	分局长	苛虐厂商、违法重征专卖利益	田得露	1944年1月
资中	张腾光	戊	球溪镇业务所所长	意在图利、违法收税	周膺九	1942年8月
	朱天民	戊	财务股长	勒索财物	周膺九	1942年8月
	王克斌①	戊	会计员	侵占公有财物	周膺九	1942年8月
	陈定宇	戊	发轮乡业务所所长	舞弊贪污	左城夫	1944年4月
牛佛渡	黄培一	丙	分局长	营私舞弊、侵掠贪污、浮报开支	蔡仁	1943年7月
	吴明堂	戊	富顺业务所所长	贪污舞弊，兼营糖业	赵家骥	1943年8月
	程诚	戊	赵化镇业务所所长	违法贪污	——	1943年9月
	刘代敏	戊	仙市业务所所长	利用职权违法收购糖类50万余斤		1943年9月
泸县	赖天民	戊	南溪业务所所长	违法舞弊、私吞税款	——	1944年3月
万县	秦显儒	戊	双江业务所所长	违法贪污	泸县分局	1944年6月
石桥	张登三	戊	宏缘镇业务所所长	贪污舞弊	——	1944年9月
内江	穆天伟	戊	内江城区业务所所长	亏空公款、抗不遵令	吴荣轩	1943年1月
	张洪雨	戊	茂市镇业务所所长	滥用私人、搕索商民	赵家骥	1944年2月

---

① 张、朱、王三者系属同案，其时间为资中县政府判决的时间。参见资中县政府军法案件判决书［A］.内江市档案馆，档案号：11-2-73/181—182.

续 表

机关名称	涉案人	涉案人员职务等级	职务	理由	案件侦办人	案发时间
威远	蔡泽南	丙	分局长	亏空公款、克扣薪津、挪移专卖利益、营私舞弊	席与群	1943年12月
	龚与伯	戊	荣县业务所所长	索贿舞弊	威远分局	1944年2月
金堂	时远崇	丁	办事处主任	亏空公款	蔡仁	1942年10月
	杨继伯①	戊	财务组长	亏空公款	蔡仁	1942年10月
万县	孟广仁	戊	开县业务所所长	官商遂宁勾结、肥公济私	孙仲瑜	1943年5月
遂宁	刘芳百	丙	分局长	交接未清	高庆丰	1942年8月
	陈颜温	丙	分局长	为职员舞弊、潜逃提供便利	资阳县司法处	1944年6月
德阳	陈玉文	戊	绵阳业务所代理所长	拐款潜逃	张润堂	1943年1月
简阳	刘骞	丁	办事处主任	勾结糖商，贪污渎职	王毅吾	1943年6月
宜宾	吴子虞	戊	高县业务所所长	营私舞弊，亏欠专卖利益	马希文	1942年9月

资料来源：各办事处承领关防启用日期及有关人员的处分案件［A］．内江市档案馆，档案号：11-1-115；本局派员彻查呈控渠县办事处主任石伯焜等违法渎职案的密令及查处情况的报告［A］．内江市档案馆，档案号：11-1-400；本局派员督察达县公民控该县业务所长渎职违法的密令，该案督察报告及财政部批准对原渠县分局局长石伯焜通缉令［A］．档案号：11-1-409；本局关于刘德修滥用职权，张仲铭勒索舞弊，连子麟违法售糖，前渠县分局局长违法渎职等案对重庆分局的指令及该局办理的报告［A］．档案号：11-1-511；渠县分局控诉案件［A］．内江市档案馆，档案号：11-1-474；资中县政府军法案件判决书［A］．内江市档案馆，档案号：11-2-73；资中分局对球溪业务所所长顾天星、法轮业务所所长陈定宇等案件的督查情况［A］．内江市档案馆，档案号：11-1-178；川康区食糖专卖局呈（1943年7月19日）［A］．内江市档案馆，档案号：11-1-401/68；川康区食糖专卖局呈（1943年10月23日）［A］．内江市档案馆，档案号：11-1-401/71；财政部渝人字二第

---

① 时、杨二人为同案，参见财政部渝专字第32663号训令（1942年9月23日）［A］．内江市档案馆，档案号：11-2-288/142．

43356号密训令［A］.内江市档案馆,档案号:11-1-401/158；财政部渝人字二第43419号密训令［A］.内江市档案馆,档案号:11-1-401/169；本局对泸县分局南溪、纳溪、双江业务所刘国斌、赖天民、李成章被控案的指令及查处情况的报告［A］.内江市档案馆,档案号:11-1-283/43；本局对泸县分局南溪、纳溪、双江业务所刘国斌、赖天民、李成章被控案的指令及查处情况的报告［A］.内江市档案馆,档案号:11-1-283/104；各分支机关呈控案［A］.内江市档案馆,档案号:11-1-68/41；民国川康区食糖专卖局对内江办事处、分局、城区业务所职员渎职贪污派员调查情形、前主任局长会计课移交情形、各种移交清册等报告的密令、指令［A］.内江市档案馆,档案号:11-2-42/92；内江分局人事控诉案件［A］.内江市档案馆,档案号:11-1-167/7-14；川康区食糖专卖局训令(1943年12月16日)［A］.内江市档案馆,档案号:11-1-617/67；本局对威远分局、荣县业务所所长龚与伯等贪污、渎职等案的训令、指令及案件具状调查情况［A］.内江市档案馆,档案号:11-1-228；财政部渝专字第32663号训令(1942年9月23日)［A］.内江市档案馆,档案号:11-2-288/142；川康区食糖专卖局对督察万县分局关于万开民商联民控万开局所长等职员假公操纵,营私渎职等案［A］.内江市档案馆,档案号:11-2-232/108；民国川康区食糖专卖局对遂宁办事处新旧主任交接情形各种交接清册、未交接清册、任内领取空白凭证、减征专卖款花名数量清册,请缉私处缉获前主任等报告的批示、指令［A］.内江市档案馆,档案号:11-2-40；财政部川康区食糖专卖局呈(1944年6月21日)［A］.内江市档案馆,档案号:11-1-531/404；民国川康区食糖专卖局对德阳办事处查复该处职员登记被控贪污渎职拐款潜逃等案［A］.该处及督察查复、黄许镇等业务所新旧所长交接情形及移交清册等报告的训令、指令［A］.内江市档案馆,档案号:11-2-24/58；川康区食糖专卖局对资中宜宾石桥分局职员贪污渎职等案派员彻查的密令及查办情形的报告［A］.内江档案馆,档案号:11-2-30/107-108；民国川康区食糖专卖局派员彻查宜宾办事处各业务所新旧主任交接中舞弊行为及查办情形、内江观音滩业务所新旧主任交接情形移交清册等报告的密令、指令［A］.内江市档案馆,档案号:11-2-38/44.

不难发现,川康区食糖专卖局贪腐案件的几个特征。第一,贪腐案件分布较广泛。仅笔者所见上述数例案件共涉及专卖分局或办事处14个,占总数的60.87%；第二,贪腐案件呈现出地域性与集团性的特点。从发案人员职务等级来看,表中所列各地贪腐人员的职务等级分布大致为丙等23.08%,丁等11.54%,戊等65.38%,而在戊等人员中,处于食糖专卖一线的业务所所长达

14名，占总数的比重超过一半。从贪腐案件的数量分布而言，资中、牛佛渡最多共4人次，渠县其次共3人次，金堂、威远、内江均为2人次，其余则为1人次。颇为值得玩味的是资中的张腾光、朱天民、王克斌三人均属一案，而牛佛渡分局长黄培一贪腐案件的发生也与吴明堂、程诚、刘代敏等人有密切的联系，更为奇怪的是渠县的赖兴儒、石伯焜、孙祥麟三例个案虽然互不统属，然而石与孙二人均以事件亲历者的身份参与或负责了自己前任贪腐案件的侦办工作，诸例个案之间看似独立，却又藕断丝连。民国时期，特别是在抗日战争的特殊背景下，此类独特的政治现象普遍地存在于整个国统区，其原因值得我们深思。

二、川康区食糖专卖局贪腐的原因分析

专卖局人员无论是合谋贪腐，还是一边侦办他人，一边自己贪腐，我们不禁要问，面对政府的高压态度，为什么专卖局职员仍对此趋之若鹜，"前赴后继"呢？

揆诸有关史实，笔者认为专卖局贪腐案件频发主要是由如下因素造成的。

（一）战时物价上涨，导致职员生存成本大大提高

当旷日持久的抗日战争进入1943年以后，通货膨胀加剧，物价上涨的幅度远远超出了居民生活所能负担的程度。同样作为公务员的川康区食糖专卖局职员亦是深有体会。川康区食糖专卖局董事会第三次董监联席会议通过决议，要求该会及专卖局"无论何级员工一律不得直接或间接经营糖业，并不得向糖商借款或私订互惠契约"，违者将依法惩处。[①]薪俸便成为专卖局职员收入的主要来源，以1943年为例，分局局长每月薪俸为310～350元不等，业务所所长仅为170元，一般员生则更少。[②]虽然专卖局职员及其家属均可领

---

① 财政部川康区食糖专卖局董事会第三次董监联席会议记录（1942年10月3日）[A].内江市档案馆，档案号：11-1-96/26.
② 财政部川康区食糖专卖局三十二年度各分局经费概算分等一览表[A].内江市档案馆，档案号：11-1-15/91-93.

取粮食补助，不过生活仍显拮据。这一点在资阳分局1943年上半年的工作报告中也得到了证实。

"查迩来物价日见飞涨，尤以米价为最，资阳每老斗米（约合三市斗）已涨至七百元，再看上腾之势，致对本局员工生活影响甚巨，刺激心理之观念更为重大，受此物价之威胁实令人难以为生，现本局职员待遇最高者，职员（眷属米一市石）每月亦不过一千三百元①，少者仅九百元，应待生每月不足四百元，七月份职员伙食每人计算在七百五十元以上，应待生亦达六百元以上，每月收入尚不敷个人吃饭，其有家庭重荷者际此物价之高涨，收入菲薄，生活不安，动荡颇大不无影响工作效率，早为设法补救。"②

专卖局职员，一方面须忍受着家庭生活拮据的困扰，另一方面则面临着大量专卖业务资金的诱惑，因而"饮鸩止渴"式的贪腐行为的频频出现便不足为奇了。《大公报》（桂林）也坦言："夫以今日物价之高，公务人员待遇之不足以养廉，税收与专卖机关，风气所染，未能免俗，欲其廉洁自持，未免责望过奢。"③王奇生在研究民国时期县长群体后亦指出，战时地方公务员待遇的急剧下降，对于基层政治的影响是显而易见的。"人非圣贤，要求基层公务员枵腹从公，自无可能，而犹望地方政治能清明健全与有效率，更是痴人说梦。"④

（二）食糖专卖机关庞大，缺乏监督

在当政期间，曹氏在专卖局职员的任用上专擅独断，僭越职权，体现了浓厚的"官本位"思想。根据专卖局各级人员任用程序的规定，对于丙等人员由专卖局遴选请财政部委派，对于丁等与戊等人员则由专卖局遴派，并呈

---

① 这其中包括专卖局职员及其家属的粮食补贴折合成现金的部分，因此，这一数据比职员薪津高出甚多。
② 川康区食糖专卖局资阳分局三十二年一至七月业务及工作概况报告书[A].内江市档案馆，档案号：11-2-32/19.
③ 再论专卖[N].大公报（桂林），1944-03-30（2）.
④ 王奇生.民国时期县长的群体构成与人事嬗递——以1927年至1949年长江流域省份为中心[J].历史研究，1999（2）.

财政部备案。① 然而，在专卖局成立之初，在办事处派用人员的任用问题上，曹仲植掌握了绝对的权力，有任人唯亲之嫌，这一点已在第二章中有所论及。因而，孔祥熙不得不发布指令，责令职员任免均须报部审核，严格按照专卖机关人事任用程序办理。② 不过，曹氏专擅的风格仍未能有所改善。例如，1943年年初，在未经财政部核准的情况下，擅自将办事处改革为分局，并增派人员，以至于引起孔氏的不满③，当然此乃后话。曹氏也常常无视专卖局董事会的存在。在食糖专卖局董事会第七次董监事联席会议上，包括董事长陈长衡在内的六人便在联名提议中，指责不仅食糖专卖"重要规章之拟订"、"收购及配销糖类之办法"、"糖类价格之调整"、"分支机关之设置及裁撤以及重要职员之任免"等事项均未送会审议，而且对于董事会历次决议案，区局亦"多延不执行，或竟搁置不理"，导致"局务紊乱，局长用人、行政往往逾越正轨，或感情用事，或浪费公帑"，所属分支机关主管人员纷纷上行下效，"贪污有案者比比皆是"④。为防止曹氏继续擅权，一方面，财政部责令川康区食糖专卖董事会"勉以恪遵该会组织规程，切实负责行使职权"⑤。换言之，就是强调董事会要充分担负与发挥督导专卖局业务的职能；另一方面，1943年3月中旬，鉴于曹氏"对糖业专卖颇多把持之处，现财政部为推进该处食糖专

---

① 专卖事业人员薪给及任用程序表[M]//财政年鉴编纂处编.财政年鉴续编：第九篇，附录法规.南京：财政部印行，1943：79.
② 财政部渝人字第50734号指令（1942年4月21日）[A].内江市档案馆，档案号：11-1-79/33.
③ 1943年12月23日，在函复川康区食糖专卖局的指令中，孔氏即援引区局改设分局，增派人员一事，认为"该局未经奉准前，即行增派人员殊有未合"，并以专卖局所裁人员不属于财政部核定组织内之员额为由，拒绝给予遣散费。参见财政部渝会一字第84852号指令（1943年12月23日）[A].内江市档案馆，档案号：11-2-186/119.
④ 财政部川康区食糖专卖局董事会第七次董监事联席会议记录（1943年2月18日）[A].内江市档案馆，档案号：11-1-96/44.
⑤ 财政部川康区食糖专卖局董事会第七次董监事联席会议记录（1943年2月18日）[A].内江市档案馆，档案号：11-1-96/44.

卖业务，并监察曹局长工作起见，特增派霍子瑞为该局副局长"①，以期起到制衡的作用。

（三）公库制度的实施状况欠佳

国民政府实施公库法，其目的旨在将"经征"与"经收"相分离，此举亦是杜绝贪腐现象的一个有效措施。由于专卖机关收支金额巨大，乃贪腐现象的高发地带，因此公库制度的实施迫在眉睫，同时这也得到了蒋介石的高度关注，1942年4月14日，蒋发布手令，略谓"以后中央与地方机关其预算经费之收支，应一律依照公库法之规定，由代理公库之银行或邮政机关办理之，不得由各机关总领全部经费自办出纳事项"②。6月4日，在财政部"关于加紧督促专卖事业之推行讨论会议"上，在收支处理办法问题上，与会人员一致赞同，"（1）专卖利益应依照公库法由代理国库之银行经收；其未设有代理国库银行之地区，专卖机关得自行经收，但须依照规定期限解库。（2）专卖机关一切支出，应由营运资金内开支，不得挪用经收之专卖利益"③。不过，就川康区食糖专卖而言，在实施过程中，公库制度并未得到严格执行。专卖机关常常"借口国库机构人员有限收纳不便，或缴款书缺乏，或商民不愿受银行收款之延缓等理由，多有将税款先行自收存入银行，然后每旬或每若干日汇缴公库"，因而各地不断发现挪用税款或窃取公款的情况。④据称截至1942年12月，在川康区食糖专卖局"所收专卖利益七千余万元中，尚有三千余万未经解库，复据报告，并有以专卖利益存放商业银行之

---

① 内江食糖专卖局增设副局长一员（1943年3月17日）[A]. 重庆市档案馆，档案号：0002-0001-00028.
② 财政部库渝字第29348号训令[M]//何思瞇.抗战时期专卖史料.台北：台湾"国史馆"，1992：436.
③ 财政部关于加紧督促专卖事业之推行讨论会议记录//何思瞇.抗战时期专卖史料[M].台北：台湾"国史馆"，1992：264.
④ 财政部库渝字第34096号训令（1942年11月19日）[A]. 内江市档案馆，档案号：11-2-68/120.

事实"。① 为此，孔祥熙责令专卖局恪遵收支处理暂行办法，不得出现"自行收纳坐支，或收私征收之款特存其他商业银行"的现象，对于未设国库的处所，应"迳向就近国库洽商派员常驻或按旬前赴该机关所在地代收"，或者委托当地邮局、银行及其他金融机构及商会、同业公会代缴国库。②

不过，公库制度的实施状况依旧堪虞，违规提支专卖利益资金的现象仍然屡见不鲜，或"开支经费未奉令准即先行坐支"，或"借口预留坐支经费，将专卖利益不遵纳库"，或"办事人员不健全者每有转账支款，重复遗漏，致发生错讹情事"③。面对诸如此类的违规状况，1943年8月刚刚履新的局长甘绩镛提出整改措施，拟废止各分局处经费坐支办法，改由区局直放，并在董事会第十次董监事联席会议上获得通过。④ 不过，这一措施是否能有效杜绝专卖局贪腐的现象，且看以下数据。

---

① 财政部渝专丙字第34730号训令（1942年12月）[A].内江市档案馆，档案号：11-2-68/137.
② 财政部渝专丙字第34730号训令（1942年12月）[A].内江市档案馆，档案号：11-2-68/137-138.
③ 财政部川康区食糖专卖局董事会第十次董监事联席会议记录（1943年8月16日）[A].内江市档案馆，档案号：11-1-96/58.
④ 财政部川康区食糖专卖局董事会第十次董监事联席会议记录（1943年8月16日）[A].内江市档案馆，档案号：11-1-96/58.

表5-5　各专卖机关收入暨解库数额[①]

截至1943年12月底止（单位：元）

区别	项目	专卖利益 经征数（A）	纳库数（B）	B/A
烟类	烟类专卖局	229,330,115.50	181,260,254.78	79.04%
	河南区	486,692,702.00	394,119,341.61	80.98%
	湖南区	112,611,309.00	100,204,348.00	88.98%
	贵州区	21,383,678.00	13,008,751.00	60.83%
	陕西区	53,429,268.00	20,030,368.00	37.49%
	甘宁青区	22,823,340.87	12,838,269.32	56.25%
	云南区	18,796,385.90	5,712,767.00	30.39%
	苏浙区	1,180,405.00	—	—
	粤桂区	57,485,146.40	34,833,356.34	60.60%
	闽赣区	18,361,321.00	13,880,947.00	75.60%
	合计	1,022,093,671.67	775,888,403.05	75.91%
糖类	川康区	322,718,520.00	82,745,693.48	25.64%
	粤桂区	92,882,953.00	38,949,095.00	41.93%
	闽赣区	74,286,466.00	52,004,976.00	70.01%
	合计	489,887,939.00	173,699,764.48	35.46%
火柴	火柴专卖公司	217,465,585.00	21,627,338.00	9.95%
	合计	217,465,585.00	21,627,338.00	9.95%
总计		1,729,447,195.67	971,215,505.53	56.16%

资料来源：财政部专卖事业司渝专（丙）字第1810号函//何思眯.抗战时期专卖史料[M].台北：台湾"国史馆"，1992：407.

据上表所示，不难发现，专卖利益征收数与缴解国库数不符并非川康区食糖专卖所独有的现象，相反更是普遍存在于整个专卖系统之中。不得不承认，1943年川康区食糖专卖利益的经征数相当可观，在烟类、糖类和火柴这三项专卖各个辖区中仅次于烟类专卖的河南区。而各区食糖专卖纳库数与征收数之比中，以川康区食糖专卖的25.64%为最低，远远落后于闽赣区的

[①] 笔者已对表中数据进行了核对与修订。

70.01%和粤桂区的41.93%；在整个专卖系统内部，也仅高于火柴专卖公司的9.95%。川康区食糖专卖如此之低的缴解率，使得大量专卖利益资金得不到有效监管，为贪腐"温床"的酝酿提供了可能性。

第三节 社会舆论对专卖政策的评价

一、社会舆论对专卖局贪腐频发的质疑

事实上，贪腐现象在抗战时期整个专卖系统内部均很普遍，故有论者言，专卖政策所加于广大人民的负担，"是瘦了人民，而肥了中间商和经办专卖事业的贪官污吏……业之以专卖机关的贪污案件，层见叠出，自非言辞所能争"①。专卖机关贪腐的类型可谓光怪陆离，"或因误解法令，短征国税者"，"或因不明手续，滞迟商人者"，"或为故意留难，藉端勒索者"，"或滥征补税（如指已完统税为未完统税或不准以统税移作专卖利益是）遂行贪污者"，"或利用职权，营私舞弊者"，"甚或擅自私设关卡，冒名估征者"②。无怪乎，《大公报》（桂林）评论曰："今日专卖机关和税务机关之收入，归国库仅十分之一二，饱入私囊者约十分之八九。"③ 显然这一估计过于夸张，不过这恰恰反映出战时专卖机关，乃至整个税务机关贪腐现象严重性和普遍性。这在当时流传甚广的一句顺口溜中便得到了很直观的反映，即"从正（政——指行政官员）不如从良（粮——指粮食部门官员），从良不如当娼（仓——指仓库管理官员），当娼不如下堂（糖——指食糖专卖局官员），下堂不如还乡（乡——指乡镇长）"。这就足见从事食糖专卖工作的"经济价值"之大。④ 面

---

① 程徐虚.我国专卖问题［J］.行务通讯，1944，5（7）：13.
② 孙奠国.专卖政策实施及改进［J］.文化建设半月刊，1944，2（3—4）：11.
③ 打破经济难关［N］.大公报（桂林），1944-05-19（2）.
④ 李永厚口述，关弓整理.抗战末期内江食糖专卖局票照案始末［M］//内江文史资料选辑：第4辑，1988：123.

对着这样一个"肥缺"的巨大诱惑，要消弭食糖专卖局贪腐现象无疑成了天方夜谭。在国民政府宣布取消食糖专卖之际，内江食糖专卖分局再次爆出涉案资金上千万元，涉及专卖局官员、职员共达 40 多人的票照盗窃贪污案的贪腐丑闻①便不足为奇了。

专卖机关贪腐案件频频发生无疑更加剧了社会舆论对国民政府的质疑。朱偰也不得不承认专卖人员徇私舞弊，不免予人以口实。②《大公报》（桂林）亦称"专卖机关贪污迭见，税收多为不肖官吏所中饱"，致使专卖政策这一政府的"良法美意"多为民众"诟病所集矢"③。另有论者称，"业之以专卖机关的贪污案件，层见迭出，自非言辞所能争"，所谓"涓滴归公"，实是一种讽刺。④

川康区食糖专卖局贪腐案件之多，甚至作为发行量较大的重庆《新蜀报》，也捏造专卖局职员贪腐的消息以吸引读者，增加关注度。⑤虽然这一事件系属伪造，不过，这也可从一个侧面反映出专卖机关贪腐现象之普遍以及由此造成的社会舆论对政府公信力的质疑。这也难怪，在政府裁并专卖的消息一出，重庆《工商新闻》便评论称，"专卖制度施行以来，流弊屡见迭出"，其"被社会人士揭发者，已不胜枚举，而流弊之未被发现者，更不知凡几"了。⑥

---

① 食糖专卖局查获舞弊漏税巨案，盗失证照漏税千余万元，全案嫌疑人员移送法院［N］.新新新闻，1944-07-31（9）；川康区食糖专卖局启事［N］.大公报（重庆），1944-08-20（6）；李永厚口述，关弓整理.抗战末期内江食糖专卖局票照案始末［M］// 内江县文史资料选辑：第 14 辑，1988：123—129；内江县税务志编写组.原内江食糖专卖分局"印照"盗窃贪污梗概［M］// 内江县县志编纂委员会，政协内江县委员会.内江县文史资料：第 9 期，1984：10—11.
② 朱偰.一年来之专卖事业［J］.财政学报，1942，1（1）：51.
③ 专卖与物价［N］.大公报（桂林），1944-04-06（2）.
④ 程徐虚.我国专卖问题［J］.行务通讯，1944，5（7）：13.
⑤ 1944 年 4 月 17 日《新蜀报》登载《糖官贪污，畏罪潜逃》的一则消息，称食糖专卖局内江分局业务课长延珍卿利用职权收受贿赂，舞弊走私，畏罪潜逃。财政部因而严饬专卖局彻查，经查该员系请假赴渝省亲，因此该消息纯系该报造谣，最后食糖专卖局还函请该报更正追诉。5 月 3 日，《新蜀报》又于原址刊出更正消息。参见内江分局人事控诉案件［A］.内江市档案馆，档案号：11-1-167/38-53、148.
⑥ 裁并专卖增强征实［J］.重庆工商新闻，1944（1023）.

二、社会舆论对于专卖政策引发物价波动的批评

平抑物价本来是国民政府实施专卖政策的鹄的之一。然而其实施所带来的一般物价上涨似乎是不争的事实。以重庆市茋售物价指数而论，1942年1月和9月总指数分别为3,270.1、5152.2①，涨幅约为57.55%；1941年总指数平均为1553.1，而1942年则为4,522.5，涨幅高达191.19%；一般物价在专卖政策实施前后涨幅显著。又以白糖价格而论，1942年1月和9月，内江的每市担白糖价格分别为365元、872元②，涨幅约为138.90%，若截至8月每市担白糖价格为1,066元，涨幅更是高达192.05%③。面对如此高涨的物价形势，社会舆论反响强烈，这显然与政府实施专卖的初衷相悖。1943年11月至1944年4月间，《大公报》（桂林）连续发表三篇探讨专卖问题的社评。1943年11月25日，该报发表第一篇社评，质疑称专卖价格有领导一般物价上涨之观感，并含沙射影地表达了对专卖政策在社会经济、财政政策，甚至财政收入上是否得不偿失的忧虑。④翌年3月30日，该报再次发表社评，称虽然专卖物品仅限于盐、糖、火柴、卷烟四类物品，"然以其与民生关系之密切，对物价反映之深刻，已予人以不可磨灭之印象"⑤。可见，专卖政策刺激物价上涨已引发了较为广泛的社会影响。一周之后，即4月6日，该报发表第三篇有关专卖的社评，认为去年以来物价的高涨，"乃由于通货膨胀、物资供应失调及投机囤积三条件所造成，本无关乎专卖，然专卖为刺激物价波动之一因素，则为社会所公认"，同时它还进一步指出，"世人所谓专卖价格领导物价"，盖指涨价之先后，而非专卖物品与非专卖物品涨价之多少。另外，文章还一针见血地指出专卖收入之增加并不能与专卖物品价格之上涨成正比例。

---

① 其中，基期为1936年上半年。参见重庆市茋售物价指数表[J].重庆市物价指数，1943，2（1）：1.
② 郭太炎.四川省近年蔗糖产销概况[J].中农月刊，1946，7（2）：54.
③ 为了遏制糖价的不断上涨的趋势，1942年9月5日，川康区食糖专卖局重新核定了新糖价格，并对其实施了严格管制，故内江9月的白糖价格相较于8月为低。
④ 论专卖[N].大公报（桂林），1943-11-25（2）.
⑤ 再论专卖[N].大公报（桂林），1944-03-30（2）.

因此，对因专卖物品涨价所带来的专卖利益的增益与刺激物价上涨的损失是否对等持怀疑态度。① 经济学家千家驹亦赞同上述《大公报》（桂林）的言论，并明确表示专卖利益"增收之速率远不及专卖税率增加之速，更不及专卖物品对物价刺激作用之大，亦属无可讳言"②。漆琪所言更可谓直击要害，他断言在战时物价瞬息万变之际，"专卖利益所获致之税收，其实际价值，往往不及其刺激一般物价上涨之作用为大，比之一般人民所受专卖涨价之痛苦，更不可衡量"③。以上论述虽然有些夸大，但专卖政策的实施刺激物价上涨确属事实。故当时成都出现了"管烟烟涨，管糖糖涨，管火柴，火柴涨……"的谚语，"竟曰专卖政策，为国家财政之恶政，而烦言迭兴"④。显而易见，随着国民政府战时专卖政策的实施的逐步深入，由其本身制度的缺失对社会经济，乃至人民生活所造成的弊害亦日渐显著，最终使其丧失了其政策执行所需的社会基础。

第四节 食糖专卖与川康区蔗糖业的关系

目前关于食糖专卖政策对川康区糖业的影响，学界几乎已成共识，程徐虚认为，"四种物品专卖以来，其产量均见减缩，且质地变坏，与'增加生产，改进品质'之原意，大相径庭"⑤。张庆天则将矛头直指专卖政策，指责食糖专卖制度曾使蔗农于亏累之下改种杂粮，导致川糖的衰落。⑥ 郭太炎认为战时川康区甘蔗产量日渐减少是由"专卖机关以专卖利益为重，一味压低糖

---

① 专卖与物价 [N]. 大公报（桂林），1944-04-06（2）.
② 千家驹. 什么是专卖 [J]. 半月文萃，1944，3（3）：18.
③ 漆琪. 专卖得失论 [N]. 广西日报，1944-04-02（2）.
④ 孙奠国. 专卖政策实施及改进 [J]. 文化建设半月刊，1944，2（3—4）：14.
⑤ 程徐虚. 我国专卖问题 [J]. 行务通讯，1944，5（7）：12.
⑥ 张庆天. 川糖苦味 [J]. 经济周报，1948，7（23）：14.

价"造成的。① 甚至当时一首打油诗流传甚广："统制管理又评价，怎么再能赚大洋。不经许可不许卖，生意自由一扫光。利益全部归政府，所以生意做不长。"② 许涤新、吴承明便将川糖的减产归结于食糖专卖。③ 刘志英认为，食糖专卖是导致四川蔗农弃蔗种粮以及制糖工业陷入停滞、徘徊的原因之一。④ 张朝辉在论及食糖专卖政策时，认为该政策的推行也曾一度较大幅度地增加了财政收入，但是由于国民党没有合理妥善地解决增收与抑制物价、征税与扶植税源等尖锐的矛盾问题，而是牺牲生产者的利益来确保专卖利益，其结果，尽管短期内增加了财政收入，并有利于资助抗战，但长远来看，却招致了整个制糖工业的急剧萎缩和严重破坏，并且物价也无法得到有效的控制。⑤ 综上所述，传统观点主要将抗战时期四川糖业衰落的根源归咎于食糖专卖政策。但是，笔者认为抗战时期川康区蔗糖业的衰微或许另有隐情。

一、米糖比价对蔗糖业的影响

米糖比价的失调是导致川康区蔗糖业衰落的主要原因，这是抗战时期，特别是1940年宜沙沦陷以来，粮食价格与食糖价格的变化趋势所决定的——这往往为学界所忽视。换句话说，蔗糖业衰落的罪魁祸首并非政策性因素，即食糖专卖政策，而是战时的一般经济规律。"升米斤糖"的川康区传统经济规律，"为内江农间二百年来之口号"⑥。据悉，由上文所述，1942年12月财政部在《加强管制物价方案实施办法草案》中明确指出："糖价虽已较前上涨，但尚未恢复战前升米斤糖之比例（内江一老升米价为十八元左右，但中

---

① 郭太炎.四川省近年蔗糖产销概况（下）[J].中农月刊，1946，7（2）.
② 杨修武，钟莳懋.川康区食糖专卖概述[M]//中国人民政治协商会议四川省内江市委员会文史资料委员会.内江县文史资料选辑：第14辑，1988：96，104.
③ 许涤新，吴承明.中国资本主义发展史：第3卷[M].北京：社会科学文献出版社，2007：577.
④ 刘志英.论抗战时期四川沱江流域的制糖工业[J].内江师范学院学报，1998（3）.
⑤ 张朝辉.论抗战时期川康区食糖专卖[J].档案史料与研究，1999（3）.
⑥ 财部专卖司长报告，糖价核定原则维持成本寓税于价充裕国库，大批白糖即可供应公教人员[N].新华日报，1942-09-06（2）.

白糖一斤不过十三元二角六分），故以不限价为宜。"① 可以断定的是，米糖比价的变化与蔗糖产量的变化关系密切。实际上，米糖比价是粮食与蔗糖种植面积和米糖产量比率的直观反映，这也是当地农业种植结构所决定的。

由于甘蔗为一年一季的经济作物，经济价值较高，但生长时间较长；而四川盆地属于亚热带季风气候区，种植粮食可一年两熟，因此，在可耕种土地的总面积一定的前提下，是选择种植甘蔗抑或粮食往往取决于当地农民对于植蔗或种粮收益率的预期。在那个严重缺乏确切的农业统计数据的年代，农产品的市场价格便成了农民衡量其收益率的最直观的标准。如此一来，米糖比价便顺理成章地成了农民植蔗或种粮的"风向标"，这也是由农民的经济理性决定的。也就是说，该地区米糖比价与蔗糖产量基本为负相关的关系。

表5-6 米糖比价与蔗糖产量关系情况

项目 时间	成都市上庄白米批发价格② （市石）	内江中等白糖价格③ （元/百公斤）	米糖比价 （‰）	四川蔗糖产量④ （万公斤）
1937	23.25	37.42	621	—
1938	22.21	41.42	536	6,092.29
1939	24.17	63.00	384	6,207.75
1940	103.91	180.33	576	7,682.74
1941	504.38	434.92	1,160	5,201.62
1942	824.92	1,084.89⑤	760	7,544.21
1943	2,688.71	4958.30	542	4,060.83
1944	9,499.17	6,912.00	1,374	3,633.67

① 四川联合大学经济研究所，中国第二历史档案馆.中国抗日战争时期物价史料汇编［M］.成都：四川大学出版社，1998：117.
② 李光治.十年来成都市米价的研究［J］.四川经济，1947，4（2-4）：29.
③ 1937—1942年数据参见经济部四川农业改进所编四川糖业现况［M］//中国第二历史档案馆.中华民国史档案资料汇编：第五辑第二编财政经济（七）.南京：江苏古籍出版社，1997：410—412；1943、1944年数据参见近年来逐月白糖价格记载表［A］.内江市档案馆，档案号：15-1-395/84.
④ 四川各县历年蔗田面积及蔗糖产量比较表［A］.内江市档案馆，档案号：15-1-395/79.
⑤ 由于2月因专卖开始实施实际无市，11、12月因新糖上市，等候新价，有糖者不愿出售，实际无市。因此本年系其余9个月糖价的平均价格。

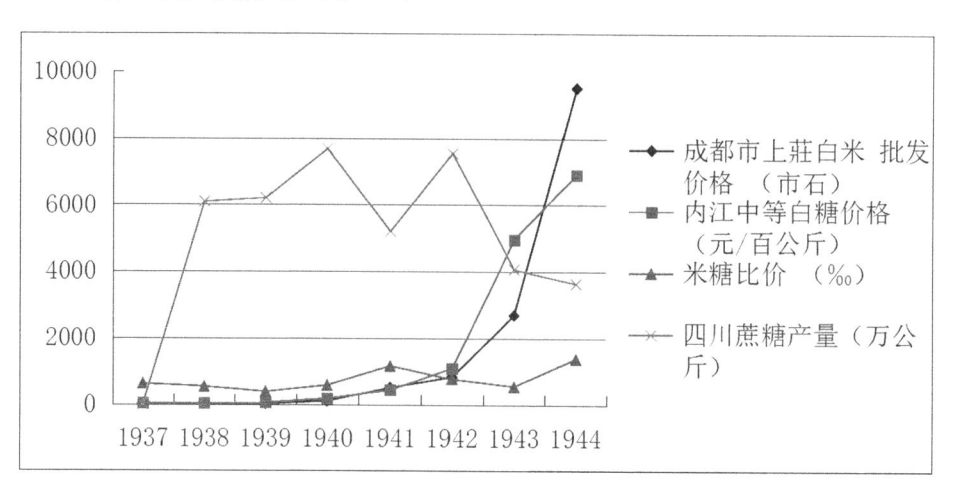

兹将上表数据做成图表如下：

图5-1 米糖比价与蔗糖产量关系

根据上图可知，一般而言，随着米价与糖价的逐年高涨，四川蔗糖产量亦随米糖比价的变化而变化，更确切地说，米糖比价为低值时（特别是1940年、1942年），蔗糖产量较高；相反米糖比价为高值时（特别是1941年、1944年），蔗糖产量则较低。通俗的说法，即"米贵糖贱"时，种粮收益率高于植蔗，因而蔗糖产量较低；而"米贱糖贵"时，种粮收益率则低于植蔗，蔗糖产量自然较高。① 换言之，抗战以来由于粮食紧缺导致该地区粮价暴涨，而此时食糖则由于丧失外销市场而出现滞销使得糖价相对低落，致使战时米糖比价严重失衡，进而导致蔗糖产量出现波动。

二、食糖专卖时期糖品价格的变动与政府因应

在1941年4月1日中国国民党五届八中全会第十次会议上通过的《筹办盐糖烟酒等消费品专卖以调节供需平准市价案》中，对专卖制度实施的目标早有初步预设，即"盖专卖制度，系由政府管制产销，保障生产运销者之合法利润，而使消费者不增加过分负担，以促进生产，节制消费，调节物价，

---

① 由于受严重旱灾的影响，1939年蔗糖产量相对较少，糖价则相对较高。

安定民生"[1]。显见平抑物价为抗战时期国民政府实施专卖制度的重要指归之一。因此，保持糖价的相对稳定，对于食糖专卖政策深入实施意义重大。不过，事与愿违，由于高达30%食糖专卖利益的加增以及糖类投机行为的日益猖獗，食糖价格呈现出日趋上涨的迹象。如表5-7所示，以上白糖为例，1942年4月15日以前上白糖收购价格为352.5元，而到7月10日重新核定为435元，涨幅为23.4%，9月5日再度将收购价格提高至888元，价格涨幅高达104.1%[2]，7—9月糖价呈现出明显上涨的趋势。糖价的不断上涨，导致社会舆论反响强烈，这显然与政府实施食糖专卖的初衷相悖。面对此种危机情势，政府及时做出了相应的调整，糖价管制即为因应措施之一。自川康区食糖专卖局迁至内江办公，并正式实施存糖登记起，便开始筹组糖类评价委员会评议收购价格，对糖类价格予以管制。

鉴于糖价剧烈波动的严峻形势，区局在业务会议上将市场管制列为重中之重，决定"依据生产成本及商人合法利润，核定产区批发价格及销区零售价格"，并指出如有糖商贪图"法外利润"，不遵守法定价格出售，或蓄意居奇抬价者，一律按国家总动员法处以违背法令扰乱市场罪，从严惩罚，决不宽纵。[3]新糖价于9月5日正式核定公布，其价格核定的因素亦经过多方面的考虑。财政部国家专卖事业司司长朱偰针对糖价核定遵照的原则做出了如下的解释：（1）"生产者方面，以维持成本，促进生产为原则"；（2）"消费者方面，寓税于价，使消费者在付价时尽纳税义务"；（3）"财政收入方面，则以充裕国库为原则"；（4）国防及经济方面，要减少消费，同时"应求糖价与粮价之比例勿相差过大，以免影响糖之生产"[4]。政府将维持食糖生产列在首

---

[1] 筹办盐糖烟酒等消费品专卖以调节供需平准市价案［M］//秦孝仪.中国国民党历届历次中全会重要决议案汇编（二）.台北：中国国民党中央委员会党史委员会，1979：185.

[2] 许廷星.内江蔗糖业概述［J］.四川经济季刊，1944，1（4）：330.

[3] 糖专卖利益收入甚丰，价格波动即加紧管制，扩大业务会议之收获［N］.中央日报，1942-08-26（5）.

[4] 财部专卖司长报告，糖价核定原则维持成本寓税于价充裕国库，大批白糖即可供应公教人员［N］.新华日报，1942-09-06（3）.

要位置，可见此时政府对糖价管制力度轻重的使用仍颇为谨慎。

由于内江各银行皆经营抵押贷款，且多以糖类为贷款抵押物品，因此常常出现买空卖空的现象，具体而言：

"凡以糖类存放银行仓栈者，即可照其货值之半，抵得现金，再以此现金购糖，又再将糖抵借，辗转数次，获糖遂多，一旦价格上涨，即行抛售，获利倍蓰，而其付银行之利息不过五分以下，故奸狡者得逞，亦往往有私糖藉抵押为名作遁迹之实者，银行亦无由考核。"①

针对此类现象，区局乃规定，糖类在完纳专卖利益之后，方准抵押。将证照转借非售糖商人，也将受到吊销证照并没收保证金的处罚。②换言之，游资须在糖类抵押贷款之前缴纳高达30%的专卖利益，这势必将大大增加它的机会成本。在产区各县成立专门的糖业交易所，也是一项重要的糖价管制措施。9月中旬，区局决定于蔗糖产区内糖商贸易集中之地，利用糖业同业公会作为糖类交易场所，并由区局严加管制，凡糖类交易须于登记数量、种类及价格后，始准核算专卖利益。③另外，对于违反糖价管制法令者，视其情节轻重，"取消其承销或零售之执照"，"没收其所缴保证金"，以及"按照总动员法科以十万元之罚款"等。④

此外，区局还对这一时期蔗糖产区的金融市况进行整顿。"内江比期利率挂牌四分，但黑市则常在八分到十分左右，日来甚至增至每元一角二分。"⑤因此，财政部在核定糖价的同时，也关停了内江未达开业标准的近20家钱

---

① 食糖零售价超出规定，专卖局决加管制，产糖区十县特设交易所，以黑市及私糖等流弊[N].时事新报，1942-09-23（3）.
② 内江糖市稳定，产区十县成立糖交易所[N].大公报（重庆），1942-09-19（3）.
③ 内江糖市稳定，产区十县成立糖交易所[N].大公报（重庆），1942-09-19（3）；川康糖专卖局，加紧管制食糖，利用公会作买卖场所，广设公栈防私糖交易[N].中央日报，1942-11-25（5）.
④ 川康糖价从新核定，实施严格管制防止波动[N].中央日报，1942-09-06（5）.
⑤ 内江比期利率，黑市达一角二分[N].新华日报，1942-09-06（3）.

庄。① 为了解决糖业市场游资充斥的问题，区局规定"未登记而购糖者，限一周后出境；已登记者，限十五日后出境。如在限定期限外，尚不运走者，即以囤积居奇论，予以处分"②。如此一来，糖类"买空卖空"的投机现象得到了有效遏制，糖价亦出现了逐步平稳的迹象。

从这一阶段糖价管制的效果来看，"内江产区之糖价，因专卖局采取有利措置，闻已抑低四分之一"③。区局曹仲植局长还决定将糖类核价办法在全川推广，"务使川康区内无一地之糖价不受其管制"。至此，这一轮糖价上涨的势头基本得到遏制。

但是，同一时期国统区物价仍处于加剧上涨的趋势之中，为此国民政府便于1942年年底颁布了《加强物价管制方案》，宣布将在1943年1月15日开始实施"限价政策"，随后国民政府更是将包括食糖在内的专卖物品价格严格控制起来。蒋介石甚至直接将专卖物品价格调整的权限收归到中央政府手中，甚至于拒不推行新糖价格，导致川康区食糖供应日趋紧张，甚至多次爆发局部"糖荒"现象。（关于此点，笔者将于后文详述）

1月底，距离川康区糖业中心的内江仅数十里之隔的自贡市首先出现糖荒。④ 由于新糖核价与"限价政策"相抵触，财政部下令"新糖自应暂缓上市，俟存糖销尽，再行定期上市新糖价格"，糖类交易仍应一概依照1942年11月底的价格成交。1942年11月底之中白糖价格为14.8元，而1943年1月15日核定中白糖销售价格则为24元⑤，新糖与旧糖之间价格相差高达62.16%。因此糖户出于经济利益考虑，多延不售糖，这进一步加剧了食糖供

---

① 在财政部取缔前，内江银钱业钱庄总数多达41家。参见管制金融市场，财部取缔内江未登记银钱庄[N].大公报（重庆），1942-09-06（3）.
② 川中鳞爪[N].大公报（重庆），1942-09-14（3）.
③ 管制川康糖价，主管机关即公布办法[N].大公报（重庆），1942-09-04（3）.
④ 川中鳞爪：自贡[N].大公报（重庆），1943-01-25（3）.
⑤ 由于自1942年9月5日第四次核定糖价至1942年11月底之间，糖价并未变化，因此11月底之糖价即为9月5日之核定价格。参见核定糖价原则，财部专卖司之说明，川糖行销区内免征统税[N].大公报（重庆），1942-09-06（3）；糖类新价，专卖局核定公布[N].大公报（重庆），1943-01-16（3）.

应紧张的局面。

据了解，1943年2月中旬，成都糖栈中各类糖品存量约为12万市斤，不足十日销售。①重庆市的糖品存量也仅为往年的四分之一，食糖供应形势极为严峻。②糖荒发展到后来，连作为蔗糖主产区的内江，市面除蜜饯以外，也少有食糖应市。③虽然专卖局竭力组织食糖配销，无奈由于其所涉及的范围和数量有限，致使食糖供不应求，"糖荒"现象始终未能得到根本解决。直至5月初，政府宣告"限价政策"结束，准许新糖价格重新评议，这种困窘的局面才得到一定程度的缓解。对于此种"人为糖荒"现象的出现，有时人一针见血地指出，这是法理上的问题④，言下之意，即此时新糖价格的推行与政府"限价"法令相悖。

显然，"糖荒"的出现是区局执行中央政府实施战时价格调控的结果。实际上，1942—1944年间，区局前后共八次对各种糖品的收购价格适时进行过调整。兹将历次各类糖品收购价格列表如下。⑤

表5-7　1942—1944年食糖专卖收购价格统计

单位：元/百市斤

时间 种类	1942年				1943年			1944年
	4月15日以前	4月15日	7月10日	9月5日	1月15日	5月1日	10月2日	3月1日
上白	352.5	370	435	888	1,410	1,440	2,160.0	3,456
中白	335	360	435	833	1,340	1,369	2,053.5	3,286

---

① 蓉市各机关商定，旧糖一律照旧价交易，新糖停止应市并严禁黑市[N].新新新闻，1943-02-16（8）.

② 糖业公会负责人谈：渝市糖荒问题，成本与定价相差颇巨，公会已设三处供应站[N].新华日报，1943-02-26（3）.

③ 川中简讯：内江[N].大公报（重庆），1943-03-17（3）.

④ 纯青．成都观光记之一，路过糖的家乡[N].大公报（重庆），1943-04-21（3）.

⑤ 上表为食糖的核价情形，至于甘蔗的核价，1942年每万公斤核定价格为3950元至4050元，1943年之核定价格为13,000元至13,500元，至于糖清每万公斤之核价，1942年为78,000元至82,000元，1943年之核价则为270,000元。参见许廷星．内江蔗糖业概述[J].四川经济季刊，1944，1（4）：330—331.

续 表

时间 种类	1942年				1943年			1944年
	4月15日以前	4月15日	7月10日	9月5日	1月15日	5月1日	10月2日	3月1日
下白	320	350	435	742	1,200	1,225	1,837.5	2,940
桔糖	165	170	200	348	590	603	904.5	1,447
红糖	160	160	200	417	650	664	996.0	1,594
原冰	460	575	600	1,340	2,150	2,197	3,295.5	5,273
转冰	460	575	600	1,040	1,700	1,737	2,605.5	4,169
机精	700	750	900	1,267	1,930	1,972	2,958.0	4,733
土精	700	750	900	1,478	2,200	2,248	3,372.0	5,395
黄糖	170	170	200	600	790	807	1,210.5	1,937
漏水	60	85	—	183	342	348	522.0	835

由上文所述可知，自1943年1月15日开始，食糖价格的调整便需经过中央政府批准方可实施。于是，1943年8月底，财政部部长孔祥熙应食糖专卖局及糖商之请，再次致函国家总动员委员会，要求根据川康区食糖专卖局拟议价格以提价80%为原则重新进行调整，以此遏制蔗糖产量的继续下滑，保障酒精原料的生产。[1] 国家总动员委员会秘书长沈鸿烈随即便请蒋介石做出批示。国民政府军事委员会侍从室第二处主任陈布雷对此并不认同，他在给蒋介石的签呈中表达了自己的担忧。他认为各种物价均相互关联，食糖虽并非八种民生必需品，然而食糖加价必然引发连锁反应，因此提议在时间和幅度上对包括食糖在内的政府管制物品价格的调整设限。[2] 于是，蒋介石很快便通过侍从室致电沈鸿烈，称"食糖增价至多不得超过百分之五十为要"[3]。自此以后，川康区各类糖品的收购、批发和零售价格均照此流程不定期地调整，

---

[1] 财政部密呈（1943年8月）[A].台湾"国史馆"，档案号：001-110010-00020-009.

[2] 陈布雷签呈（1943年9月13日）[A].台湾"国史馆"，档案号：001-110010-00020-009.

[3] 国民政府军事委员会委员长侍从室致国家总动员会议沈鸿烈电（1943年9月17日）[A].台湾"国史馆"，档案号：001-110010-00020-009.

至于糖价上涨幅度则均得到蒋介石首肯方能生效。有学者认为，1943年1月至5月，限价政策期间，国民政府暂时收回了专卖物品价格调整的权限①，但正如上文所述，自1943年2月初至1944年3月，作为专卖物品之一的糖品价格的调整权限，始终掌控在蒋介石一人之手。

　　1943年12月，孔祥熙再次通过国家总动员会议转呈蒋介石，以"现值新糖生产期中，糖业专局奉总局令新糖禁止应市交易，而一般糖商以新制之糖不售出，蔗农又需索蔗价"，若不加改善，恐对四川糖业造成严重影响为由，请求其予以批示。但是，蒋介石却迟迟未予答复。因此，孔祥熙于1944年2月再次致电蒋介石，称"各地糖商以新糖产制成本确较旧糖为高，在新糖价格未奉核定以前，均不肯脱售，如强行规定新糖仍按旧价销售，则各级糖商有亏血本，实系扞格难行"，而且"糖价压低过甚"，必将直接导致蔗糖减产，同时也间接影响酒精生产。此外，他还强调当地农民种蔗意愿降低，糖商资金周转困难"均属实情"，为"维护川康糖业生产"与糖户生计，保障"各地食糖之供应"，"新糖价格实有迅予调整必要"②。据孔祥熙所呈调整糖价说明显示，各类糖品收购价格相比旧价上涨幅度在73.20%至97.32%之间。③蒋介石虽然最终同意调整糖价，但他同时又特意做出"糖类涨价以百分之六十为限，市价超出限价，拟请财政部注意"的批示。④显然，这一价格与当地蔗糖产制的实际成本尚存在不小差距。由于1944年春节以后，一般物价均趋上涨，食糖的产制、运销成本亦"连带增加"，因此，内江等产区各县制糖业公

---

① 朱英，邱晓磊. 国计与民生：抗战时期川康区食糖专卖中的蔗糖定价之争［J］. 安徽史学，2015（5）：16—26；刘克祥. 中国近代经济史（1937—1949）［M］. 北京：人民出版社，2021：2674—2675.
② 财政部部长孔祥熙致军事委员会委员长蒋介石电（1944年2月26日）［A］. 台湾"国史馆"，档案号：001-110010-00020-009.
③ 食糖收购价格比较表（1944年2月）［A］. 台湾"国史馆"，档案号：001-110010-00020-009.
④ 如表5-7所示，1943年10月糖类收购价格较5月上涨50%，1944年3月较1943年10月上涨60%。参见陈布雷签呈（1944年3月）［A］. 台湾"国史馆"，档案号：001-110010-00020-009.

会再次呈请重新另核糖类价格，但遭到财政部驳复。孔祥熙针对此事再次致电蒋介石，表示由川康区食糖专卖局于1943年12月15日根据实需产制成本拟定报批的糖价较之10月1日糖类核价平均提高85%，但是，1944年2月最终核定糖价却仍较原拟调整价格降低25%，最后孔祥熙也发出警告"核定价格既较目前实际成本为低微，如管制稍有不周"，将导致食糖黑市滋生。① 虽然笔者并未发现蒋介石针对此事的回复，但由表5-7所示，不难发现，孔氏之言依旧未能改变1944年3月1日糖价核定的结果。此外，笔者通过翻阅《陈布雷从政日记》发现，1944年3月7日，陈布雷在阅览国家总动员会议代理秘书长端木凯所送《中央地方党政机关及国民全体加强管制经济平抑物价纲要》的文件之后，觉得"十分空洞而不合用"，与蒋介石另一高级幕僚陈方协商之后，"亦以为然，乃签明此意，呈委座核定"②。从这一细节不难发现，直至此时蒋介石仍极为看重物价平抑，因此，很有可能并未放松对专卖糖品价格的管控力度。

　　蒋介石与中央政府借专卖政策大肆打压蔗糖价格对蔗糖业的影响无疑是严重的。一方面，在生产环节，中央政府将蔗糖的定价权牢牢地掌握在自己手中。为了配合"限价"政策，中央政府更不惜通过压低价格，或延迟评价等手段，来达到控制蔗糖价格上涨的目的，这种不惜牺牲生产者利益的"超经济强制"手段不可避免地会带来川康区蔗糖的减产。另一方面，在销售环节，食糖专卖政策的实施过程中，私糖现象屡禁不绝，糖价黑市现象严重。到1943年5月，食糖议定零售价格，上白糖每万公斤47万元、桔糖20万元、红糖22万元。③6月底黑市糖价分别为白糖每万公斤52万元、桔糖约20万元、红糖约30万元，至7月底白糖又涨至60万元、桔糖约24万元、红糖约34

---

① 财政部部长孔祥熙致军事委员会委员长蒋介石电（1944年4月8日）[A].台湾"国史馆"，档案号：001-110010-00020-009.
② 陈布雷.陈布雷从政日记（1944）[M].香港：开源书局，2019：38.
③ 专卖办法之改进，承销商均兼营零售业务，朱司长谈食糖议定新价[N].大公报（重庆），1943-04-30（3）.

万元。①食糖遵奉官价交易者，实为寥寥。②食糖销售环节的危机很快便波及生产环节，进一步导致川康区蔗糖业的衰微。由此可见，战时蒋介石与中央政府所实施的"限价政策"方才是导致川康区糖业衰落的重要原因之一。

当然，不可否认的是，蒋介石与中央政府极力压制糖价的举措更多的是出于管控国内物价的全局考虑，却并未顾及数量庞大的川康区业糖者的生计，在很大程度上体现了抗战特殊时期协调国计与民生内在关系的紧张与矛盾。

---

① 经济部四川农业改进所编四川糖业现况 [M]// 中国第二历史档案馆. 中华民国史档案资料汇编：第五辑第二编财政经济（七）. 南京：江苏古籍出版社，1997：412.
② 孙奠国. 专卖政策实施及改进 [J]. 文化建设半月刊，1944，2（3—4）：14.

结 论

在制度预设之初,国民政府同时赋予了专卖政策促进生产、节制消费、调节物价、安定民生、开拓税源等的多重职能,却也大大低估了在抗战特殊时期政策落实的难度。由于财政拮据,资金匮乏,食糖专卖在实际运作中无力将"官收""官运"——这两大专卖事业之"枢纽"纳于掌握,转而以"不收购"原则,配合"专案收购"与配销政策作为替代,致使食糖收购与运销陷入困境,国民政府对糖价的严格管制也导致私糖案件层出不穷,黑市现象屡禁不止。这不仅使食糖专卖被社会舆论指摘为"假名专卖""变相加税",也与"统制产制,整购分销"的政策宗旨背道而驰。如此一来,国民政府对专卖糖品的统制力度大为降低,食糖专卖政策的实施效果也大打折扣。虽然,这在一定程度上实现了增加财政收入的目标,但是,由于贪腐频发,政策苛扰,川康区食糖专卖最终沦为民众与舆论"诟病所集矢"。

统制经济政策实为抗战时期国民政府推行的一项重要举措,符合当时世界政治经济发展的趋势,但统制经济实施的方式与限度则需要审慎考虑。第一届国民参政会第二次会议在检讨统制经济政策时,就表示在维持统制原则的同时,也应改进统制方法,力求"不致妨害民生"。有时人也指出,"统制经济,即为财政着想,亦不应流于剥削",在抗战的特殊条件下,国家对民众的摄取实属必要,但"应取人民于有余,不能陷人民于不足";应为"分利",而非"争利"。[①] 但揆诸实际情形,在抗战时期统制经济的运行中,国计与民

---

① 统制经济与民生[N].益世报(昆明),1939-10-25,转引自统制经济与民生[J].中外经济拔萃月刊,1939,3(3).

生两大问题的处理与应对始终存在着两难的抉择。

在食糖专卖期间，面对国民政府的经济统制，蔗农、糖房、漏棚及其各地制糖业同业公会借助省县两级政府、专员公署及省县两级临时参议会等多种渠道，围绕着蔗糖定价问题，同代表中央政府的专卖局展开了多次激烈的较量与博弈。但是，事实上，在蔗糖评价的问题上，无论是专卖局，还是财政部，对过分抑低糖价均持相对保留的态度，而其看似忽视蔗农、糖商诉求的举动则更多的是迫于蒋介石与中央政府实施的"限价政策"的政治压力。当然，不可否认的是，蒋介石与中央政府极力压制糖价的举措更多的是出于管控国内物价的全局考虑，却并未顾及数量庞大的川康区业糖者的生计。此一战时食糖专卖中各方利益纵横交错的复杂局面，在很大程度上体现了抗战特殊时期协调国计与民生内在关系的紧张与矛盾。而这也仅仅是国民政府战时统制经济的制度与实情之间相互适应与调试的一个侧面。置诸此类的表征，不难发现，其背后隐伏着战时广泛存在着的国民政府与生产者围绕"国计"与"民生"两大主题的互动与角力。

附 录

附表1　1937—1940年国民政府关税、盐税、统税短收情况[①]

单位：元

年度	关税 预算数	关税 实收数	关税 实收占预算百分比	盐税 预算数	盐税 实收数	盐税 实收占预算百分比	统税 预算数	统税 实收数	统税 实收占预算百分比
1937	369,267,522	239,227,013	64.78%	228,625,553	140,954,419	61.65%	176,313,905	30,036,692	17.04%
1938	184,633,761	127,861,584	69.25%	115,182,597	47,481,686	41.22%	87,808,825	15,610,254	17.78%
1939	243,304,695	345,938,169	142.18%	83,414,173	61,245,168	73.42%	32,430,114	22,260,782	68.64%
1940	259,390,000	37,767,239	14.56%	100,000,000	79,971,234	79.97%	—	—	—

注：1. 1939年度，国民政府会计年度改为"历年制"，因此1938年度仅为6月至12月的数据。

2. 1940年度起统税改为货物税，故不列。

---

① 1937—1940年三项税收的预算数，参见财政年鉴编纂处.财政年鉴三编：第三篇第二章[M].南京：财政部印行，1948：10，12，13，15；1937年—1940年三项税收的实收数，参见财政年鉴编纂处.财政年鉴三编：第三篇第五章[M].南京：财政部印行，1948：130，132，133，135.

169

附表2　1942年财政部川康区食糖专卖局职员一览表①

职别	姓名	性别	年龄	籍贯	学历	经历	党籍
局长	曹仲植	男	38	山东昌邑	齐鲁大学毕业、中央训练团党政班毕业	财政部振务委员、行政院参事、河南财政厅厅长、全国粮食管理局副局长②	中国国民党
副局长	霍子瑞③	男	38	山西平遥	朝阳大学毕业	河北省政府秘书、中央造币厂审查委员会主任秘书、财政部鄂豫区鄂东税务管理所简任所长	
秘书	延珍卿	男	36	山东广饶	国立北京大学经济系毕业	绥远省政府秘书、科长，财政部冀察晋绥区统税局督察、行政院非常时期服务团主任干事	国民党
	金亚夫	男	40	辽宁海城	沈阳高等国文系毕业	辽宁农矿科长、行政院非常时期服务团第三队副队长，铨叙合格荐任职	党证尚未发下
总务科科长	张培元	男	34	山东汶上	国立山东大学毕业、中央训练团党政班第十三期毕业	振委会平陆儿童教养所所长、河南财政厅督察	国民党
财务科科长	魏伯常	男	27	浙江上虞	中央政治学校大学部财政系毕业	财政部国库署科员、农林部主任科员、本局会计组组长	国民党
业务科科长	—						
会计室主任	温礼贤	男	31	广东梅县	朝阳大学毕业	曾任会计主任等职	
督察	杨承荣	男	39	山东齐河	中国大学毕业	山东青城县县长、荣誉军人管理处上校处员	国民党
	鞠思澍	男	38	河北南宫	国立师范大学毕业、中央训练团毕业	河南财政厅督察、粮食部稽核	国民党

① 本表未将练习生、助理员包括在内。
② 曹仲植校友升任厅长 [J]. 齐大校友通讯，1939（1）：10.
③ 财政部川康区食糖专卖局组长以上职员名册 [A]. 内江市档案馆，档案号：11-1-53.

续 表

职别	姓名	性别	年龄	籍贯	学历	经历	党籍
	吴荣轩	男	36	河南汲县	安徽省立安徽大学政经系毕业	河南各高中及高师教职员、山西省党部秘书、中央军校第七分校政治教官	国民党
	杨会鹏	男	35	江苏淮阴	上海大夏大学毕业、日本明治大学研究生	曾任湖南地方行政人员干部学校政治指导员、国立西北工学院生活指导组主任兼经济学讲师、建川煤矿公司运销组组长	国民党
	陈颜温	男	39	四川资阳	国立成都大学毕业	曾任运输统制局财务处荐任组员兼第三股股长	
	施寅辅	男	35	江苏崇明	国立暨南大学毕业	曾任乐西公路工程处稽核股股长	
	刘作舟	男	34	河北滦县	北平燕京大学毕业、日本早稻田大学研究院毕业	曾任北平中国大学讲师、成都朝阳大学教授	
	周膺九	男	49	四川安岳	四川公立工业专门学校毕业	曾任四川懋功、垫江、广安等县县长，四川新都县征收局局长、四川第十区专员公署科科长、四川省立工科高中校长	
	孙仲瑜	男	35	山东青岛	燕京大学文学士、法国南锡大学研究生	经济部平价购销处日用品课主任	
	耿习道	男	40	安徽怀远	国立中央大学毕业	铨叙部甄别任职合格	宁字第04528
	蔡仁	男	48	湖北武昌	江西私立法政别科毕业、四川省训团第一届毕业	曾任科员、科长、秘书、军法（官）等职	
	张南雷	男	28	江苏泰兴	北平私立朝阳学院毕业	曾任航委会政治部编辑、行政院第二战区经济委员会金融科科长	
	徐克昌	男	36	湖北黄陂	北平民国大学毕业	省府秘书保安处秘书、经济部编译	

171

续表

职别	姓名	性别	年龄	籍贯	学历	经历	党籍
	王同化	男	30	湖北黄陂	中华大学商学院经济系毕业	曾任粮食管理局平价米供应处及粮食部民食供应股股长等职	
	孙祥麟	男	32	安徽桐城	国立清华大学毕业	国立北平研究院编辑、通俗读物编刊社编辑主任、河南民国日报社总编辑	
	韩方温	男	31	山东长清	北平中华大学毕业	道清铁路车务处课员、清化站站长，新乡、信阳等站站长，川黔驿道干线海棠溪南站站长	
组主任	田得露	男	39	山东临清	北京朝阳大学毕业	曾任绥远、甘肃教育厅秘书、科长，山东全省烟酒税总局科长，中央政治学校附设边疆学校秘书	
	毕铁帆	男	28	山西临晋	上海新华艺专毕业、中央训练团第十三届党政班毕业	河南省财政厅视察、财政部科员	
	李苏森	男	28	江西丰城	中法大学肄业	河南财政厅科员、第一战区粮食管理处少校科员、河南粮政局主任科员	
	隋树桂	男	34	山东招远	北平师范大学生物系毕业	曾任中学教员、粮食部四川储运局视察	
	胡芳霖	男	37	湖北沔阳	北京中国大学毕业	湖北民政厅吏治股长、汉口市政府铨叙主任、河南禁烟督察处秘书兼科长	
	邓兆槐	男	29	广东东莞	国立中山大学农学士	广东省建设厅技士兼省营第一蔗场主任、广西维容县政府建设科科长、全国粮食管理局视察	
	赵述	男	32	河北玉田	交通大学毕业	交通部嘉陵江运输处业务组长	
	周颂华	男	31	浙江余杭	复旦大学毕业	曾任公司会计主任等职	

续 表

职别	姓名	性别	年龄	籍贯	学历	经历	党籍
	田百川	男	30	河南嵩县	国立西北大学经济系毕业	曾任河南嵩县县中校长、行政院会计处科员、本局重庆办事处财务组组长	
	臧宗哲	男	31	浙江吴兴	中央军需学校第八期毕业	曾任航委会交通部所属机关会计员、股长等职	
科员	王琛	男	30	浙江杭县	持志大学毕业	桂林行营军法处少校主任书记官、中央训练团中校训育员、中央大学训导员	
	孙瑞春	男	28	山东峄县	山东省立济南师范毕业	川康直接税局办事员及代理股长、四川粮食储运局科员	军真字10601
	邓文烈	男	28	山东菏泽	日本法大经济科毕业	曾任团员所长、组长、队长、科员、秘书等职	特字58407
	姚俊闻	男	29	四川井研	四川大学文学院毕业	成都新新新闻报记者、重庆西南日报编辑、成都华西日报编辑、重庆新民报编辑	
	刘文达	男	25	四川巴县	重庆会计专修馆毕业	农本局会计员	
	王银桂	男	25	河南新安	西北农学院毕业	农本局出纳员	
	李绥之	男	28	河南泌阳	河南省立高师毕业	曾任振委会南郑难民总站总务组组长、行政院服务团分队长	
	方怀民	男	38	浙江萧山	浙江省立一中毕业、山海中华职业学校会计科毕业	国立第六中校总务干事、农本局贵阳农业仓库会计、江西裕民银行总行施行组领组	
	王德纶	男	28	辽宁辽阳	国立东北大学经济系毕业	曾任陕西邮政管理局邮务员、火车邮局局长、凤翔县邮政局局长、四川美丰银行行员	
	王积仕	男	35	南京	上海大夏大学毕业	曾任川滇西路乐富段会计股股长	

续　表

职别	姓名	性别	年龄	籍贯	学历	经历	党籍
	王经纶	男	39	山东广饶	南京河海工专肄业	资源委员会科员	
	罗蕴章	男	49	四川泸县	泸州旧制中学毕业、四川省立陶瓷讲习所毕业	二十军军部参谋、七十八军军部主任军需	
	陈颜昶	男	27	四川资阳	四川省立资中中学高中部毕业、江苏纸行专科学校肄业	曾任车驼运销所会计员等职	
	奚道厚	男	29	江苏溧阳	沪江大学经济系肄业	曾任农本局及西南公路局会计、贵州火柴公司及华生电器厂会计主任	
	熊燕诗	男	32	四川广安	国立四川大学毕业、特训班交通队毕业	四川各省立及县立中学教职员、陆军二十军秘书、中国运输公司处员、川中公路局课员	
	胡志贞	女	30	四川遂宁	南京金陵女子大学毕业	曾任南京中学女中、四川遂宁洛江中学女中、青岛市女中、成都省立女师及华师大学教员	
	沈秉成	男	37	湖北孝感	国立北平大学法学院毕业	曾任秘书、科长、组长等职	
	施鹏飞	男	38	江苏溧阳	上海江南学院毕业	曾任秘书、科长、组长等职	
	吴之江	男	35	湖北黄梅	中华大学肄业	曾任科员、会计员	
业务员	张武东	男	30	山东临邑	济南育英中学毕业	山东国货商场管理员	
	林禄田	男	26	河北清宛	国立四川大学肄业		
	赵蕴修	男	28	广东台山	国立艺专毕业	国立艺专助教、中央警官学校技师	特字第66041
	郑德为	男	26	四川剑阁	川西北龙棉属公立高中毕业	四川省保安团书记、全国粮食局仓库督导室课员	

续表

职别	姓名	性别	年龄	籍贯	学历	经历	党籍
	叶庆会	男	27	四川内江	国立四川大学毕业	四川省农业改进所甘蔗试验场技士兼农场管理处主任及四川内江高职校教员	
	彭国民	男	28	安徽广德	南京职业学校汽车科毕业、中央军校毕业	军事委员会参谋、川康盐务管理局采运所组长、主任	
	刘海潮	男	28	河南长葛	河南第二区农业学校毕业	河南建设厅科员	
	王子刚	男	29	河北安国	保定育德高中毕业	振委会第七救济区干事、交通部驿运干线组员	
	邰邦杰	男	26	河南鲁山	国立第十中学高中部毕业	曾任科员、事务主任、教员等职	
	张景行	男	20	河南禹县	河南省战区中学毕业	兵工署第五十工厂事务员	
	李志超	男	27	江苏吴县	江苏省立苏州中学毕业	财政部总务司第二科助理员、粮食部民食供应处会计室办事员	
	马恩海	男	26	河北天津	天津扶轮中学毕业	青年书店总管理处会计组复核主任、出纳主任	
	孙式珏	男	31	山东阳信	山东省立惠民高中毕业	曾任经理员、会计员、科员、中学教员、县党部委员、本局新津办事处第三股股长	
	陆寅	男	29	南京	南京成美中学毕业、清华大学肄业	曾任科员、稽查长等职	
	高凤九	男	32	河北通县	北平私立北方高中毕业	北平市卫生局办事员、华西公路卫生专员、办事处办事员	
	蒋相澄	男	26	贵州安龙	光华大学肄业	曾任会计员、教员	
	陈宗浩	男	23	湖北云梦	私立大中中学毕业	曾任湖北恩施县立中心小学教员	

资料来源：财政部川康区食糖专卖局职员清册［A］.内江市档案馆，档案号：11-1-79/85-95.

附表3　1942年财政部川康区食糖专卖局所属办事处主任一览表

所属部门	姓名	性别	年龄	籍贯	学历	经历	党籍
内江办事处主任	黄靖南	男	33	四川琪县	岷江大学肄业	曾任四川善后督办公署秘书、中央通讯社记者	
富顺办事处主任	黄培一	男	29	山东齐东	国立清华大学外国语文系毕业	曾任德国驻济领事馆秘书、财政部总务处糖类统税富顺主任驻场员	国民党平字第2055号
资中办事处主任	李锡勋	男	32	江苏高邮	中央政治学校行政系毕业	广东省政府合作事业管理处副处长	
简阳办事处主任	王毅吾	男	32	山东峄县	天津工商学院毕业	曾任河南省政府财政督察、河南沙河区营业税局局长	
重庆办事处主任	刘化庭	男	44	山东益都	山东济南齐鲁大学毕业	山东县长考试及格、山东永利盐场知事、青城、泽县等县县长	
资阳办事处主任	赵之人	男	31	河北丰润	中央政治学校毕业	曾任县市政府科长、秘书等职	
泸县办事处主任	任星崖	男	30	江苏宜兴	持志大学法学士毕业	交通部训练所教官、祈永警备司令部秘书	
宜宾办事处主任	马希文	男	36	河北大城	河南专门学校毕业	曾任第二集团军总司令部军法官、第三十二师军法官、巢县县政府秘书、四川粮食储运局视察	
金堂办事处主任	于质彬	男	38	山东海阳	北平民国大学毕业	曾任科长、山东益都县县长、山东省立第七简易师范校长	
渠县办事处主任	石伯焜	男	37	河南潢川	湖北武昌中华大学政经系毕业	曾任第五十一军秘书、河北卢龙县县长、陕西省企业公司总务科科长	
广元办事处主任	杨寿严	男	40	河北雄县	北平中国大学政治系肄业	曾署理山东招远县县长等职	
成都办事处主任	王春晖	男	37	山东蒲台	齐鲁大学毕业、庐山训练团毕业	曾任上校政治督导员	

续 表

所属部门	姓名	性别	年龄	籍贯	学历	经历	党籍
万县办事处主任	李君谟	男	34	山东胶县	山东大学肄业	河北省保安司令部少校科员、视察员	
德阳办事处主任	张润堂	男	27	河北安平	中央政治学校大学部经济系毕业	陕西省企业公司稽核课长、陕西省渭惠渠会计科长	
会理办事处主任	傅显扬	男	36	四川内江	北平大学工学院毕业	西安市政府技佐	
仁寿办事处主任	郑自严	男	31	山东泰安	北平民国大学毕业	山东省立滋阳师范、济南市立中学、国立湖北中学、国立第六中学教员	国民党
广安办事处主任	文自佳	男	39	辽宁沈阳	北平朝阳大学法律系毕业	西康所得税专员、西康省政府参议	
犍为办事处主任	张文骙	男	39	四川荣昌	法国郎西大学毕业	大学教授、行政院参议	
荣威办事处主任	彭伯兴	男	35	安徽广德	日本早稻田大学毕业	曾任军委会中校秘书、全国慰劳总会秘书等职	
雅安办事处主任	杨敏兴	男	34	四川富顺	中央军校三分校二期毕业	曾任第二十四军军部机要科长、建设局局长、主任、大队长等职	
遂宁办事处主任	高庆丰	男	29	河北遵化	齐鲁大学经济系毕业	财政部税务署编译室主任	国民党平字第02632号

资料来源：财政部川康区食糖专卖局所属办事处主任清册［A］．内江市档案馆，档案号：11-1-79/95-97．

附表4 财政部川康区食糖专卖局登记合格特许承销商一览表
截至1942年5月27日

序号	商号名称	地点	经理人姓名	行销区域	承销糖品种类	资本金额（万元）	月承销糖额（公斤）
1	蜀和股份有限公司内江分公司	内江中山路	张维祥	陕西、云南、湖北等地	白、红、桔、冰	100	100000
2	蜀记裕川字号内江分号	内江中山路	张维祥	川省各县及康省	白、红、桔、冰	50	50000
3	义和	隆昌南街	罗日宣	隆昌、永川、璧山、荣昌、宜昌	红、白、冰	8	7500
4	同利祥	隆昌南街	郑恩财	隆昌	红、白、冰	2	2700
5	卿记永和盛	隆昌泽湘路18号	邬汉卿	隆昌	白、冰、水	2.5	2700
6	宏裕	隆昌南街	李制华	隆昌、荣昌、永川	白、冰、水	2	2700
7	德轩永	隆昌林森路	俞湘渊	隆昌、荣昌、永川	白、冰、红	2	2800
8	和通祥	富顺富江镇	陈庆之	泸县、忠县、江津、重庆、合江、赤水	红、白	5	7000
9	和通	富顺富江镇河街41号	周淑三	荣县	冰、白、红	5	5000
10	福记	荣县中城镇西街	郭乾绍	荣县	冰、白、红	5	10000
11	鑫记天福	荣县中城镇中西街	刘泽鑫	犍为、宜宾、仁寿、嘉定	白、红、桔、冰	2	5000
12	区联合作社	内江观音乡正街	□志波	荣昌、隆昌	白、桔、红	5	5000
13	昌德	内江水巷子	张耀南	江津、重庆	红、白、桔	15	5000
14	华原糖厂	内江龙井沟7号	黄鹏基	重庆	精、白、红	100	150000
15	朱太祥	内江南街	朱克炽	省内外	红、白	5	7000
16	鸿盛	内江南街81号	廖从周	重庆、木洞	白、红	5	10000
17	利丰祥	内江南街89号	胡怀德	富顺至万县、成都、广元、宝鸡	白、红、桔	16	2500

续 表

序号	商号名称	地点	经理人姓名	行销区域	承销糖品种类	资本金额（万元）	月承销糖额（公斤）
18	和丰	内江河街514号	刘用贤	江津、重庆、鱼镇、綦江	白、红、桔	10	2500
19	永泰祥	内江河街145号	刘德安	重庆、涪陵、彭水	红、白、冰、桔	10	2500
20	和义	内江河街145号	刘用贤	江津、重庆、鱼镇	红、白、冰、桔	20	2500
21	忠兴和	内江南街	泰泽生	省内外	红、白	6	2500
22	华农糖厂	内江圣水寺侧	甘蓂阶	内江、重庆	精、白、桔	300	30000
23	丰泰	内江新生路21号	曾懋修	成、渝、纳、涪、万、西康、贵阳、遵义、西安、宜昌	白、红、桔、冰	5	3000
24	隆和	内江小东街15号	张春逢	省内外各商埠	红、白、桔、冰	50	3000
25	昌久	内江中山路115号	曾蜀岐	泸县、江津、重庆、万县、宜昌、沙市、汉口、常德	白、红、桔、冰	5	6000
26	庆丰和分号	内江南街	池有辉	重庆、万县、三斗坪	红、白、桔、冰	5	6000
27	华丰	内江东坝街21号	吴国臣	省内	冰、白、桔、红	10	2500
28	源森祥	内江中山路112号	王鸿骧	津、渝、合、万、宜、广元、宝鸡	白、桔、红、冰	5	2500
29	福泰	内江城南镇东坝街21号	李克贤	川、黔、陕、鄂	冰、白、桔、红	10	250000
30	喻义祥	内江城南镇南街	曾仲海	富顺、泸州、江津、重庆、万县、石桥、成都、赵镇、顺庆、广元、宝鸡、西安、洛阳	白、冰、桔	2	2500
31	协和祥	内江城南镇南街	卢翔高	富顺、泸州、江津、重庆、万县、石桥、成都、赵镇、西安、洛阳、顺庆、广元、宝鸡	白、冰、桔	2	2500

续　表

序号	商号名称	地点	经理人姓名	行销区域	承销糖品种类	资本金额（万元）	月承销糖额（公斤）
32	长美	长寿河街镇新街	廖子农	长寿、□□、长江、江北、邻水、□□□□	红、白、冰	20	17600
33	同福厚	长寿河街镇下心街	左柏呈、左适符	长寿、重庆、长江、邻水、江北、梁山、大竹	红、白、冰	20	17600
34	永川	长寿河街镇官梯子	何潘卿	长寿、涪陵、垫江、邻水、江北、梁山、大竹	红、白、冰	20	17600
35	长裕	长寿河街镇模街	韩星五	长寿、垫江、江北、涪陵、大竹、梁山	红、白、冰	20	17600
36	永丰隆	长寿河街镇中心街	韩季高	重庆、涪陵、长寿、江北、邻水、梁山、垫江	红、白、冰	20	17600
37	长盛	长寿河街镇新街	杨文周	长寿、梁山、垫江、江北、邻水、涪陵、大竹	红、白、冰	20	17600
38	和康	长寿河街镇下新街	韩安宋	长寿、重庆、垫江、梁山、大竹	红、白、冰	20	17600
39	永和祥	长寿河街镇上新街	李纬香	长寿、綦江、梁山、大竹、涪陵	红、白、冰	20	17600
40	福星仁	忠县老街	艾仲宣	忠县、梁山、垫江、石柱	红、白、冰	5	14650
41	聚源祥	忠县东坡镇老街	刘雨亭	忠县、梁山、垫江、石柱	红、白、冰	5	14650
42	忠兴和	忠县东坡镇老街	李镇宇	忠县、梁山、垫江、石柱	红、白、冰	5	14650
43	朱泰祥	忠县生根镇老街	朱光纬	忠县、梁山、垫江、石柱	红、白、冰	5	14650
44	周万泰	忠县生根镇老街	周前民	忠县、梁山、垫江、石柱	红、白、冰	5	14650
45	允记	忠县生根镇老街	朱紫云	忠县、梁山、垫江、石柱	红、白、冰	5	14650
46	永隆	綦江古南镇中正街	杜复成	綦江、黔北	冰、白、红	10	10000

续 表

序号	商号名称	地点	经理人姓名	行销区域	承销糖品种类	资本金额（万元）	月承销糖额（公斤）
47	同益永	綦江城镇中街	胡远祥	綦江	冰、白、红	5	5000
48	福泰	綦江古城镇交通路	余百川	綦江、黔北	冰、白、红	10	10000
49	源茂利	綦江石角镇兴隆街	李绍文	綦江、黔北	冰、白、红	20	15000
50	福康	綦江东溪镇正街	赵鼎荣	綦江、黔北	冰、白、红	15	15000
51	永通	綦江古南镇中正街	罗玉书	黔	冰、白、红	10	10000
52	源茂和	南川龙化镇东外街	王国栋	南川、黔北	冰、白、红	30	20000
53	成大	威远西街	袁克成	威远、白马庙、荣县	白、桔、片	5	10000
54	中国炼糖公司	内江三元井	吴卓	内江、安岳、遂宁、成渝、陕甘	精、白	400	5000
55	源昌权	内江东兴镇田坝街	张汉尧	内江、安岳、遂宁、成渝、陕甘	冰、片	6.5	1000
56	金富和	内江东兴镇田坝街	雷季卿	内江、遂宁、自贡、开县、重庆	冰、片	3	1000
57	复盛荣	内江东兴镇田坝街	何子林	内江	糖	3.4	1000
58	裕兴祥	内江东兴镇田坝街	周汉雄	内江、重庆、铜梁、安岳	冰、白	5	600
59	茂盛源	内江东兴镇田坝街	林郁文	内江、重庆、泸县	冰	2	500
60	天成生	内江东兴镇田坝街	陈汉昭	内江、重庆、泸县	冰	2	800
61	全兴永	内江东兴镇田坝街	雷季卿	内江、重庆、遂宁	冰、白	3.2	1000
62	义兴铨	内江东兴镇田坝街	刘悦铨	内江、遂宁、安岳	冰、白	4	1000
63	裕昌荣	内江东兴镇田坝街	廖镜堂	内江、遂宁、顺庆、重庆、安岳、忠县、万县	冰	4	1000
64	全发祥	内江东兴镇田坝街	黄柏荣	内江、顺庆、成都、重庆、遂宁	冰、白、桔	6.5	1000

181

续　表

序号	商号名称	地点	经理人姓名	行销区域	承销糖品种类	资本金额（万元）	月承销糖额（公斤）
65	同义永	内江东兴镇田坝街	黄银安	内江、铜梁、大足、安岳	冰	3	1000
66	四和森	内江东兴镇田坝街	何贵成	内江、重庆、安岳、万县、遂宁	冰	5	500
67	永明和		黄永明	内江、重庆、万县、忠县、涪陵、潼南	冰	5	1000
68	仁利祥	内江东兴镇正街	巫仁辅	内江、重庆、泸县	冰	5	1000
69	顺成永	叙永东城镇东大街	李蔚文	叙永、古蔺、大足、华节、黔西	白、红、冰	20	23100
70	聚昌	眉山县	涂春霖	眉山全县	白、红、冰	10	20000
71	舆益	新津县	郑荣山	新津附近各县	冰、白、红	3	3500
72	利华	丹陵县	郭绍汾	丹陵全县	红、冰、白	6	7500
73	永新	合江治城镇北门	王超伦	合江	白、红、冰	12	12000
74	协利	崇庆城箱镇	胡市桥	崇庆	红、白、冰	3	3000
75	鼎昌	内江新生路	胡则言	川、鄂、陕	白、红、桔、冰	20	3000
76	永昌	内江新生路	王永久	川、陕	白、红、桔、冰	20	3000
77	同仁泰	内江东大门	王□昭	泸县、合江、江津、赤水	冰、白、红	10	10000
78	永顺	内江东大门	陈遗扬	富顺、赵化镇、泸县	冰、白、红	10	10000
79	富庆昌	内江东大门	陈进提	泸县、江津、重庆	白、红	10	10000
80	裕生	内江南街	胡尊五	沙市、宜昌、西安、宝鸡	冰、白、红、桔	20	3000
81	裕通祥	内江南街	胡尊五	沙市、宜昌、西安、宝鸡	冰、白、红、桔	10	3000
82	□昌	内江龙井沟	萧家点	重庆	白、红	20	10000
83	协昇公	威远严凌镇	刘通城	自贡、威远、荣县、白马庙、富顺	白、桔、片、漏水	2	5000

续表

序号	商号名称	地点	经理人姓名	行销区域	承销糖品种类	资本金额（万元）	月承销糖额（公斤）
84	协和酒精厂	威远曾家街	李柱光	本厂	桔、漏水、原水	10	60000
85	张荣盛和	乐山迎春街	张金荣	乐山、峨眉、洪雅、夹江、雅安	红、白、冰	5	12500
86	福利嘉	乐山中城镇得胜街	何瑞波	乐山、洪雅、峨眉、雅安、竹根滩	红、白	2	5000
87	福荣分庄	乐山中城镇得胜街	郭鄂秋	乐山、犍为、仁寿、井研、洪雅、天江、峨眉、雅安、容县、自井	白、冰	3	5000
88	福□昌	乐山上河街	向锡城	乐山、峨眉、夹江、洪雅、雅安	白、红	2	5000
89	明远	乐山上河街	程继昌	乐山	白	2	4000
90	华溪食糖承销店	乐山云华镇	吴致中	云华及附近乡镇	冰、白、红	12	13000
91	惠丰	犍为中城镇	孙承汇	犍为、乐山、峨眉、洪雅	红	60	15000
92	□厚	犍为孝姑镇	杨俊廉	犍为、乐山、峨眉、洪雅	冰、白、红	50	10000
93	协进食糖合作社	乐山镇子场	廖仲安	乐山镇子场及峨眉各乡镇	冰、白、红	2	5000
94	矩成合记	峨眉绥山镇	方矩成	峨眉峨边	冰、白、红	2	3300
95	聚昌	乐山中城镇	赵崇荣	川康	冰、白、红	5	4250
96	永丰	内江	刘智明	泸县、江津、重庆、涪陵、万县	冰、白、红、桔	10	50
97	忠美	内江	张生崇	重庆、土坨、合川	冰、白、红	6	6000
98	信利	内江	黄鹏基	川、陕、宝鸡	冰、白、红、桔	5	5000
99	裕丰荣	内江	李祥麟	丰都、涪陵	冰、白、红、桔	10	5000
100	合成	内江	兰锡彬	土坨、合川、武胜	冰、白、红	5	5000
101	永济字号	内江	向瑞生	重庆、合川、土坨、广元	冰、白、红、桔	6	6000

续　表

序号	商号名称	地点	经理人姓名	行销区域	承销糖品种类	资本金额（万元）	月承销糖额（公斤）
102	同生厚	内江	卢德初	川、宝鸡、西安	冰、白、红、桔	2	5000
103	同昌裕	内江	赵崇周	富顺、泸县、纳溪、江安、南溪	冰、白、红、桔	8	5000
104	慎济	内江	冉和丰	重庆、涪陵、丰都	冰、白、红、桔	10	5000
105	□昌和	内江	姜定国	江津、重庆、涪陵、彭水、龚滩	冰、白、红、桔	5	5000
106	和祥	内江	何云高	泸、合、津、□□	冰、白、红、桔	5	5000
107	和诚分号	内江	张进修	重庆、万县、三斗坪	冰、白、红、桔	5	5000
108	福兴分号	内江	张体建	宜昌、重庆、万县、三斗坪	白、冰、桔	5	50
109	中和永分号	内江	赵兰亭	津、渝、万、宜、三斗坪	冰、白、红、桔	5	5000
110	德义永	内江	曾汉模	泸、津、渝、万、沙、宜、西安、贵阳	冰、白、红、桔	8	5000
111	福记	内江	滕矩卿	重庆、合川、土坨、工汇	冰、白、红、桔	5	5000
112	德庆昌	内江	王学儒	富顺、泸县、江安、纳溪、南溪、宜宾	冰、白、红、桔	10	5000
113	新记一生	自贡市	傅顺清	自贡市附近	冰、白、红	5	2500
114	德福祥	自贡市	王育之	自贡市附近	冰、白、红	6	2500
115	鸿记协裕丰	富顺	王子文	自贡市、荣、威	冰、白、红	5	3000
116	德源长	自贡市	吴炳林	自贡市附近	冰、白、红	3	2500
117	永利生	自贡市	李荣章	自贡市附近	冰、白、红	5	2500
118	永庆祥	自贡市	陈方浦	自贡市附近	冰、白、红	10	2500
119	荣大	自贡市	倪文藻	自贡市附近	冰、白、红	3.1	2500
120	交游京果店	自贡市	胡鸣皋	自贡市附近	冰、白、红	5	2500
121	鸿天	自贡市	刘文铸	自贡市附近	冰、白、红	3	2500
122	大同	富顺	杨澹哲	富顺	白	2	5000
123	鸿达	自贡市	朱学熹	自贡市区	白	2	5000
124	德裕祥	江北县	顾铸农	江北、合川	冰、白、红	2	5000
125	合成	江北县	周郁生	江北、合川、武胜	白、冰、红	5	11000

续　表

序号	商号名称	地点	经理人姓名	行销区域	承销糖品种类	资本金额（万元）	月承销糖额（公斤）
126	永和	江北县	王集煊	土坨、重庆、合川	白、红	3.6	6000
127	同胜	巴县	万宜之	北碚附近	白、冰、红	5	11000
128	同盛祥	荣昌吴家镇	万荣安	永川、荣昌、铜梁、大足、璧山、安岳	白、红	4	2500
129	裕生昌	荣昌吴家镇	张秉钧	永川、荣昌、隆昌、璧山、铜梁、大足、安岳	白、红	5	3210
130	义和	荣昌吴家镇	甘文杰	璧山、铜梁、大足、安岳	白、红	4	2500
131	华记	荣昌吴家镇	陈绍华	永川、璧山、铜梁、大足	白、红	2	2500
132	裕丰	荣昌吴家镇	童增书	荣昌、永川、铜梁、大足	白、红	4	2500
133	永昌祥	荣昌吴家镇	萧荣卿	璧山、铜梁、大足、安岳	白、红	4	2500
134	永义祥	荣昌吴家镇	陈洪顺	永川、璧山、铜梁、大足、荣昌、隆昌、安岳	白、红	4	2500
135	□懋源	荣昌吴家镇	谭炽安	永川、璧山、铜梁、大足、荣昌、隆昌、安岳	白、红	3	2500
136	同春永	荣昌吴家镇	唐绍璋	铜梁、大足、荣昌、安岳	白、红	3	2500
137	德义昌	荣昌吴家镇	张玉山	永川、荣昌、铜梁、大足、璧山、安岳	白、红	2	2500
138	易□坝合作社	荣昌吴家镇	敖云龙	璧山、□□、大足、安岳	片、红	2	2500
139	协昌	荣昌吴家镇	王宗利	璧山、□□、大足、安岳	片、红	4	3000
140	临江寺合作社	荣昌吴家镇	曾镜明	璧山、□□、大足、安岳	片、红	2	3000
141	汉地坝合作社	荣昌吴家镇	张仲荣	璧山、□□、大足、安岳	片、红	2	2600

续　表

序号	商号名称	地点	经理人姓名	行销区域	承销糖品种类	资本金额（万元）	月承销糖额（公斤）
142	庆记	荣昌吴家镇	徐玉华	璧山、□□、大足、安岳	片、红	4	2100
143	马桑编合作社	荣昌吴家镇	陈益戎	璧山、□□、大足、安岳	片、红	2	2500
144	荣记	荣昌吴家镇	隆荣甫	璧山、□□、大足、安岳	片、红	3	3000
145	德义昌	内江中山路	曾寿宣	泸县、江津、渝、万、宜、沙、汉口、常德	冰、白、红、桔	5	5000
146	德昌永	内江中山路	曾锡铭	泸、江、津、渝、万	冰、白、红、桔	5	5000
147	富顺	内江南街	廖壁光	川、宝鸡、西安、三斗坪	冰、白、红、桔	5	5000
148	内江永丰字号	内江渠家巷	李如田	重庆、涪陵、丰都、忠县	冰、白、红、桔	10	5000
149	同昌合	内江河街	姜定国	江津、重庆、涪陵、水龚滩	冰、白、红、桔	10	5000
150	丰记	内江新生路	陈雅安	津、渝、万	冰、白、红	6	6000
151	复厚生	内江新生路	刘国安	津、渝	冰、白、红	5	5000
152	民生公司物产部内江办事处	内江民族路	甘时雨	渝、万、广元、宝鸡、西安、三斗坪、贵阳	冰、白、桔、红、糖蜜	100	10000
153	裕达	内江临江路	魏玉阶	泸、津、渝、万、合川	冰、白、桔、红	26.3	5000
154	协记恒干隆	内江东坝街	叶树堂	泸、渝、津、合江	冰、白、红	5	5000
155	宏复	内江交通西路	王隆荣	川、三斗坝、宝鸡、西安、贵阳、遵义	冰、白、红、桔	20	10000
156	源祥	内江东坝街	王茂林	泸、津、渝、土坨、合川	冰、白、红、桔	5	5000
157	同胜	内江东坝街	邓一贤	重庆、北碚	冰、白、红	5	5000

续　表

序号	商号名称	地点	经理人姓名	行销区域	承销糖品种类	资本金额（万元）	月承销糖额（公斤）
158	利诚	内江小东街	张春蓬	重庆、□□	冰、白、红、桔	10	5000
159	义永昌分号	内江南街	蒲□禄	泸、□、万、宜、渝	冰、白、红、桔	5	5000
160	正记德泰	内江南街	□□愚	泸、□、万、广元、宝鸡、西安	冰、白、红、桔	5	5000
161	新记	内江南街	廖壁光	江津、重庆、泸县	冰、白、红、桔	5	5000
162	义重	内江南街	廖壁光	江津、重庆、泸县、广元、宝鸡、西安、三斗坪	冰、白、红、桔	5	5000
163	源源	内江大南街	范培基	叙永、泸县	冰、白、红	5	5000
164	安裕	内江箭道街	聂树德	川、三斗坪、遵义、贵阳、广元	冰、白、桔、红	5	5000
165	富铨	内江箭道街	张泽文	川、沙、宜、广元、宝鸡、昆明、贵阳	冰、白、桔	6	5000
166	德新字号	内江东坝街	王受轩	泸、津、渝、万、西安	冰、白、桔、红	5	5000
167	永新	内江东坝街	邓治南	泸、津、合江	冰、白、红	5	5000
168	利源昌	内江茂市镇	刘寿高	四川境内	白、冰、红	5	6000
169	同聚合	宝鸡	张聚财	陕西	白、冰、红	3	5000
170	万兴□	长安	王容山	陕西	白、冰、红	2	5000
171	同兴裕	陕西□阳	武世忠	陕西、河南	白、红	2	2500
172	福顺荣	长安	黄文轩	陕西、河南	白、红	2	5000
173	德懋兴	长安	黄文轩	陕西、河南	白、红	2	5000
174	天顺昌	长安	殷百川	陕西、河南	白、红	2	5000
175	敬信意	长安	元子珠	陕西、河南	冰、白、红	2	5000
176	甘肃省贸易公司广元通讯处	广元	苏觉民	甘肃	冰、白、红	2000	5000
177	投兴店	广元	雷大年	陕西、河南	红、白	2	5000

续　表

序号	商号名称	地点	经理人姓名	行销区域	承销糖品种类	资本金额（万元）	月承销糖额（公斤）
178	达兴西	长安	张子铃	陕西、河南	红、白	2	5000
179	万顺源	陕西华岳	李绶卿	陕西、河南	红、白	2	5000
180	德胜福乐记	长安	杨子美	陕西、河南	红、白	2	5000
181	济胜丰	长安	李子福	陕西、河南	红、白	2	5000
182	庆丰永	资中大东街	龚洪发	四川	冰、白	10	10000
183	源盛祥	资中骝马乡	陈发源	泸县	白	2	3720
184	建川	资中龙山镇	刘文雅	内、泸、江口、陕西	白、冰、桔、红	6	5000
185	中懋公司	资中凤岭镇	邓世珣	渝、泸、成、西安	白	100	50
186	吉兴全	资中龙山镇	周容光	四川	白	3	50
187	义生和	资中太平镇	□名安	内、安、泸、渝、潼南、铜梁、遂宁、合川	白	10	50
188	合昌	资中西街	姚春明	四川、西安	冰、白	20	30000
189	义记	资中龙山镇	何浩□		冰、白	5	5000
190	元亨贞	资中凤岭镇	张少卿	四川	冰、白	10	15000
191	忠信	资中龙山镇	廖德全		白		20000
192	复昌	资中龙山镇	邓静儒		白	5	10000
193	大中	简阳市桥镇	钟文清	□□	冰、白、桔、红	5	5000
194	同义森	简阳市桥镇	刘期永	成都	冰、白、桔、红	3	10000
195	同富公	简阳市桥镇	胡玉章	川康区	白、红	2.5	3000
196	恒利	简阳市桥镇	王少卿	省内外	冰、白、桔	4	15000
197	尚记	简阳贾家	夏云清	四川	冰、白	2	2800

续 表

序号	商号名称	地点	经理人姓名	行销区域	承销糖品种类	资本金额（万元）	月承销糖额（公斤）
198	德康	简阳石桥	祝昭文	川康	白、桔、红	5	7500
199	余在田	简阳石桥	余从龙	本区	冰、白、桔、红	5	4000
200	利济	简阳石桥	刘膺华	各县	冰、白	2	2500
201	兴永	简阳石桥	樊孝先	各省县	冰、白	2	5400
202	丰记	简阳石桥	廖超凡	各县	冰、白、红	2	3000
203	永利源	简阳石桥	蒋瑞庭	各县	白、红	2	2500
204	集昌	简阳	傅纯熙	各省县	冰、白、红	2	5000
205	瑞华	简阳	谢定邦	各县镇	冰、白、红、桔	2	3000
206	同春永	简阳	陈宇辉	各县	白	2	3000
207	长发祥	简阳	宋华邦	省内外	白	3	3000
208	恒昌	简阳	樊慎之	省外	冰、白、红	3	2500
209	福钰祥	简阳	罗武甲	各县	白	2	3000
210	裕生昌	简阳	谢瑞元	各县	冰、白	2	3000
211	合发	简阳石桥	吕从右	各省县	冰、白	2	2500
212	义盛荣	简阳	张齐先	各省县	白、红	2	2500
213	继川源	简阳石桥	黄惠明	各省县	冰、白	2	3000
214	聚义生		余江成	省内外	冰、白	2	2500
215	瑞昌	简阳石桥	陈义贵	各县	白、冰、桔、红	3	4000
216	大明	简阳石桥	周泾帆	省内外	冰、白、桔	2	2500
217	恰丰	简阳石桥	吴达轩	各省县	冰、白	2	2500
218	泰昌	简阳石桥	张昌甫	川省	冰、白	8	8000
219	万丰	简阳石桥	周体仁	省内外	白、冰、红	10	10000
220	和平	简阳石桥	周次孟	川省	冰、白	8	8000
221	福昌祥	简阳石桥	樊永桢	省内外	冰、白、红、桔、漏	2	5000
222	德成永	简阳石桥	吴永清	省内外	白、冰、桔、红	5	5000
223	华通	简阳	罗辅之	省内	冰、白、红、桔	4	10000

续　表

序号	商号名称	地点	经理人姓名	行销区域	承销糖品种类	资本金额（万元）	月承销糖额（公斤）
224	义源	简阳石桥	张玉如	省内	冰、白、红、桔	2	2500
225	胜利丰	简阳石桥	周仲祥	省内	冰、白、红、桔	5	4000
226	协厚昌	简阳石桥	夏清顺	省内外	冰、白、红、桔	5	5000
227	德昌	简阳石桥	段治平	川康	白、桔、红	5	5000
228	利华公司石桥办事处	简阳石桥	任又霖	川康陕甘豫鄂等省	白、桔	30	20000
229	同益	简阳石桥	张万福	川康	冰、白、红、桔	10	20000
230	乾益	简阳石桥	陈紫荆	各地	冰、白、红、桔	3	5000
231	同合	简阳石桥	邓亮功	川康	红	3	5000
232	源源森	简阳石桥	胡栋元	川康	红	2	5000
233	福祥荣	简阳石桥	曾学富	荣赵镇	冰、白、红、桔	3	10000
234	富和	简阳石桥	曾松廷	各省县	冰、白	2	2500
235	魏敦文	简阳石桥	魏敦文	各县	冰、白、桔、红	2	5000
236	裕丰祥	简阳石桥	樊成基	川康	红	2	5000
237	志成	简阳石桥	黄永成	川康	冰、白、红、桔	2	2500
238	同心合	简阳石桥	陈雁军	省内外	冰、白、红、桔	20	5000
239	祥丰	简阳石桥	杨□泰	陕	冰、白、红、桔	2	2500
240	西和祥	简阳石桥	郑退祚	省内外	白	2	2500
241	裕通	简阳石桥	汤子华	省内外	白	2	5000
242	源丰	简阳石桥	郑寿元	省内外	冰、白、红、桔	2	5000
243	庆丰	简阳石桥	吴永清	省内	冰、白、红、桔	5	5000

续 表

序号	商号名称	地点	经理人姓名	行销区域	承销糖品种类	资本金额（万元）	月承销糖额（公斤）
244	义大	简阳石桥	李华轩	省内	冰、白、红、桔	5	5000
245	聚合	简阳石桥	丁致中	省内外	冰、白、桔、水	2	20000
246	和丰	简阳石桥	罗德闻	省内外	白、冰、桔、红、水	4	25000
247	永祥	简阳石桥	丁在明	省内外	白、冰、桔、红、水	2	25000
248	德金	简阳平泉镇	周载堃	蓉、温、双、赵	红	2	3500
249	星聚□	简阳平泉镇	□渊如	乐、遂、合、顺、大河坝	冰、白、红	2	5000
250	协诚	简阳平泉镇	张子扬	蓉、赵、资、内、遂、合、顺	冰、白、红	2.5	6500
251	咸宜	简阳平泉镇	陈允皋	遂、赵、合、资、内、蓉	红、白、冰	15	40000
252	合记	简阳风龙寺镇	黄子纯	遂、资、赵	红	2	2500
253	协和祥	简阳简城镇	陈发桢	各县	白、冰	3	3000
254	鼎新	重庆陕西街	黄青萍	巴县	冰、白	10	7000
255	裕康商号	巴县马王镇	□□亭	江、巴、长、涪、云、万、三斗坪	白、红、桔	5	3000
256	华通贸易行	重庆林森路	卢文仲	渝、南川	白、红、冰、□	10	9000
257	福邻商行	重庆中正路	刘万荣	江、巴、巴县、邻水	红、白	100	40000
258	福源字号	重庆打洞街	朱敬西	涪、长、垫	白、桔	50	50000
259	怡丰源	木洞正街	陈琢璋	渝、江、巴、长、涪陵	白、红、冰	60	51000
260	方华	渝林森路	吕裕卿	渝、巴、江北、江津、涪、长	白、红、桔	10	5000
261	益新茶楼	磁器口金蓉街	程营山	渝、江、巴等	冰、白、红、桔	4	6000

续　表

序号	商号名称	地点	经理人姓名	行销区域	承销糖品种类	资本金额（万元）	月承销糖额（公斤）
262	力生	菜园坝下南区街	梁可吟	渝	白、红、冰	5	6000
263	镒丰	渝陕西街	诸有纯	渝	红、白	50	60000
264	富裕	渝赣江路	李懋卿	□、涪	白、红、冰、桔	100	50000
265	华懋公司	渝连花路	吴晋瓶	渝、万、泸	白、桔	5	10000
266	冠生园	渝民权街	徐佩镕		白	160	8000
267	协泰	渝李子坝正街	石著成	渝、□□	冰、白、红	3	2500
268	群益商行	同县青木乡	章庸	渝	白、红	4	5000
269	万象蓉记	重庆上清寺	李蓉	渝	冰、白、红	3.5	5500
270	水昌仁	巴县民生路	卿泽甫	渝	冰、红、白	10	10000
271	德源	渝中正路	彭安吾	渝、合、土、铜	白	10	5000
272	大东	巴县人和镇	向东甫	渝、江北、巴县	白、红	20	2500
273	大江	巴县人和镇	陈航荣	江津、巴县、渝	冰、白、红	30	30000
274	启新	渝文华街	宋启荣	渝、涪	白、红	10	10000
275	德丰	渝千厮门街	李泽之	渝	白、冰、红	10	9000
276	裕隆	渝林森路	吴先煊	渝、江、万	红、白、桔	5	8000
277	仁合	渝五四号	刘季高	川、黔、渝	冰、白、红、桔	20	5000
278	信利渝庄	渝陕西街	罗开文	渝	冰、白、红、桔	5	5000
279	源通	巨县渔洞溪	雷玉高	巴县	冰、白、红、桔	30	30000
280	永厚福	内江	尤尔嘉	川内外	白	6	6000
281	永和	内江茂市镇		川内外	白	5	5000

续 表

序号	商号名称	地点	经理人姓名	行销区域	承销糖品种类	资本金额（万元）	月承销糖额（公斤）
282	泰和	内江茂市镇	付国昌	四川	白、桔	5	5000
283	合记沱江酒精公司	资中凤岭镇	蓝绍侣	四川	漏、红	60	400000
284	同茂	资中甘露厅街	陈学炳	成渝泸叙	冰	4	5000
285	蔚生祥	资中归德镇	黄沛生	成渝内泸江津	冰、桔	5	5000
286	定清	资中归德镇		成渝内泸江安	冰、白	5	5000
287	和祥	资中龙山镇	郑泽州	西安	白、桔	8	7500
288	济通	资中水南镇	李文云	西安	白	8	6000
289	美昌	资中龙山镇	戴文权	陕西	白	5	5000
290	新川	资中龙山镇	戴体权		冰、白	10	8000
291	同甫	资中凤岭镇	李永宏	川境	冰、白	10	15000
292	同记大茶楼	成都太平镇	游功玖	成都市	白	3	3000
293	勋记	成都后子门街	舒文忠	蓉及附近	冰、白、红	2.2	2500
294	上海食品公司	成都总府街	胡兆英	成都	白	15	5000
295	成都滋美食品厂	成都食堂街	陈君模	成都	白	8	2500
296	协盛隆	华阳	陈仲和	成都	冰、白、红	3	2500
297	味虞轩	成都	巫廷杰	成都	白	5	4000
298	文华糖果店	成都	□文俊	成都	白	2.5	2500
299	门芳	华阳	曹亚夫	蓉及外县	冰、白、红	2	2500
300	福康糖果店	成都	王永龄	成都	白	4	3000
301	鸿聚源	灌县	李鸿文	灌、松、理、□□、靖	白、冰、红	2	2500

续　表

序号	商号名称	地点	经理人姓名	行销区域	承销糖品种类	资本金额（万元）	月承销糖额（公斤）
302	义森和	灌县	岳子儒	灌、松、理、□□、靖	白、冰、红	2	2500
303	丰盛荣	灌县	舒沽九	灌、松、理、□□、靖	白、冰、红	2	2500
304	同心昌	灌县志成镇	杨湛清	灌、松、理、□□、靖	冰、白、红、桔	2	2500
305	裕川公	郫县	刘百川	彭、灌、崇、温	白、红	2	5000
306	福昌和	崇宁	钱海平	彭、灌、崇、温	白、冰、红	3	2600
307	恒丰永	彭县	王亮卿	彭、灌、崇	冰、白	2	2600
308	成记	彭县	陈子田	彭县	红	2	2500
309	丰记裕厚昌	彭县	欧君耕	彭、灌、崇、什	冰、白	3	2500
310	瑞丰翔	彭县	杨光荣	彭县及什、崇、灌	冰、白	3	2900
311	永记	巴县	军文殷	内□	白、黄	4	3000
312	宏裕	重庆	聂光谦	内□	冰、白、红、桔	30	30000
313	亚丰	巴县	张翰丞	内□	冰、白、红、桔	10	10000
314	通川公司	重庆	周蓉生	内□	白、黄	5	2500
315	国营招商局长江业务管理处	重庆	沈仲毅	湘	白、红、桔	1000	500000
316	西安利通公司	重庆	杜绍周	陕、洛、南	白、冰、红	200	200000
317	和胜	重庆	蔡业勋	川、湘、鄂、滇、黔、豫等省	冰、白、红、桔	200	250000
318	群康	重庆	朱永惠	綦江、遵义	冰、白、红	16	5000
319	源裕	重庆马王镇	李纯卿	渝、邦、都	冰、白、红、桔	2	1
320	裕兴	重庆	陈殿卿	渝、万、巴、三斗坪	冰、白	5	5000
321	协和商行	重庆	王荫樵	省内	冰、白、红、桔	20	2500
322	永丰	重庆	白希之	渝、万	冰、白、红、桔	10	3000

续　表

序号	商号名称	地点	经理人姓名	行销区域	承销糖品种类	资本金额（万元）	月承销糖额（公斤）
323	兴川公司	重庆	甘桐森	涪、万	白、红、桔	200	100000
324	永康祥	重庆	刘永立	渝、江、邻	白、桔	50	90000
325	胜利	重庆	熊建元	川东北各县	白、冰、红、桔	5	1000
326	元丰	重庆	罗时英	渝、万、忠	白、桔	50	50000
327	新记敬康	重庆	周敬之	渝、木、洞	白、红	5	10000
328	新业	渝龙门浩	张士德	渝南岸	白、冰、红、桔	4	2500
329	荣盛	重庆	杨青	江、巴、长、涪、云、阳、三斗坪	白、红、冰	10	2501
330	源康	重庆	孔礼成	渝、合、川	白、红、冰	5	2500
331	德生	重庆	刘曼华	泸、合、赤	白、红、冰	16	5000
332	蜀记裕川	重庆	冷见阳	渝、万	白、红、冰	10	5000
333	中懋企业公司	重庆	吴□明	渝、万	冰、白、红、桔	10	5000
334	忠美	重庆	周绍熙	渝、合、水、土坨	冰、白、红	6	6000
335	新记	重庆	黄鸣九	江、渝、涪	冰、白、红	7	5000
336	庆	重庆	谭成林	渝	白、冰、红、桔	5	34000
337	办事处	成都	党寒波	陕西	冰、白、红	2000	2500
338	春记	成都	吴富荣	成都	冰、白、红	3	3000
339	聚和	郫县	何德寿	郫、灌、彭、崇	冰、白、红	3	8500
340	福昌	郫县	萧锡安	□、温、崇	冰、白、红	3	5000
341	司记	温江	帅伯英	川、康、陕	冰、白、红	2	2500
342	勋记	成都	杨顺江		白、红	2	2500
343	胜记	华阳	曹□才		白、红	2	2500
344	益记协兴	新都	钟德文		冰、白、红	10	8400
345	永丰	成都	曾繁钦	川、康、甘	冰、白、红	2	2500
346	庆康	郫县	陈兴发	彭、郫、灌、新、温、崇	白、红	2	5000
347	广福隆	华阳	张隆盛	华阳县外埠	冰、白	2	2700
348	生记	华阳	张蔚生	四川、邻省	冰、白、红	2	5000

续　表

序号	商号名称	地点	经理人姓名	行销区域	承销糖品种类	资本金额（万元）	月承销糖额（公斤）
349	明□	华阳	王剑鸣	乐山	白	2	3000
350	司兴昌	成都	裴元树	四川	冰、白、红	2	3000
351	万盛源	成都	柳伯伦	成都附近各县	冰、白、红	2	2500
352	锡珍祥	成都	李廷孝	四川省外	冰白	2	3800
353	鑫发祥	成都	蔡启堂	四川省外	白、桔、红	2	2800
354	合记福兴隆	成都	尹桐轩	四川省外	冰、白	2	2500
355	永记	成都	陈伯椿	川康陕甘	冰、白、红	2	2500
356	泰昌	成都	马学陶	成都及外省县	白	2	3200
357	和源	成都	蒋□文	成都市外县	冰、白	3	3700
358	协昌永	成都	黄宪臣	成都市外县	冰、白	2	2700
359	合昌	成都	黄德之	川、陕、甘	冰、白	2	4000
360	翕昌	成都	邱仲怡	成都市及各省县	冰、白	2	4600
361	德厚长	成都	陈厚堃	成都市	白、红	2	2500
362	协记	成都	罗成之	成都市外县	冰、白、红	2	5000
363	成都中国国货公司	成都			白		2500
364	承林	成都	赵海民	四川省、外省	白、红、桔	2	2700
365	华记	成都	钟林文	川、康、陕、甘	冰、白、红	2	2500
366	宗正祥	成都	邱正平	川、康、陕、甘	白、红	2	2500
367	德利亨	成都	邓荣耀	川、康、陕、甘	白、红	2	2500
368	茂林号	成都	曾茂林	康、甘	冰、白、红	2	2500
369	永昌	华阳	赖鹤权	康	冰、白、红	2	2800
370	利通	成都	龚裕昆	康	冰、白、红	2	2700
371	同利	成都	萧清云	四川	白、红	2	3000
372	余福祥	成都	张赐福	成、华	白、红	2	3000
373	瑚记	成都	唐珣瑚	成都市外埠	白、红、桔	2	2700
374	聚成商号	成都	徐德辉	四川省及省外	白、冰、桔	2	5500
375	清河信记	成都	曹茂廷	川、康、甘	冰、白、甘	2	2700
376	云集祥	华阳	曾集云	川、康、陕、甘	白、红	2	2500
377	大明	成都	周银藩	成都市及外县	冰、白	2	2700
378	□隆荣	成都	胡翰卿	成都市及外县	冰、白	2	4100
379	杨永成	成都	杨树勋	成都市及外县	冰、白	2	2700

续 表

序号	商号名称	地点	经理人姓名	行销区域	承销糖品种类	资本金额（万元）	月承销糖额（公斤）
380	泰记	华阳	任懋言	市区	冰、白	2	2500
381	吴传义	成都	吴传义	川、康、陕	冰、白	2	3000
382	义衡永	成都	陈泽卿	蓉、郫、灌、新、陕	冰、白	3	2600
383	聚义	华阳	吴仲谦	川、康、陕、甘	白	2	3000
384	裕成	成都	刘安国	成都市外埠	白、桔、红	2	2700
385	福利	成都	胡绍瑗	雅、嘉、眉、新、洪	冰、白	2	3000
386	同富公司	成都	游□山	川、康、陕、甘	冰、白、红、桔	2	2500
387	天盛贞	成都	黄树然	川、陕、甘	冰、白、红	2	3000
388	恒泰	成都	曾繁钦	川、康、陕、甘	冰、白、红	2	2900
389	顺记	成都	曹礼才	川、康、陕、甘	冰、白、红	2	2500
390	全新裕	成都	陈仲高	川、康、陕、甘	白、红	2	2500
391	星记	成都	李孝富	成都市外埠	白、红	2	2700
392	谷成	华阳	钟上荣	成、华	白	2	3000
393	镒记	华阳	□海钦	川、康、陕、甘	冰、白、红	2	1700
394	成益糖庄	成都	钟伯荫	四川省外埠	冰、白	2	4100
395	公记	华阳	胡荫民	四川省外埠	白	2	2700
396	锦泰和	成都	陈国平		白、冰、红	2	2500
397	鸿兴和	华阳	陈泽忠	成都外县	白、冰、红	2	1500
398	成祥	成都	张伯□	成都市外埠	白、红	2	2700
399	同利	成都	宋克光		白、冰、红	1	3000
400	益享	成都	张瑞庭	川、康、陕、甘	白、冰、红	2	2500
401	天生福	成都	范茂森	成、华	白、红	2	3000
402	积生祥	华阳	□正杰	成、华	白、红	2	3000
403	蓉兴祥	华阳	邓崇兴	成、华	白、红	2	3000
404	华记	华阳	黄荣华	成、华	白、红	2	3000
405	利蓉	华阳	薛体仁	川、康、陕、甘	白、冰、红	2	2900
406	谦益祥	华阳	刘卿儒	川、康、陕、甘	白、红	2	2500
407	永利	成都	黄德元	川、康、甘	冰、白	2	3000
408	盛记	华阳	罗□卿	川、康、陕、甘	白、冰、红	2	2600

续 表

序号	商号名称	地点	经理人姓名	行销区域	承销糖品种类	资本金额（万元）	月承销糖额（公斤）
409	鸿昌祥	成都	赵孝儒	成都市外县	冰、白、桔、漏	2	2700
410	义生和	成都	张吉勋	成都及附近	冰、白	3	2500
411	明志商号	温江	赵鹗秋	温江	冰、白、红	2	2800
412	同丰永	新都	程祯	邻县	冰、白	2	5000
413	合生	成都	陆郁文	各省	冰、白、红	2	2500
414	和记	温江	黄树楷	成都及西南各县	冰、白、红	2	2500
415	品记	温江	吴金山	成都及西南各县	冰、白、红	2	5400
416	信恒代汽油厂	成都	赵□信	四川	红、漏	53	700000
417	协记	双流	黎荣鑫	双流	冰、白、红	3	3000
418	仁生化工试验场	成都	张汉良	自用	红、桔	20	5000
419	德丰	资中苏家乡	李斐然	渝、江津	白糖	16	15000
420	协合木厂	资中苏家乡	周巨儒	泸	白	12	5000
421	亨记	资中苏家乡	周正远	渝、江津	白	12	5000
422	协记	华阳	龙正光	川、康、甘、陕	白、红	2	2500
合计						9895.3	5,462,832

资料来源：财政部川康区食糖专卖局登记合格特许之承销商一览表［J］.食糖专卖公报，1942，1（3）：13—43.

附表5　财政部川康区食糖专卖局德阳办事处没收私糖变价配奖一览表

1942年6月29日至11月3日止　　单位：元

单位名称	核准字号	缉获私糖姓名	没收糖类品级	没收糖类件数	没收糖类净重（公斤）	变价后专账保管实有金额	变价总额	配奖总额	总局奖额	缉处理机关奖额	线人奖额	协助机关奖额	变售价款现存地方
德阳办事处	内糖业字第4431号	董远兴、袁书信	白糖	55小包	275	2750.00	2750.00	825.00	165.00	247.50	247.50	165.00	德阳四川省银行
什绵业务所	内糖运字第9586号	周国洽	红糖		224	1872.33	561.70	112.34	112.34	168.51	168.51	112.34	德阳四川省银行
什绵业务所	内糖业字第8012号		红糖	3挑	114	867.36	867.36	260.21	52.04	78.06	78.06	52.04	德阳四川省银行
八角井业务所	内糖业储字第5658号	江国忠	红糖	1桶	340	1326.00	1326.00	397.80	79.56	19.34	119.34	79.56	德阳四川省银行

资料来源：财政部川康区糖专卖局德阳办事处没收私糖变价私糖变讨缓专账保管报告表（1943年1月15日）[A]. 内江市档案馆，档案号：11-2-27.

阳办事处暨业务所奉准变价私糖配奖表（1942年12月），财政部川康区食糖专卖局德

参考文献

一、原始文献与资料汇编

（一）档案

财政部川康区食糖专卖局董事会组织规程（1943年9月21日）[A].内江市档案馆，档案号：11-1-96.

财政部渝人字第29017号训令（1942年5月8日）[A].内江市档案馆，档案号：11-2-143.

财政部川康区食糖专卖局董事会办事细则草案（1943年9月21日）[A].内江市档案馆，档案号：11-1-96.

川康区食糖专卖局分支机关一览表[A].内江市档案馆，档案号：11-1-15.

财政部川康区食糖专卖局雇员清册[A].内江市档案馆，档案号：11-1-79.

财政部食糖专卖局石桥分局平武业务所杂卷[A].简阳市档案馆，档案号：008-001-006.

财政部川康区食糖专卖局员额一览表[A].内江市档案馆，档案号：11-1-79.

财政部训令（1942年2月8日）[A].内江市档案馆，档案号：11-1-79.

财政部渝人字第30128号训令（1942年6月24日）[A].内江市档案馆，

档案号：11-1-79.

财务金融人员曾受撤职处分限制录用暂行办法（1942年6月24日）［A］.内江市档案馆，档案号：11-1-79.

财政部川康区食糖专卖局董事会稽核规则（1943年2月18日）［A］.内江市档案馆，档案号：11-1-96.

财政部川康区食糖专卖局董事会第十次会议记录（1943年8月16日）［A］.内江市档案馆，档案号：11-1-96.

保证人须知［A］.内江市档案馆，档案号：11-1-17.

财政部川康区食糖专卖局所属各分支机关人事管理办法［A］.内江市档案馆，档案号：11-1-19.

财政部训令［A］.内江市档案馆，档案号：11-1-407.

内江、资中、资阳、简阳、富顺、威远六县制糖业公会主席呈四川省政府文（1943年5月），四川省档案馆，59-7106.

财政部川康区食糖专卖局董事会第一次联席会议记录（1942年6月11日）［A］.内江市档案馆，档案号：11-1-96.

三十二年度四川省蔗糖贷款办法草案（1943年11月14日）［A］.重庆市档案馆，档案号：0289-0001-00456.

川康区三十二年度蔗糖贷款办理情形（1943年9月）［A］.内江市档案馆，档案号：11-2-186.

1943年度四川省各县蔗农贷款分配额及贷放数目表［A］.内江市档案馆，档案号：11-2-186.

资中县农会第1739号代电（1942年12月9日）［A］.四川省档案馆，档案号：59-7140.

四川省第二区行政督察专员公署兼保安部司令快邮社字第78号代电（1942年12月7日）［A］.四川省档案馆，档案号：59-7141.

财政部川康区食糖专卖局董事会第六次董监事联席会议记录（1942年12月21日）［A］.内江市档案馆，档案号：11-1-96.

四川省各县历年蔗田面积及蔗糖产量比较表［A］.内江市档案馆,档案号：15-1-395.

关于转发重庆市食糖目前供应情形节略的函、训令（1943）［A］.重庆市档案馆,档案号：0024-0001-00335.

民国川康区食糖专卖局对万县德阳办事处分局、西北运销处查缉私糖计划查缉情形（1942）［A］.内江市档案馆,档案号：11-2-27.

民国川康区食糖专卖局对泸县、内江、江津、重庆处局查获违章案、没收私糖变价保管处理等报告、指令（1942—1944）［A］.内江市档案馆,档案号：11-2-31.

民国川康区食糖专卖局对渠县办事处分局如何办理会计财务督察转驻军不得包庇走私等报告训令（1942）［A］.内江市档案馆,档案号：11-3-369.

财政部川康区食糖专卖局万县办事处布告（1942年3月）［A］.内江市档案馆,档案号：11-2-27.

甘蔗试验场工作（1936.12—1937.11）［A］.内江市档案馆,档案号：15-1-17.

专署有关各县蔗糖纠纷及杜绝蔗农、糖房、漏棚预卖预买办法［A］.内江市档案馆,档案号：1-3-554.

内江县全体蔗农呈川康区食糖专卖局文（1942年12月）［A］.内江市档案馆,档案号：11-2-130.

糖类评价委员会组织规程［A］.内江市档案馆,档案号：11-2-120.

内江、资中、资阳、简阳、富顺、威远制糖业公会主席呈四川省参议院文（1942年11月）［A］.四川省档案馆,档案号：59-7109.

四川省临时参议会致省政府公函（1943年11月）［A］.四川省档案馆,档案号：59-7109.

四川省第二区行政督察专员公署保安司令部致省政府电（1942年12月11日）［A］.四川省档案馆,档案号：59-7140.

内江县蔗农请愿代表呈川康区食糖专卖局文（1942年12月）［A］.内江

市档案馆,档案号:11-2-130.

财政部川康区食糖专卖局关于内江蔗农代表彭义胜等据呈请公布蔗糖价额的批示(1942年12月7日)[A].内江市档案馆,档案号:11-2-130.

内江县蔗农代表呈四川省政府的文(1942年12月)[A].四川省档案馆,档案号:59-7141.

第一区制糖工业同业公会主席李汉文等致四川省政府的电文(1942年12月18日)[A].四川省档案馆,档案号:59-7141.

财政部川康区食糖专卖局致四川省政府公函(1942年12月22日)[A].四川省档案馆,档案号:59-7141.

内江县县长易元明致曹仲植函(1942年12月28日)[A].四川省档案馆,档案号:59-7141.

内江县糖房代表张肇熙等呈四川省政府文(1943年1月12日)[A].四川省档案馆,档案号:59-7141.

财政部川康区食糖专卖局专卖利益收纳办法(1941年12月21日)[A].内江市档案馆,档案号:11-2-120.

财政部关于川康区食糖专卖局电陈资中蔗农肇事经过及处理情形致四川省政府公函(1943年3月12日)[A].四川省档案馆,档案号:59-7109.

四川省第二区行政督察专员兼保安司令公署呈省政府文(1943年2月1日)[A].四川省档案馆,档案号:59-7141.

财政部关于川康区食糖专卖局电陈资中蔗农肇事经过及处理情形致四川省政府公函(1943年3月12日)[A].四川省档案馆,档案号:59-7109.

内江宪兵第十二团吴志勋致川康区食糖专卖局曹仲植电(1943年2月4日)[A].内江市档案馆,档案号:11-2-301.

财政部致四川省政府公函(1943年1月23日)[A].四川省档案馆,档案号:59-7141.

吴荣轩、蔡仁致曹仲植信(1943年1月22日)[A].内江市档案馆,档案号:11-2-301.

四川省第二区行政督察专员兼保安司令公署呈省政府文（1943年2月1日）[A].四川省档案馆，档案号：59-7141.

四川省政府秘书处视察室致秘书处第一科电（1943年2月25日）[A].四川省档案馆，档案号：41-4072.

财政部关于川康区食糖专卖局电陈资中蔗农肇事经过及处理情形致四川省政府函（1943年3月12日）[A].四川省档案馆，档案号：59-7109.

财政部川康区食糖专卖局致四川省政府函（1943年3月24日）[A].四川省档案馆，档案号：59-7109.

四川省政府致川康区食糖专卖局电（1943年3月29日）[A].内江市档案馆，档案号：11-2-301.

财政部关于资中蔗农肇事及处理经过的训令（1943年4月3日）[A].内江市档案馆，档案号：11-2-301.

四川省政府关于资中蔗农殴伤专卖局长案的训令（1943年4月12日）[A].四川省档案馆，档案号：59-7109.

财政部川康区食糖专卖局致四川省政府公函（1943年6月12日）[A].四川省档案馆，档案号：59-7106.

财政部川康区食糖专卖局致四川省政府公函（1943年3月24日）[A].四川省档案馆，档案号：59-7109.

四川省第二区行政督察专员兼保安司令公署呈省政府文（1943年2月1日）[A].四川省档案馆，档案号：59-7141.

四川省政府转发国民政府军事委员会关于资中糖商捣毁球溪河食糖专卖业务所的密令（1943年10月）[A].四川省档案馆，档案号：41-4073.

事略稿本（1943年1月21日）[A].台北：台湾"国史馆"，档案号：002-060100-00172-021.

四川省政府训令（1943年2月）[A].重庆市档案馆，档案号：0055-0005-0001-00000188.

四川省第二区行政督察专员公署兼保安司令公署致省政府电（1943年3

月）[A].四川省档案馆，档案号：59-7109.

四川省政府财政厅致建设厅签条（1943年3月4日）、四川省建设厅致财政厅签条（1943年3月11日）[A].四川省档案馆，档案号：59-7109.

资源委员会酒精业务委员会资内办事处致资源委员会酒精业务委员会呈文（1943年1月15日）[A].内江市档案馆，档案号：10-1-179.

财政部川康区食糖专卖局致资源委员会酒精业务委员会函（1943年2月12日）[A].内江市档案馆，档案号：10-1-179.

酒精业务委员会致液体燃料管理委员会电文（1943年3月30日）[A].内江市档案馆，档案号：10-1-179.

财政部致四川省政府咨（1942年12月24日）[A].四川省档案馆，档案号：59-7141.

资内办事处致北泉酒精厂公函（1943年2月8日）[A].内江市档案馆，档案号：7-2-870.

酒精原料糖类问题座谈会会议纪录（1943年8月7日）[A].内江市档案馆，档案号：7-2-870.

分配各酒精厂原料第四次会议纪录（1943年4月13日）[A].内江市档案馆，档案号：7-2-870.

资内办事处致酒精业务委员会的呈文（1943年1月15日）[A].内江市档案馆，档案号：10-1-179.

经济部资源委员会训令（1943年3月19日）[A].内江市档案馆，档案号：10-1-179.

资源委员会酒精业务委员会致液体燃料管理委员会的电文（1943年5月5日）[A].内江市档案馆，档案号：7-2-870.

酒精业务委员会致经济部工业司、液体燃料管理委员会、资源委员会电文（1943年4月23日）[A].内江市档案馆，档案号：10-1-179.

内江、资中、资阳、简阳、富顺、威远制糖业公会主席呈四川省政府文（1943年5月）[A].四川省档案馆，档案号：59-7106.

球溪镇制糖业公会主席余学镕证明书（1943年5月11日）[A].内江市档案馆,档案号：10-1-519.

资中县政府致四川省政府电文（1943年6月14日）[A].四川省档案馆,档案号：59-7106.

四川省政府密令秘视字第1566号（1943年10月至11月）[A].四川省档案馆,档案号：41-4073.

财政部致四川省政府公函（1943年6月19号）[A].四川省档案馆,档案号：59-7106.

四联总处原料购办委员会与资源委员会酒精业务委员会合作购办酒精糖类大纲（8月15日）[A].内江市档案馆,档案号：7-2-870.

财政部渝秘字第29842号训令（1942年6月10日）[A].内江市档案馆,档案号：11-1-407.

财政部渝人字第30637号训令[A].内江市档案馆,档案号：11-1-407.

川康区食糖专卖局曹仲植局长致资中分局李锡勋局长的信函[A].内江市档案馆,档案号：11-1-5.

财政部渝人字第55266号训令（1944年9月19日）[A].内江市档案馆,档案号：11-1-68.

资中县政府军法案件判决书[A].内江市档案馆,档案号：11-2-73.

各办事处承领关防启用日期及有关人员的处分案件[A].内江市档案馆,档案号：11-1-115.

本局派员彻查呈控渠县办事处主任石伯焜等违法渎职案的密令及查处情况的报告[A].内江市档案馆,档案号：11-1-400.

本局派员督察达县公民控该县业务所长渎职违法的密令,该案督察报告及财政部批准对原渠县分局局长石伯焜通缉令[A].内江市档案馆,档案号：11-1-409.

本局关于刘德修滥用职权,张仲铭勒索舞弊,连子麟违法售糖,前渠县分局局长违法渎职等案对重庆分局的指令及该局办理的报告[A].内江市档案馆，档案号：11-1-511.

渠县分局控诉案件［A］.内江市档案馆，档案号：11-1-474.

资中县政府军法案件判决书［A］.内江市档案馆，档案号：11-2-73.

资中分局对球溪业务所所长顾天星、法轮业务所所长陈定宇等案件的督查情况［A］.内江市档案馆，档案号：11-1-178.

川康区食糖专卖局呈（1943年7月19日）［A］.内江市档案馆，档案号：11-1-401.

川康区食糖专卖局呈（1943年10月23日）［A］.内江市档案馆，档案号：11-1-401.

财政部渝人字二第43356号密训令［A］.内江市档案馆，档案号：11-1-401.

财政部渝人字二第43419号密训令［A］.内江市档案馆，档案号：11-1-401.

本局对泸县分局南溪、纳溪、双江业务所刘国斌、赖天民、李成章被控案的指令及查处情况的报告［A］.内江市档案馆，档案号：11-1-283.

各分支机关呈控案［A］.内江市档案馆，档案号：11-1-68.

民国川康区食糖专卖局对内江办事处、分局、城区业务所职员渎职贪污派员调查情形、前主任局长会计课移交情形、各种移交清册等报告的密令、指令［A］.内江市档案馆，档案号：11-2-42.

内江分局人事控诉案件［A］.内江市档案馆，档案号：11-1-167.

川康区食糖专卖局训令（1943年12月16日）［A］.内江市档案馆，档案号：11-1-617.

本局对威远分局、荣县业务所所长龚与伯等贪污、渎职等案的训令、指令及案件具状调查情况［A］.内江市档案馆，档案号：11-1-228.

财政部渝专字第32663号训令（1942年9月23日）［A］.内江市档案馆，档案号：11-2-288.

川康区食糖专卖局对督察万县分局关于万开民商联民控万开局所长等职

员假公操纵，营私渎职等案[A].内江市档案馆，档案号：11-2-232.

民国川康区食糖专卖局对遂宁办事处新旧主任交接情形各种交接清册、未交接清册、任内领取空白凭证、减征专卖款花名数量清册，请缉私处缉获前主任等报告的批示、指令[A].内江市档案馆，档案号：11-2-40.

财政部川康区食糖专卖局呈（1944年6月21日）[A].内江市档案馆，档案号：11-1-531.

民国川康区食糖专卖局对德阳办事处查复该处职员登记被控贪污渎职拐款潜逃等案，该处及督察查复、黄许镇等业务所新旧所长交接情形及移交清册等报告的训令、指令[A].内江市档案馆，档案号：11-2-24.

川康区食糖专卖局对资中宜宾石桥分局职员贪污渎职等案派员彻查的密令及查办情形的报告[A].内江市档案馆，档案号：11-2-30.

民国川康区食糖专卖局派员彻查宜宾办事处各业务所新旧主任交接中舞弊行为及查办情形、内江观音滩业务所新旧主任交接情形移交清册等报告的密令、指令[A].内江市档案馆，档案号：11-2-38.

财政部川康区食糖专卖局董事会第三次董监联席会议记录（1942年10月3日）[A].内江市档案馆，档案号：11-1-96.

财政部川康区食糖专卖局三十二年度各分局经费概算分等一览表[A].内江市档案馆，档案号：11-1-15.

川康区食糖专卖局资阳分局三十二年一至七月业务及工作概况报告书[A].内江市档案馆，档案号：11-2-32.

财政部渝人字第50734号指令（1942年4月21日）[A].内江市档案馆，档案号：11-1-79.

财政部渝会一字第84852号指令（1943年12月23日）[A].内江市档案馆，档案号：11-2-186.

财政部川康区食糖专卖局董事会第七次董监事联席会议记录（1943年2月18日）[A].内江市档案馆，档案号：11-1-96.

内江食糖专卖局增设副局长一员（1943年3月17日）[A].重庆市档案馆，

档案号：0002-0001-00028.

财政部库渝字第 34096 号训令（1942 年 11 月 19 日）[A].内江市档案馆，档案号：11-2-68.

财政部渝专丙字第 34730 号训令（1942 年 12 月）[A].内江市档案馆，档案号：11-2-68.

财政部川康区食糖专卖局董事会第十次董监事联席会议记录（1943 年 8 月 16 日）[A].内江市档案馆，档案号：11-1-96.

财政部训令（1942 年 6 月 22 日）[A].内江市档案馆，档案号：11-1-407.

内江分局人事控诉案件[A].内江市档案馆，档案号：11-1-167.

近年来逐月白糖价格记载表[A].内江市档案馆，档案号：15-1-395.

四川各县历年蔗田面积及蔗糖产量比较表[A].内江市档案馆，档案号：15-1-395.

财政部密呈（1943 年 8 月）[A].台湾"国史馆"，档案号：001-110010-00020-009.

陈布雷签呈（1943 年 9 月 13 日）[A].台湾"国史馆"，档案号：001-110010-00020-009.

国民政府军事委员会委员长侍从室致国家总动员会议沈鸿烈电（1943 年 9 月 17 日）[A].台湾"国史馆"，档案号：001-110010-00020-009.

财政部部长孔祥熙致军事委员会委员长蒋介石电（1944 年 2 月 26 日）[A].台湾"国史馆"，档案号：001-110010-00020-009.

食糖收购价格比较表（1944 年 2 月）[A].台湾"国史馆"，档案号：001-110010-00020-009.

陈布雷签呈（1944 年 3 月）[A].台湾"国史馆"，档案号：001-110010-00020-009.

财政部部长孔祥熙致军事委员会委员长蒋介石电（1944 年 4 月 8 日）[A].台湾"国史馆"，档案号：001-110010-00020-009.

财政部川康区食糖专卖局组长以上职员名册［A］.内江市档案馆,档案号:11-1-53.

财政部川康区食糖专卖局职员清册［A］.内江市档案馆,档案号:11-1-79/85-95.

财政部川康区食糖专卖局所属办事处主任清册［A］.内江市档案馆,档案号:11-1-79.

财政部川康区食糖专卖局德阳办事处没收私糖变价私案罚锾专账保管报告表(1942年12月)［A］.内江市档案馆,档案号:11-2-27.

财政部川康区食糖专卖局德阳办事处暨业务所奉准变价私糖配奖表(1943年1月15日)［A］.内江市档案馆,档案号:11-2-27.

(二)资料汇编

四川省甘蔗试验场.沱江流域蔗糖业调查报告［R］.内江:四川省甘蔗试验场,1938.

朱寿仁,钟崇敏,杨寿标.四川蔗糖产销调查［R］.重庆:中国农民银行经济研究处,1941.

张平洲.四川富顺县糖业调查报告［R］.重庆市图书馆藏,1941.

财政年鉴编纂处编.财政年鉴续编［M］.南京:财政部印行,1943.

财政年鉴编纂处编.财政年鉴三编［M］.南京:财政部印行,1948.

彭泽益.中国近代手工业史资料(1840—1949):第4卷［M］.北京:生活·读书·新知三联书店,1957.

秦孝仪.中国国民党历次中全会重要决议案汇编:(二)［M］.台北:中国国民党中央委员会党史委员会,1979.

内江地区档案馆.民国时期内江蔗糖档案资料选编［G］.1984.(内部资料)

秦孝仪.抗战建国史料——农林建设(三)［M］.台北:中国国民党中央委员会党史委员会,1986.

秦孝仪.中华民国重要史料初编——对日抗战时期:第四编.战时建设

（三）[M].台北：中国国民党中央委员会党史委员会，1988.

杨修武，叶自明.内江自然灾害档案史料[M].内江市档案馆，1989.

游时敏.四川近代贸易史资料[M].成都：四川大学出版社，1990.

何思眯.抗战时期专卖史料[M].台北：台湾"国史馆"，1992.

中国第二历史档案馆.中华民国史档案资料汇编：第五辑第二编财政经济（一）[M].南京：江苏古籍出版社，1997.

中国第二历史档案馆.中华民国史档案资料汇编：第五辑第二编财政经济（二）[M].南京：江苏古籍出版社，1997.

中国第二历史档案馆.中华民国史档案资料汇编：第五辑第二编财政经济（七）[M].南京：江苏古籍出版社，1997.

中国第二历史档案馆.中华民国史档案资料汇编：第五辑第二编财政经济（九）[M].南京：江苏古籍出版社，1997.

四川联合大学经济研究所，中国第二历史档案馆.中国抗日战争时期物价史料汇编[M].成都：四川大学出版社，1998.

四川省档案馆（局）.抗战时期的四川——档案史料汇编[M].重庆：重庆出版社，2014.

二、著作

寿景伟.日本专卖问题考略[M].出版社不详，1938.

高庆丰.专卖制度之研究[M].上海：独立出版社，1941.

武梦佐.日本专卖研究与我国专卖问题[M].重庆：正中书局，1941.

荆盘石.中国之专卖制度与日本之公营事业[M].重庆：中国编译出版社，1941.

吴立本.专卖通论[M].重庆：正中书局，1943.

王成敬.成渝路区之经济地理与经济建设[M].四川省银行经济研究处，1945.

辞海编辑委员会.辞海（缩印本）[M].上海：上海辞书出版社，1979.

杨荫溥.民国财政史［M］.北京：中国财政经济出版社，1985.

张公权.中国通货膨胀史（1937—1949）［M］.杨志信译.北京：文史资料出版社，1986.

《抗日战争时期国民政府财政经济战略措施研究》课题组.抗日战争时期国民政府财政经济战略措施研究［M］.成都：西南财经大学出版社，1988.

陈栋梁，李明生.内江糖业史［M］.成都：四川科学技术出版社，1990.

张学君，张莉红.四川近代工业史［M］.成都：四川人民出版社，1990.

崔国华.抗日战争时期国民政府财政金融政策［M］.成都：西南财经大学出版社，1995.

何思瞇.抗战时期的专卖事业（1941—1945）［M］.台北：台湾"国史馆"，1997.

朱英.转型时期的社会与国家——以近代中国商会为主体的历史透视［M］.武汉：华中师范大学出版社，1997.

周春.中国抗日战争时期物价史［M］.成都：四川大学出版社，1998.

朱英，石伯林.近代中国经济政策演变史稿［M］.武汉：湖北人民出版社，1998.

林兰芳.资委会的特种矿产统制（1936—1949）［M］.台北："国立"政治大学历史系，1998.

马寅初.财政学与中国财政——理论与现实［M］.北京：商务印书馆，2005.

周正庆.中国糖业的发展与社会生活研究——16世纪中叶至20世纪三十年代［M］.上海：上海古籍出版社，2006.

许涤新，吴承明.中国资本主义发展史：第3卷［M］.北京：社会科学文献出版社，2007.

邓正来.国家与社会——中国市民社会研究［M］.北京：北京大学出版社，2008.

陈雷.经济与战争——抗日战争时期的统制经济［M］.合肥：合肥工业大

学出版社，2008.

道格纳斯·C.诺思.制度、制度变迁与经济绩效［M］.杭行，译.上海：上海人民出版社，2008.

郑会欣.国民政府战时统制经济与贸易研究（1937—1945）［M］.上海：上海社会科学院出版社，2009.

穆素洁.中国：糖与社会——农民、技术和世界市场［M］.叶篱，译.广州：广东人民出版社，2009.

易劳逸.毁灭的种子：战争与革命中的国民党中国（1937—1949）［M］.王建郎，王贤知，贾维，译.南京：江苏人民出版社，2009.

西敏司.甜与权力——糖在近代历史上的地位［M］.朱健刚，王超，译.北京：商务印书馆，2010.

赵国壮.抗日战争时期大后方糖业统制研究——基于四川糖业经济的考察［M］.北京：科学出版社，2015.

陈布雷.陈布雷从政日记（1944）［M］.香港：开源书局，2019.

刘克祥.中国近代经济史（1937—1949）［M］.北京：人民出版社，2021.

三、论文

朱秀琴.浅谈抗战期间国民党政府的经济统制［J］.南开学报，1985（5）.

虞宝棠.国民政府战时统制经济政策论析［J］.史林，1995（2）.

陈祥云.近代四川商品农业的经营：以甘蔗市场为例［J］.辅仁历史学报，1998（9）.

刘志英.论抗战时期四川沱江流域的制糖工业［J］.内江师范学院学报，1998（3）.

刘志英，张朝晖.抗战时期沱江流域制糖业的近代化［J］.文史杂志，1998（6）.

张朝辉.论抗战时期川康区食糖专卖［J］.档案史料与研究，1999（3）：66.

王奇生.民国时期县长的群体构成与人事嬗递——以1927年至1949年长江流域省份为中心［J］.历史研究，1999（2）.

黄岭峻.30—40年代中国思想界的"计划经济"思潮［J］.近代史研究，2000（2）：150.

金普森，董振平.论抗日战争时期国民政府盐专卖制度［J］.浙江大学学报（人文社会科学版），2001，31（4）.

陈祥云.蔗糖经济与城市发展：以四川内江为中心的研究（1860—1949）［J］."国史馆"学术集刊，2002（2）.

刘春.试论抗战时期四川糖料酒精工业的兴衰［J］.四川师范大学学报（社会科学版），2004（4）.

李先明.抗战时期国民政府对花纱布的管制述论［J］.贵州社会科学，2004（4）.

卿树涛.论抗战时期国民政府专卖政策对财政危机的影响［J］.江西财经大学学报，2004（6）.

江满情.重庆国民政府火柴专卖中的官商关系——以中国火柴原料厂特种股份有限公司为例［J］.国立政治大学历史学报，2005（24）.

魏文享.商人团体与抗战时期国统区的经济统制［J］.中国经济史研究，2006（1）.

张忠民，朱婷.抗战时期国民政府的统制经济政策与国家资本企业［J］.社会科学，2007（4）.

陈祥云.蔗糖经济与地域社会：四川糖帮的研究（1929—1949）［J］.辅仁历史学报，2008（21）.

肖自力.国民政府钨砂统制的尝试与确立［J］.历史研究，2008（1）.

阎书钦.抗战时期经济思潮的演进——从计划经济、统制经济的兴盛到对自由经济的回归［J］.南京大学学报（哲学·人文科学·社会科学版），2009（5）.

覃玉荣，邱晓磊，张继汝.抗战时期川康区食糖专卖政策对内江糖业的影响［J］．西南交通大学学报，2009（6）．

赵国壮．二十世纪三四十年代四川沱江流域蔗农农家经营模式研究［J］．近代史学刊：第7辑，武汉：华中师范大学出版社，2010（7）．

陈雷．抗战时期国民政府的粮食统制［J］．抗日战争研究，2010（1）．

朱英、赵国壮．试论四川沱江流域的糖品流动（1900—1949）［J］．安徽史学，2011（2）．

赵国壮．糖业融资与近代金融资本市场——以近代四川业糖者融资问题为中心［J］．中国社会经济史研究，2013（2）．

赵国壮，柳晓飞．四川沱江流域近代糖业史研究综述——兼论糖业史研究的资料问题［J］．西南交通大学学报（社会科学版），2013（2）．

赵国壮．抗战时期大后方酒精糖料问题［J］．社会科学研究，2014（1）．

金志焕．抗战时期国民政府的棉业统制政策［J］．社会科学研究，2014（3）．

朱英，邱晓磊．国计与民生：抗战时期川康区食糖专卖中的蔗糖定价之争［J］．安徽史学，2015（5）．

常云平，张格．论专卖时期抗战大后方的食糖走私——以川渝地区为例的考察［J］．历史教学（下半月刊），2016（6）．

四、报刊

大公报（重庆）、大公报（桂林）、食糖专卖公报、糖业新闻、新新新闻、财政部公报、国民政府公报、中国商报、四川省政府公报、中央日报扫荡报（联合版）、新华日报、时事新报、新蜀报、西南日报、商务日报（重庆）、申报

陈友三，张宗枢．专卖制度与我国战时财政［J］．时事月报，1939，20（6）．

鲁佩璋．专卖与增税［J］．财政评论，1940，3（6）．

孔祥熙．战时财政之新设施［J］．中央周刊，1941，3（14）．

孔祥熙．民生主义之下国家专卖政策［J］．财政评论，1941，5（5）．

王世萧.国家专卖政策之经营原理[J].财政评论,1941,5(5).

鲁佩璋.专卖制度之检讨[J].财政评论,1941,5(5).

钱轶群.战时财政与专卖制度之检讨[J].中联银行月刊,1941,6(1).

罗敦伟.民生主义的专卖政策[J].民意周刊,1941,15(183).

陈友三.推行专卖制度刍议[J].财政评论,1941,6(4).

诗感.今日我国之酒精车[J].江西公路,1941,5(15).

林猷甫.运用专卖制度与健全战时财政[J].地方行政季刊,1941,2(2).

罗敦伟.民生专卖政策再检讨[J].财政评论,1941,6(5).

黄智百.实施专卖的几个重要问题[J].建设研究,1941,6(4).

周伯棣.专卖问题之检讨[J].建设研究,1942,6(6).

薛以祥.我国专卖制度之研讨[J].财政知识,1942,1(2).

朱偰.食糖专卖与糖价[J].财政评论,1942,8(6).

重庆市趸售物价指数表[J].重庆市物价指数,1943,2(1).

叶秉立.我国战时之专卖事业[J].财政知识,1943(3—4).

陈宏铎.现阶段之专卖事业与今后政策之商榷[J].东方杂志,1943,39(4).

朱偰.专卖政策与专卖利益[J].财政学报,1943,1(4).

孙怀仁.论我国今日之专卖[J].财政知识,1943,3(2).

宋同福.专卖实施与其制度[J].经济汇报,1943,8(8).

千家驹.什么是专卖[J].半月文萃,1944,3(3).

朱君谟.我国制糖工业之回顾与对于四川糖业之展望[J].税务月报,1944,5(5—6).

郭太炎.四川省近年蔗糖产销概况(上)[J].中农月刊,1946,7(1).

五、学位论文

吴紫银.财政专卖问题[D].武汉:国立武汉大学,1941.

邓长庆.我国目前专卖制度之研究[D].武汉:国立武汉大学,1942.

刘春.抗战时期的四川酒精工业［D］.成都：四川师范大学，2004.

胡丽美.抗战以来四川内江的蔗糖纠纷［D］.成都：四川师范大学，2006.

赵国壮.从自由市场到统制市场：四川沱江流域蔗糖经济研究（1911—1949）［D］.武汉：华中师范大学，2011.

林秋平.抗战时期江西食糖专卖研究［D］.南昌：江西师范大学，2014.

张格.四川地区食糖运销研究（1937—1944）——以沱江流域为主的考察［D］.重庆：重庆师范大学，2016.

张然.抗日战争时期四川省制糖技术改良研究（1937—1945）［D］.重庆：西南大学，2020.

六、文史资料

金振声.四川的糖业与国民党"专卖""征实"［M］//中国政协四川省文史委员会.四川文史资料选辑：第13辑，1964.

刘宗礼，黄世杰.抗战时期内江县蔗糖生产的发展［M］//中国人民政治协商会议四川省内江市委员会文史资料委员会.内江县文史资料：第11—12合刊，1985.

李永厚口述，关弓整理.抗战末期内江食糖专卖局票照案始末［M］//中国人民政治协商会议四川省内江市委员会文史资料委员会.内江文史资料选辑：第4辑，1988.

王东伟，黄江陵.解放前内江甘蔗种植业概况［M］//中国政协四川省委员会文史资料研究委员会.四川文史资料选辑：第35辑，1985.

王东伟.解放前内江制糖业概况［M］//中国人民政治协商会议四川省委员会文史资料研究委员会.四川文史资料选辑：第35辑，1985.

徐智广.上世纪四十年代前后内江的酒精工业［M］//中国人民政治协商会议内江市市中区文史和学习委员会.内江市市中区文史资料选辑：第40辑，2002.

杨修武，钟莳懋.川康区食糖专卖概述［M］//中国人民政治协商会议四川省内江市委员会文史资料委员会.内江县文史资料选辑:第14辑,1988.

曾祥元、曾鬻.反对国民党政府食糖征实的经过[M]//中国人民政治协商会议四川省内江市委员会文史资料委员会.内江县文史资料选辑:第4辑,1983.

朱偰.国民政府财政部举办专卖事业的内幕[M]//中华文史资料文库·经济工商编(第十四卷).北京:中国文史出版社,1996.

后 记

本书是由我的硕士学位论文改编和扩充而成。十二年前，我从"甜城"内江来到"江城"武汉，来到丹桂飘香的华师，欢欣雀跃之情溢于言表；三年学习时光稍纵即逝，如今忆及，感慨万分。在本书完成之际，谨以如下文字感谢多年来一直支持和帮助过我的众师长和朋友们。

本书之所以能够完成，首先要感谢我的硕士生导师江满情老师。从论文的选题到写作、修改、定稿，倾注了她大量的心血。在我攻读硕士研究生期间，深深受益于江老师的关心、爱护和谆谆教导。她作为老师，耳提面命，让人如沐春风；作为长辈，关怀备至，让人感念至深。在此谨向江老师表示我最诚挚的敬意和感谢！

其次，要感谢我的博士生导师朱英教授。本书第四章基本上是由朱老师和我合作发表的学术论文修改和完善而成，感谢朱老师在该文撰写、修改和完善过程中提出来的建议和意见。

研究生学习期间，中国近代史所严昌洪老师、刘伟老师、彭南生老师、郑成林老师、魏文享老师、许小青老师，或传道解惑，或指点迷津，使我受益匪浅，他们为人师表的风范令我敬仰，严谨治学的态度令我敬佩。本课题的研究还得到了覃玉荣老师的无私资助，在此我致以诚挚谢意。亦师亦友的胡琦老师、胡丽美老师均给予本课题诸多提点，在此亦一并致谢。

本书的完成也得益于此前多位学者的前期成果，特别是台湾地区陈祥云、何思瞇等老师的著作，他们对我研究的关心与指教也铭感于心。此外，此项研究还得到了西南大学赵国壮教授的鼎力支持，他无私地将自己收集的资料与我分享，并将其博士论文《从自由市场到统制市场：四川沱江流域蔗糖经济研究（1911—1949）》慷慨相赠，令我深受启发。

感谢同窗近十年的同学兼室友张继汝一直以来给予我的所有关心和帮助，感谢室友权伟新、高伟军为我三年研究生学习和生活提供了良好的寝室环境和学术研究的氛围。攻读硕士研究生时期，我们四人朝夕相处，共同进步，室友之情，同窗之谊，我将终生难忘。此外，还要感谢在本书资料收集过程中，多次给予过我帮助的高中同学和挚友：曹操、段艳辉、江晓川。

在各地档案馆、图书馆搜集史料的过程中，更得到了一众热情、耐心的的工作人员、众多热心朋友的协助，尤其是内江市档案馆的叶自明、钟益群、廖晓华等为我查阅资料提供了诸多便利，另外，我还得到了中国第二历史档案馆、四川省档案馆、重庆市档案馆、重庆市图书馆、四川大学图书馆、简阳市档案馆等单位的众多人员的热情接待，谨此致以深深谢意。

本书系国家社科基金一般项目（批准号：22BZS108）、湖北省教育厅哲学社会科学研究青年项目（批准号：20Q089）的阶段性成果之一，同时也得到了湖北师范大学的出版资助，在此一并致谢。

最后，需要特别感谢的是我的父母、妻子和儿子。父母的养育之恩无以为报，他们是我十几年求学路上的坚强后盾，在我面临人生选择的迷茫之际，为我排忧解难，他们对我无私的爱与照顾是我不断前进的动力；感谢妻子吴丹长期以来对我工作的支持和理解，为我分担了几乎所有的家务，让我可以全身心地投入工作当中，感谢儿子球球带给我的欢乐。

邱晓磊

2024年3月20日于黄石青山湖畔